AF328951

# LOI ANGLAISE

## SUR

# LA FAILLITE

## DU 25 AOÛT 1883

### (46 ET 47 VICTORIA, CHAP. LII),

TRADUITE ET ANNOTÉE

PAR

## CH. LYON-CAEN,

PROFESSEUR À LA FACULTÉ DE DROIT DE PARIS
ET À L'ÉCOLE DES SCIENCES POLITIQUES.

## PARIS.

IMPRIMÉ PAR ORDRE DU GOUVERNEMENT

## À L'IMPRIMERIE NATIONALE.

M DCCC LXXXVIII.

COLLECTION DES PRINCIPAUX CODES ÉTRANGERS.

# LOI ANGLAISE SUR LA FAILLITE

## DU 25 AOÛT 1883

### (46 ET 47 VICTORIA, CHAP. LII).

Ce volume a été préparé sous la direction de la Société de législation comparée, et imprimé aux frais de l'État avec l'autorisation de M. le Garde des sceaux, sur la proposition du Comité de législation étrangère du Ministère de la justice.

TOUS DROITS DE REPRODUCTION ET DE TRADUCTION EXPRESSÉMENT RÉSERVES

# LOI ANGLAISE

## SUR

# LA FAILLITE

## DU 25 AOÛT 1883

### (46 et 47 Victoria, chap. lii),

TRADUITE ET ANNOTÉE

PAR

## CH. LYON-CAEN,

PROFESSEUR À LA FACULTÉ DE DROIT DE PARIS
ET À L'ÉCOLE DES SCIENCES POLITIQUES.

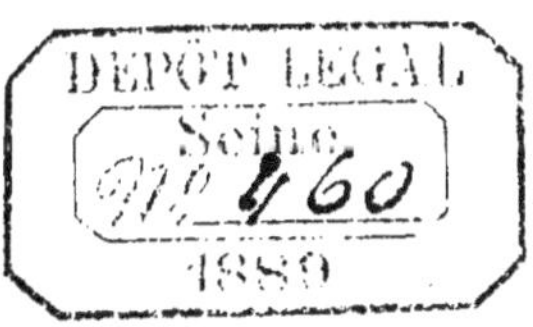

## PARIS.

IMPRIMÉ PAR ORDRE DU GOUVERNEMENT

## À L'IMPRIMERIE NATIONALE.

M DCCC LXXXVIII.

# TABLE DES MATIÈRES.

# INTRODUCTION.

Le Droit anglais a deux sources principales : la coutume (*common law*) et les lois écrites (*statute law*). Les matières de droit privé régies par la coutume sont encore nombreuses [1]. Souvent, du reste, les lois écrites, dont le nombre a beaucoup augmenté dans les dernières années [2], n'ont fait que consacrer des règles admises antérieurement à titre de droit coutumier [3].

Les dispositions qui régissent la faillite (*Bankruptcy*), dérivent exclusivement du droit écrit; il est même peu de sujets sur lesquels il ait été autant légiféré en Angleterre depuis 1543, date à laquelle a été faite, sous Henri VIII, la première loi sur la matière, jusqu'à la loi de 1883 actuellement en vigueur. Dans les soixante dernières années seulement, le nombre des lois a été de quarante et une. Parmi elles, plusieurs sont des lois d'ensemble qui ont modifié sur des points importants la législation précédente.

Un célèbre homme d'État anglais, M. Chamberlain, en

[1] Ainsi, la matière des obligations, celle des assurances maritimes et terrestres sont régies par la coutume.

[2] Les lois écrites ont été spécialement nombreuses depuis une trentaine d'années pour les matières commerciales. Il y a notamment des lois sur les sociétés, sur les lettres de change, billets et chèques, sur la marine marchande.

[3] Ainsi, la loi de 1882 sur les lettres de change, billets et chèques (*Bill of Exchange Act*, 1882) a reproduit, en général, des règles déjà consacrées par l'usage.



IMPRIMERIE NATIONALE.

exposant verbalement devant la Chambre des communes, comme président du *Board of Trade*, les motifs du *bill* devenu la loi de 1883[1], a fort bien indiqué les buts qu'une bonne loi sur la faillite doit atteindre : « Le législateur, » disait-il, « doit se proposer deux buts principaux et distincts. En premier lieu, il doit s'occuper de l'administration de l'actif des faillis, afin d'en assurer la répartition complète, prompte, égale et peu coûteuse entre les créanciers. Il doit, en second lieu (par cela même que mieux vaut prévenir que punir), faire en sorte de relever le niveau de la moralité commerciale, de développer le commerce honnête, par suite, de diminuer le nombre des cessations de payements. En d'autres termes, le législateur doit s'efforcer de diminuer le nombre des naufrages (*to diminish the number of the wrecks*) et de protéger le sauvetage (*to protect the salvage*). »

Pour atteindre ces deux buts, des problèmes multiples et fort difficiles doivent être résolus. Il faut concilier les droits conférés aux créanciers avec l'indulgence que peut mériter le failli, tempérer parfois la rigueur de ces droits par certaines faveurs accordées au débiteur, pour lui permettre, dans l'intérêt même de ses créanciers, de revenir à meilleure fortune. Il faut, en laissant aux créanciers qui sont les principaux intéressés, une action assez étendue sur l'administration de l'actif du failli, déterminer dans quelle mesure l'autorité publique peut intervenir, afin de prévenir les fraudes ou de les découvrir et de les réprimer. Le législateur anglais a, selon les époques, résolu ces problèmes des façons les plus diverses ; il est successivement passé de

_______

[1] Voir la séance de la Chambre des communes du 19 mars 1883.

la rigueur la plus grande pour les débiteurs à une indulgence extrême; il a tour à tour considéré la faillite comme
une sorte d'affaire purement privée à régler librement entre
les créanciers et le failli ou comme une affaire touchant à
l'intérêt public et exigeant l'intervention de l'autorité administrative ou du pouvoir judiciaire. Jusqu'à la loi de 1883,
le législateur anglais n'a réussi dans aucune de ses tentatives. Cette loi a produit, pendant quatre ans, des résultats
satisfaisants. Aussi a-t-on pu croire qu'enfin la législation sur
la faillite allait devenir stable. Mais des vices de la loi nouvelle commencent à se révéler, des critiques vives sont dirigées contre plusieurs de ses dispositions, des modifications
importantes sont réclamées (voir p. XLIX). Il est dès maintenant à prévoir que la loi de 1883 ne sera pas la dernière.

La loi de 1883 a abrogé les lois antérieures (art. 169
et Annexe V). Mais on ne saurait comprendre la portée de
ses dispositions, si l'on ne remonte à l'origine de la législation sur la faillite, pour en suivre les péripéties nombreuses
et variées. Il importe surtout de s'arrêter sur la loi de 1869
(32 et 33 Vict., ch. LXXI), qui a précédé immédiatement la
loi de 1883. Ce sont, en effet, les vices de la loi de 1869,
les déplorables résultats produits par elle qui ont déterminé
le vote de la loi nouvelle.

Nous diviserons, par suite, cette introduction en quatre
parties. La première sera consacrée à la période antérieure
à la loi de 1869. Dans la seconde, nous parlerons de la loi
de 1869 et de ses principales conséquences pratiques. Dans la
troisième partie, nous exposerons le système général de la
loi de 1883. Enfin, dans une quatrième partie, nous pré-

senterons un tableau des principaux résultats pratiques de la loi nouvelle, puis nous donnerons des indications sur les réformes déjà réclamées.

Il ne sera question, dans cette Introduction, que de l'Angleterre proprement dite. La loi de 1883, traduite dans ce volume, régit, en effet, l'Angleterre seule. En matière de faillite, l'Écosse et l'Irlande ont chacune leur loi distincte. La loi écossaise est du 29 juillet 1856 (19 et 20 Vict., ch. lxxix) et la loi irlandaise du 6 août 1872 (35 et 36 Vict., ch. lviii) qu'il faut combiner avec une loi antérieure du 25 août 1857 (20 et 21 Vict., chap. lx). Une proposition tendant à l'unification des lois sur la faillite a été faite sans succès à la Chambre des communes en avril 1875. Il y a aussi des lois spéciales pour les colonies et les possessions anglaises. Mais, dans toutes les matières et spécialement dans celle de la faillite, la législation de la métropole exerce une grande influence sur celle des colonies. Ainsi, depuis 1883, les lois sur la faillite de la Nouvelle-Galles du Sud, de la Guyane anglaise, de Maurice, de la Grenade, de Saint-Vincent ont été modifiées, et de nombreuses dispositions de ces lois ont été empruntées à la loi de 1883[1].

[1] L'Administration des colonies a même adressé aux gouverneurs des colonies une circulaire dans laquelle il est dit qu'il est désirable que les projets de lois coloniaux sur la faillite soient communiqués au *Board of Trade*, afin que le *Board of Trade* fasse ses observations sur les dispositions empruntées à la loi anglaise de 1883 qui paraissent de nature à être modifiées. Il a été souvent question, spécialement à la Conférence coloniale tenue à Londres en 1887, d'assurer par des mesures législatives, dans tout l'Empire britannique, l'exécution des décisions de justice prises dans une de ses parties. Le rapprochement entre les lois de la métropole et celles des colonies pourra faciliter la solution de cette question.

## I. Législation anglaise sur la faillite
### avant la loi de 1869.

Le Droit coutumier anglais ne consacrait aucune règle spéciale relativement aux débiteurs insolvables, qu'ils fussent commerçants ou non commerçants. Il laissait à chaque créancier le droit individuel de poursuivre le débiteur et d'exercer sur sa personne ou sur ses biens les voies d'exécution admises par les lois. Le droit coutumier ne prenait aucune mesure pour assurer l'égalité entre les créanciers et garantir la répartition proportionnelle entre eux du prix des biens du débiteur insolvable. Il ne fournissait non plus à celui-ci aucun moyen d'échapper aux poursuites de ses créanciers, tant qu'il n'avait pas intégralement acquitté ses dettes.

La première loi sur la faillite a été faite sous le règne de Henri VIII, en 1543 (34 et 35 Henri VIII, ch. iv). Elle était dirigée contre les débiteurs, commerçants ou non, qui cherchaient par des moyens frauduleux à se soustraire au payement de leurs dettes. Elle qualifiait de *bankrupt* « celui qui, après avoir obtenu artificieusement du crédit, s'enfuyait subitement dans des lieux inconnus ou qui, restant chez lui, ne s'inquiétait pas de payer ses créanciers et consommait son actif en menant une vie de luxe et de plaisir, contre toute équité et conscience ». La personne à laquelle un de ces faits était reproché, était traitée comme un criminel. Le Lord Chancelier et d'autres fonctionnaires avaient le pouvoir de le faire arrêter, de saisir ses biens et de distribuer son actif entre ses créanciers.

La loi du règne de Henri VIII fut suivie d'une loi rendue en 1571 sous le règne d'Élisabeth (13 Eliz., ch. vii). Cette loi restreignit aux commerçants le système inauguré en 1543 et indiqua un certain nombre de faits nouveaux pouvant entraîner l'application des règles de la faillite. La limitation de la faillite aux commerçants a subsisté pendant près de trois siècles; elle a disparu seulement en 1861. En même temps, la loi de 1571 conférait au Lord Chancelier le pouvoir de charger dans chaque cas particulier des commissaires (*commissioners in bankruptcy*) de prendre telles mesures qui leur paraîtraient convenables quant à la personne ou aux biens des débiteurs et de distribuer le prix de ces biens entre les créanciers proportionnellement au montant de leurs créances.

Ainsi les lois qui furent rendues sur la matière jusqu'au xviiie siècle considéraient le failli comme un criminel. Elles le dépouillaient de ses biens en faveur de ses créanciers, sans le mettre pour l'avenir à l'abri des poursuites de ceux qui n'étaient pas intégralement payés. On trouva qu'il y avait là une excessive rigueur dans les cas où l'insolvabilité du débiteur était due à des imprudences légères, à de faux calculs plutôt qu'à des fraudes caractérisées. On pensa que, dans l'intérêt même des créanciers, il importait parfois de soustraire le débiteur exproprié de son actif à leurs poursuites, pour lui permettre de revenir à meilleure fortune. Aussi, sous le règne de la reine Anne, une loi de 1706 (4 Anne, ch. xvii) introduisit-elle un principe nouveau dans la législation. Il fut admis que le failli commerçant, qui se dessaisirait de tous ses biens au profit de ses créanciers et qui se conformerait entièrement à la loi, pourrait être déchargé de tous ses engagements contractés avant la faillite, de telle sorte qu'il échappait, pour sa personne et pour ses biens postérieurement acquis, aux poursuites de ses créanciers [1]. Il lui était délivré, à cet effet, par les commissaires, un certificat de conformité (*certificate of conformity*) [2] qui devait être approuvé par le Lord Chancelier. L'obtention de cette faveur était subordonnée au consentement de la majorité des créanciers. Mais, par la suite des temps, les faillis purent obtenir leur décharge sans même que les créanciers fussent appelés à donner leur consentement ou leur avis. Cette modification importante fut faite en 1843 (5 et 6 Vict., ch. cxxii). Les créanciers furent alors réduits à un simple droit d'opposition. (Voir p. xvi.)

L'admission des certificats de conformité modifia profondément le caractère de la législation. Ce ne fut plus simplement une législation de rigueur destinée à punir le débiteur et à permettre aux créanciers d'exercer leurs droits dans toute leur étendue. Ce fut une législation de faveur, protégeant dans une large mesure le failli plus malheureux que coupable. On peut même affirmer que parfois le législateur anglais a été beaucoup trop loin dans la voie de l'indulgence.

Les principes des lois sur la faillite, complétés par l'admission des certificats de conformité, parurent si justes qu'ils furent étendus à des cas pour lesquels ils n'avaient pas été primitivement posés. Ces principes furent appliqués dans des

[1] Les jurisconsultes anglais indiquent que l'idée de cette faveur accordée au débiteur est sans doute venue de la *cessio bonorum* du Droit romain.

[2] Ce nom est tiré de ce que, pour obtenir ce certificat, le débiteur devait s'être conformé à toutes les dispositions légales.

hypothèses où le débiteur commerçant, sans commettre aucune fraude, avait accompli des actes impliquant la perte de son crédit. On peut dire que dès lors les mots *bankrupt, bankruptcy,* changèrent de sens. Ils étaient bien originairement synonymes des mots français *banqueroutier, banqueroute*[1]. Ils le devinrent des mots *failli, faillite.* Cette extension graduelle à des cas nouveaux des lois sur la matière explique la méthode suivie par le législateur anglais. Il n'a jamais donné une définition de la cessation des payements qui permet la déclaration de faillite; on sait, du reste, que les définitions légales ne sont pas en faveur en Angleterre[2]. Le législateur n'a pas voulu non plus laisser au juge, comme on le fait sur le continent, un pouvoir illimité d'appréciation pour déterminer ce qui constitue la cessation des payements. Il a énuméré les faits pouvant donner lieu à une déclaration de faillite. Ces faits, désignés sous le nom d'*acts of bankruptcy* (actes de faillite, c'est-à-dire de nature à entraîner la faillite), ont varié selon les époques; mais, depuis le xvi⁰ siècle, toutes les lois anglaises en ont fait une énumération limitative.

Quelque justes que parussent les principes de la législ-

---

[1] C'est en faisant allusion au sens primitif des mots *Bankruptcy* que Blackstone dit : « Le nom et la chose nous ont été apportés des pays étrangers. »

La loi de 1543 portait pour titre : *Loi contre les personnes qui font banqueroute (against such persons as do* MAKE BANKRUPT*).* Les derniers mots sont une traduction littérale du français.

[2] Aussi les lois anglaises n'ont-elles nulle part donné une définition du commerçant. Mais, à l'époque où les lois sur la faillite ne s'appliquaient qu'aux commerçants, une annexe (*schedule*) de ces lois énumérait les professions considérées comme commerciales. (Voir note 3, p. 2.)

lation des faillites, l'extension de ces principes aux non-commerçants n'a eu lieu qu'assez lentement.

Conformément à la loi de 1571 du règne d'Élisabeth, la faillite s'appliquait aux seuls commerçants. Par suite, le débiteur non commerçant qui était au-dessous de ses affaires, demeurait soumis aux poursuites individuelles de ses créanciers sur sa personne et sur ses biens. Aucune mesure légale n'avait été prise pour maintenir l'égalité entre les créanciers. Aucune disposition de faveur ne permettait de libérer le débiteur non commerçant victime des événements plutôt que de ses fautes, qui avait employé tout son actif à désintéresser ses créanciers. Ces principes combinés avec les rigueurs de la contrainte par corps, produisaient des conséquences fort dures. C'est pour les éviter qu'en 1813 fut établie à côté de la procédure de faillite (*bankruptcy*), réservée aux commerçants; la procédure dite *d'insolvency* (insolvabilité) applicable à tous les débiteurs.

Au commencement de ce siècle, la contrainte par corps n'avait pas subi en Angleterre les atténuations si considérables qui l'ont exclue comme mode ordinaire d'exécution des jugements. Tout créancier ayant obtenu un jugement de condamnation pour une somme de 20 livres sterling au moins, avait le droit de faire emprisonner son débiteur, et de le maintenir en prison jusqu'à ce que celui-ci eût payé sa dette. On voyait des débiteurs qui passaient trente et quarante ans en prison. Bien plus, même avant toute condamnation, un créancier pouvait faire emprisonner son débiteur, pour l'obliger à répondre à sa demande.

Une loi rendue sous Georges III en 1813 (53 Georg. III, ch. cii), appelée *Lord Redesdale's Act*, établit à titre provisoire [1] un système nouveau que des lois postérieures ont consacré définitivement [2]. Grâce à ce système, un créancier ne pouvait plus prolonger indéfiniment l'emprisonnement de son débiteur. Ce dernier avait le droit, quand il était emprisonné, de présenter une requête de mise en liberté avec déclaration d'abandon de tous ses biens à ses créanciers. Cette mise en liberté était accordée à moins de fraude, de faute grave ou de mauvaise conduite. Elle devait avoir lieu après la clôture de la procédure et, au plus tard, après trois ans. Du reste, la requête pouvait aussi être présentée par le créancier, s'il croyait avoir intérêt à empêcher le débiteur de rester frauduleusement en prison pour y dissiper ses ressources. Le créancier qui avait provoqué l'incarcération, pouvait dans les vingt et un jours, adresser une requête tendant à obtenir la distribution des biens du débiteur entre ses créanciers [3]. Une juridiction spéciale appelée *Court for the relief of insolvent debtors in England* (Cour pour la décharge des débiteurs insolvables en Angleterre) fut constituée.

[1] Le Parlement anglais donne souvent à des lois une durée très courte, afin de ne pas trancher définitivement, alors qu'il n'est pas éclairé d'une façon suffisante, des questions d'une grande importance. Voir sur ce point, de Franqueville, *Le Gouvernement et le Parlement britanniques*, tome III, p. 440. — On peut remarquer qu'en Belgique on fait parfois aussi des lois provisoires. Il en a été fait notamment dans ce pays sur la matière de la faillite. La loi belge du 20 juin 1883, qui a organisé le concordat préventif de la faillite, n'a été faite que pour rester en vigueur jusqu'au 1er janvier 1886. Une loi du 23 décembre 1885 a prolongé l'expérience jusqu'au 1er juillet 1887 (*Annuaire de Législation étrangère*, 1884, p. 510 et suiv.; 1886, p. 380 et suiv.). Le concordat préventif a été admis à titre d'institution définitive dans la législation belge, par une loi du 29 juin 1887.

[2] 1 et 2 Vict., ch. cx; 2 et 3 Vict., ch. xxxix.

[3] 1 et 2 Vict., ch. cx, art. 36.

Cette cour rendait un arrêt de dessaisissement (*vesting order*) qui investissait de la propriété des biens du débiteur un fonctionnaire de la Cour appelé *assignee* [1]. Le débiteur devait dresser et présenter à la Cour un état complet de son actif et de son passif. Après un débat auquel tout créancier avait le droit de prendre part, la Cour avait le pouvoir de prononcer la libération du débiteur, soit immédiatement, soit après un délai de trois ans, de deux ans ou de six mois, selon la gravité des fautes qui lui étaient reprochées. C'étaient alors les créanciers dans l'intérêt desquels le débiteur était maintenu en prison qui supportaient les frais de l'emprisonnement ainsi prolongé.

Il y avait donc deux procédures distinctes: la procédure de *bankruptcy* et la procédure d'*insolvency* ayant des buts communs, mais séparées par des différences assez notables, relatives soit aux personnes auxquelles elles s'appliquaient, soit aux conditions auxquelles elles étaient soumises, soit aux effets qu'elles produisaient. — La procédure de faillite n'était admise, depuis le règne d'Élisabeth, que pour les commerçants. La procédure d'*insolvency* était faite pour toute personne sans distinction tirée de la profession. — Il n'était pas nécessaire que le débiteur fût emprisonné pour que la procédure de faillite s'ouvrît. La procédure d'*insolvency* supposait, au contraire, l'emprisonnement du débiteur. — Le certificat de conformité délivré au failli le mettait à l'abri des poursuites de ses créanciers sur sa personne et même sur ses biens. A la suite de la procédure d'*insolvency*, le débiteur ne pouvait plus être emprisonné sur la demande des

---

[1] Voir sur le sens de ce mot, plus loin, p. xx.

créanciers compris dans l'état du passif soumis par lui à la
Cour, mais ses dettes subsistaient pour la portion non
acquittée et, pour cette portion, ses biens pouvaient être
saisis. Il y avait là une conséquence de ce que la procédure
d'*insolvency* avait été introduite exclusivement dans le but
d'atténuer les rigueurs des lois sur la contrainte par corps.

Était-il rationnel de maintenir ces deux systèmes différents? Sur cette question les opinions étaient fort divisées.
On disait, d'un côté, qu'en définitive la faillite n'était qu'un
cas particulier d'insolvabilité, et qu'on ne pouvait concevoir
que deux procédures distinctes fussent appliquées à des
hypothèses identiques au fond. On réclamait donc l'extension de la faillite aux non-commerçants, en même temps
que la suppression de l'emprisonnement pour dettes. Mais
la procédure de l'*insolvency* avait ses partisans. Ils soute-
naient que, combinée avec la contrainte par corps, elle était
d'une incomparable efficacité pour découvrir les biens des
débiteurs et pour réprimer les fraudes. Ils ajoutaient que
« les indulgences de la loi sur la faillite avaient été réservées
avec raison par la politique de leurs pères à ceux qui sont
exposés aux hasards du commerce et dont, par suite, les
embarras peuvent être imputés, par une juste présomption,
à d'inévitables malheurs [1] ».

Cependant quelques pas furent faits dans la voie de l'extension de la faillite aux non-commerçants par des lois de
1843 et 1845 (5 et 6 Vict., ch. cxxvi; 7 et 8 Vict.,
ch. xcvi). Toute personne non commerçante ou, si elle
était commerçante, ayant des dettes ne dépassant pas

---

[1] *Stephens New Commentaries on the laws of England* (3ᵈ *edition*, 1853),
vol. II, p. 179.

3oo livres sterling, pouvait, sans qu'il lui fût besoin de se soumettre tout d'abord à un emprisonnement comme l'exigeaient les lois primitives, réclamer le bénéfice de la procédure d'*insolvency*.

Le rapprochement entre les deux procédures de la *bankruptcy* et de l'*insolvency* conduisit à une réforme plus importante. En 1861, la faillite fut étendue aux non-commerçants; la procédure d'*insolvency* fut supprimée et, par suite, la *Court for the relief of insolvent debtors* disparut. Cependant quelques différences dans les règles de détail furent encore admises pour la faillite des commerçants et pour celle des non-commerçants, elles subsistèrent jusqu'à la loi de 1883. Ces différences expliquent comment aux lois sur la faillite de 1861 et de 1869 était jointe une annexe énumérant les différentes professions commerciales. (Voir note 2 de la page VIII.)

A part cette grande extension donnée à la faillite, des modifications et des additions nombreuses ont été faites aux lois fondamentales de Henri VIII et d'Élisabeth. Elles ont été principalement relatives au mode d'administration des biens du failli, à la part faite au contrôle de l'autorité publique, aux moyens offerts au débiteur, soit d'échapper à la faillite, soit d'obtenir la libération d'une partie de ses dettes.

Une loi votée en 1825, sous le règne de Georges IV (6 Georg. IV, ch. XVI) consacra des règles nouvelles sur le mode d'ouverture de la faillite et sur les arrangements entre les créanciers et le débiteur permettant à celui-ci d'échapper à la faillite.

Les lois primitives faisaient dépendre l'ouverture de la

procédure de faillite de la demande des créanciers. Par cela
même que c'étaient des lois de rigueur, on n'aurait point
compris que le débiteur en réclamât lui-même l'application.
Après que, grâce à l'introduction, en 1706, des certificats de
conformité, la législation sur la faillite fut devenue, en partie
au moins, une législation de faveur pour le débiteur, on pouvait concevoir que celui-ci contribuât à faire ouvrir la procédure de faillite ou même en réclamât lui-même l'ouverture. La loi de 1825 décida qu'un débiteur commerçant
pourrait déclarer son état d'insolvabilité et déterminer ainsi
la formation d'une demande de la part d'un créancier. Il y
avait là, selon les expressions des jurisconsultes anglais, une
sorte de faillite concertée (*concerted bankruptcy*) qui aurait été
considérée précédemment comme une fraude à la loi. On
devait aller plus loin dans cette voie et autoriser le débiteur
à demander lui-même sa mise en faillite. (Voir p. xxxii.)

La loi même admit qu'un commerçant pourrait faire
avec ses créanciers des arrangements en vertu desquels il
leur abandonnait ses biens et échappait à la faillite. Mais
les conditions auxquelles ces arrangements étaient subor-
donnés les rendaient d'une application pratique difficile.
Conclus avec la majorité des créanciers en nombre et en
sommes, ils liaient bien la minorité, en ce sens qu'ils empêchaient la déclaration de faillite; mais ils ne mettaient pas
obstacle à ce que chaque créancier dissident exerçât des
poursuites contre le débiteur.

Sous le règne de Guillaume IV, en 1831, fut constituée
la Cour des faillites (*the Bankruptcy Court*) qui devint une
des cours supérieures de Westminster et qui a subsisté,

presque sans interruption, jusqu'à la loi de 1883 ; puis des cours de faillite (*district courts of bankruptcy*) furent aussi constituées dans les provinces. En même temps une importante innovation fut faite quant au mode d'administration des biens des faillis. Primitivement les commissaires nommés par le Lord Chancelier vendaient les biens et en répartissaient eux-mêmes le prix entre les créanciers. A partir du règne de la reine Anne, il avait été admis que les commissaires transmettraient les biens du failli à une personne désignée par les créanciers, pour qu'elle les administrât, les vendît et en répartît le prix. Un acte de transfert de propriété (*assignment*) fut d'abord nécessaire pour transmettre l'actif du failli au mandataire désigné par les créanciers; aussi ce mandataire fut-il désigné sous le nom d'*assignee* et ce nom est-il resté pendant longtemps au syndic, même après que la transmission s'opéra par le seul effet de sa nomination, sans aucun acte exprès de transfert de propriété. Dans ce système, les créanciers avaient des pouvoirs illimités pour l'administration des biens du failli; le syndic (*assignee*) nommé par eux n'était soumis à aucune surveillance de l'autorité judiciaire ou administrative. De tous côtés les plaintes les plus vives s'élevaient; on se plaignait des irrégularités que le défaut de surveillance et l'insouciance des créanciers rendaient possibles. M. Chamberlain a pu dire qu'il y avait un état de choses ressemblant à un véritable chaos (*that state of things was no other than a chaos*). Aussi, en 1831, sous le règne de Guillaume IV, une loi (1 et 2 Will. IV, ch. LVI), connue sous le nom de *Loi de lord Brougham* (*Lord Brougham's Act*), introduisit un système appelé système d'administration officielle (*a system of official administration*).

Il fut décidé qu'à côté du syndic choisi par les créanciers (*creditors assignee*), il y aurait un syndic nommé par justice (*official assignee*). Ce syndic officiel choisi parmi les commerçants, les courtiers ou les comptables, devait administrer et réaliser l'actif en concours avec le syndic nommé par les créanciers. Ce système parut produire d'excellents résultats; aussi, admis d'abord seulement à Londres, fut-il en 1842, après une enquête faite en 1840 par une commission royale, étendu à toute l'Angleterre et confirmé par une loi sur la faillite de 1849 (12 et 13 Vict., ch. cvi).

Cette même loi de 1849 contenait des dispositions nouvelles sur les certificats de conformité (*certificates of conformity*) et sur les arrangements entre créanciers et débiteurs destinés à éviter la faillite.

Depuis 1843, un failli pouvait, comme cela a été dit précédemment (page vii) être libéré de ses dettes en vertu d'un certificat de conformité délivré par l'autorité judiciaire, sans l'assentiment de la majorité de ses créanciers. Ceux-ci étaient réduits à un simple droit d'opposition. Jusqu'en 1849, il n'y eut qu'une seule espèce de certificats de conformité accordant au débiteur sa libération. La loi de 1849 en distingua trois classes différentes. Les certificats de la première classe déclaraient que l'insolvabilité du débiteur était due à des malheurs et à des pertes inévitables (*unavoidable losses and misfortunes*). Les certificats de la seconde classe constataient que l'insolvabilité ne provenait pas exclusivement de cette cause. Enfin les certificats de la troisième classe indiquaient que l'insolvabité n'avait nullement été le résultat d'accidents inévitables. Les certificats des trois classes, différents sans aucun doute au point de vue moral, avaient les mêmes effets légaux : ils libéraient tous le débiteur de la portion des dettes non acquittée. Seulement le débiteur pouvait demander de prélever sur ses biens les sommes nécessaires pour vivre; l'allocation qui lui était ainsi attribuée, était d'autant plus élevée que sa conduite antérieure à la faillite avait été meilleure, qu'il s'était plus empressé de révéler sa situation embarrassée et que les dividendes distribués étaient plus importants. Du reste, la libération du débiteur pouvait, selon les cas, être soumise à certaines conditions, lui être accordée immédiatement ou seulement après l'expiration d'un certain délai. L'obtention d'un certificat de conformité était exclue quand le failli avait commis certaines fraudes dont la loi déterminait la nature.

La loi de 1849 facilitait entre les créanciers et le débiteur les arrangements ayant pour but d'éviter à celui-ci le déshonneur de la faillite. Elle innovait en rendant ces arrangements obligatoires pour tous par cela seul qu'ils avaient été acceptés par les majorités fixées. On distinguait deux catégories d'arrangements de cette nature : les uns conclus sous le contrôle de l'autorité judiciaire, les autres sans ce contrôle. Pour les premiers, il fallait la majorité en nombre et en valeur des trois cinquièmes des créanciers dont les créances étaient de 10 livres sterling au moins. Pour les seconds, on exigeait la majorité des six septièmes. D'ailleurs, un arrangement, pour être obligatoire pour tous les créanciers, devait comprendre l'abandon fait à ceux-ci de tous les biens du débiteur. — La loi de 1849 admettait aussi le concordat après faillite; il devait être accepté par les



IMPRIMERIE NATIONALE.

neuf dixièmes des créanciers et il entraînait l'annulation de la faillite.

La loi de 1849 fut reçue avec une grande satisfaction. Elle devait contribuer, croyait-on, à élever le niveau de la moralité commerciale grâce aux dispositions relatives aux certificats de conformité. On accueillit surtout favorablement les facilités nouvelles données pour les arrangements avant faillite. Les résultats ne répondirent pas à l'attente. La distinction des trois classes de certificats de conformité n'eut aucun effet appréciable. Cela tenait sans doute à la fois à ce que, pour la délivrance de ces certificats, on ne suivit pas partout les mêmes règles et à ce que tous sans distinction entraînaient également la libération du débiteur. En outre, les arrangements avant faillite n'étaient pas facilités autant qu'on l'avait espéré. Il fallait, pour que la minorité des créanciers fût liée, que le débiteur fît abandon de tous ses biens. Un concordat avant faillite laissant le débiteur à la tête de ses affaires, était donc impossible par suite du dissentiment de quelques créanciers. Ce n'est pas tout : les créanciers mal disposés pour leur débiteur, pouvaient le poursuivre pendant la durée même des pourparlers engagés en vue d'un arrangement et ils empêchaient ainsi la conclusion de celui-ci. Enfin les créanciers se plaignaient de n'avoir pas un droit de contrôle suffisant sur l'administration de la faillite.

La loi de 1861 (24 et 25 Vict., ch. cxxiii), qui étendit la faillite aux non-commerçants, vint faire droit à ces critiques. On supprima les trois classes de certificats de conformité et on donna le nom d'*order of discharge* (ordre ou ordonnance de décharge) à la décision judiciaire libérant le failli de la portion de ses dettes non acquittée par lui. Les arrangements avant faillite votés par la majorité des créanciers en nombre et la majorité des trois quarts en sommes, furent déclarés obligatoires pour tous, alors même qu'il n'y avait pas abandon des biens du débiteur. Quand des pourparlers étaient engagés par le débiteur avec ses créanciers, un délai lui était donné pour obtenir leur consentement et, pendant ce délai, la déclaration de faillite ne pouvait pas avoir lieu.

Enfin, dans le but d'augmenter les droits des créanciers quant à l'administration des biens du failli, les pouvoirs des syndics officiels (*official assignees*) furent restreints dans les plus étroites limites. Ils ne pouvaient plus intervenir activement dans la réalisation de l'actif; ils avaient seulement le droit de recouvrer les créances n'excédant pas 10 livres sterling et ils exerçaient sur les syndics nommés par les créanciers un droit de surveillance mal défini.

Ces réformes ne donnèrent pas satisfaction aux intéressés. La loi de 1861 ne tarda pas elle-même à provoquer des plaintes très vives. On réclamait d'abord une nouvelle extension du droit de contrôle des créanciers. Puis on s'attaquait spécialement aux règles concernant l'ordre de décharge : la possibilité pour un débiteur d'obtenir la libération de ses dettes, alors que le dividende était minime ou même qu'il n'y avait point de dividende, alors que la faillite n'était pas due seulement à des événements fortuits, était, disait-on, injuste pour les créanciers et pouvait encourager les entreprises hasardeuses et même la fraude.

Après plusieurs tentatives de réforme demeurées infructueuses, la loi de 1869 (32 et 33 Vict., ch. lxxi) refondit dans son ensemble la législation de la faillite.


## II. La loi de 1869 et ses résultats pratiques.

Le législateur de 1869 partit d'une idée tout opposée à celle qui avait triomphé en 1831 : il considéra la faillite comme une affaire d'intérêt privé à régler librement entre le failli et ses créanciers. Par suite, il exclut presque complètement le contrôle de l'autorité publique sur les faillites. Le système général consacré à cet égard a reçu le nom de *voluntarism*. On lui oppose le système appelé *officialism* qui consiste à considérer la faillite comme une affaire touchant à l'intérêt public et à faire, par conséquent, intervenir dans la procédure et dans l'administration de l'actif une autorité judiciaire ou administrative.

Les syndics officiels (*official assignees*), nommés par l'autorité judiciaire et dont les pouvoirs avaient déjà été fort restreints par la loi de 1861, furent supprimés. L'administration de la faillite fut laissée exclusivement à des syndics choisis par l'assemblée des créanciers (*creditors assignees*). Désormais le nom spécial d'*assignees* cesse d'être donné aux syndics; on les appelle *trustees in bankruptcy*. L'assemblée des créanciers pouvait constituer un comité de surveillance (*committee of inspection*) chargé de surveiller la gestion du syndic.

Les règles relatives à l'ordre de décharge furent assez profondément modifiées. Pour qu'un failli obtînt sa décharge, il fallait, en principe, que le dividende fût de 50 p. 100 au moins ou qu'il fût reconnu qu'il n'avait pas atteint ce chiffre par suite de la fraude ou de la négligence du syndic. Cependant le failli pouvait être déchargé de ses dettes quand l'assemblée des créanciers émettait l'avis que l'infériorité du dividende tenait à des circonstances dont le débiteur ne pouvait pas être rendu équitablement responsable et qu'il était à désirer qu'un ordre de décharge fût rendu en sa faveur (art. 48 de la loi de 1869).

Sous l'empire de la loi de 1861, le débiteur pouvait lui-même demander sa déclaration de faillite. On avait constaté que trop souvent les débiteurs exerçaient ce droit dans le but unique d'arriver, en obtenant un ordre de décharge, à la libération de leurs dettes. Aussi la loi de 1869 n'admit plus les déclarations de faillite sur la demande du débiteur. Mais elle reconnut les arrangements amiables (*liquidations by arrangement*) et les concordats avant faillite (*compositions without bankruptcy*); elle conféra même à cet égard aux intéressés la plus grande liberté, en écartant toute intervention extérieure (art. 125 et 126 de la loi de 1869).

Voici comment les choses devaient se passer quand un débiteur voulait éviter la faillite en recourant à l'un de ces deux moyens. Il adressait à la cour compétente une demande indiquant qu'il était hors d'état de payer ses dettes et qu'il désirait chercher à conclure avec ses créanciers, soit un arrangement déterminant le mode de liquidation de ses affaires, soit un concordat; qu'il réclamait, en conséquence, la convocation d'une assemblée de ses créanciers et l'enregistrement, s'il y avait lieu, de la convention à intervenir avec eux.

Les créanciers réunis sur l'ordre de la Cour, pouvaient, à la majorité en nombre et à la majorité des trois quarts en

sommes, décider que les affaires du débiteur seraient liquidées par voie d'arrangement sans déclaration de faillite. Ils
désignaient alors un liquidateur assisté ou non d'un comité
de surveillance. Ce liquidateur avait les pouvoirs d'un syndic de faillite.

Les créanciers pouvaient aussi, sur la proposition du
débiteur, lui accorder un concordat (*composition*). Il fallait
que le concordat fût adopté dans deux assemblées consécutives par la majorité en nombre et la majorité des trois
quarts en sommes. Du reste, l'homologation judiciaire n'était
requise ni pour l'arrangement ni pour le concordat. Les
créanciers seuls avaient à examiner, si bon leur semblait,
la conduite du débiteur et la cause de l'embarras de ses
affaires. Sans doute, les arrangements et les concordats
avant faillite étaient soumis, à peine de nullité, à un enregistrement opéré par le greffier de la cour; mais celui-
ci n'avait pas à s'occuper des conditions acceptées par les
créanciers; il avait seulement à rechercher si les majorités
requises avaient été obtenues et si les formalités exigées
avaient été remplies.

La Cour des faillites de Londres était compétente pour
la Cité de Londres, ses dépendances et les territoires compris dans les cours de comté déterminées par la loi. Ailleurs, la compétence appartenait aux cours de comté; les
cours spéciales de faillite étaient supprimées.

En même temps qu'était mise en vigueur la loi de 1869
sur la faillite, une autre loi appelée *loi sur les débiteurs* (*Debtors Act*, 32 et 33 Vict., ch. lxii), sans supprimer absolument
l'emprisonnement pour dettes, apportait à la législation an-

cienne des atténuations par suite desquelles la contrainte par corps ne constitue plus un mode ordinaire d'exécution des jugements de condamnation. Cette loi était la suite de mesures législatives qui avaient successivement atténué notablement les rigueurs des lois anciennes sur la contrainte par corps. D'après les principes de l'ancien Droit anglais, les créanciers avaient le droit de faire emprisonner leur débiteur contre lequel ils avaient obtenu un jugement. On avait été jusqu'à admettre l'emprisonnement du débiteur avant tout jugement; il y avait là un moyen pour un créancier d'avoir en quelque sorte son débiteur sous la main; ainsi il était présent pour répondre à toute demande formée contre lui. Il n'y avait point de maximum assigné à la durée de l'emprisonnement. Aussi a-t-on pu dire que les débiteurs étaient à la merci de leurs créanciers. L'admission des certificats de conformité en 1706 fut un adoucissement apporté à la sévérité des lois pour les commerçants; elles furent aussi adoucies pour les non-commerçants en 1813, par suite de l'organisation de la procédure d'*insolvency*. En 1838[1], le droit d'exercer la contrainte par corps avant jugement fut limité au cas où le créancier prouvait que le débiteur avait l'intention de se cacher en quittant l'Angleterre; il fallait, en outre, que la dette fût de 20 livres sterling au moins. Peu d'années après, en 1844[2], le régime de l'emprisonnement pour dettes subit de notables changements; il fut aboli pour les dettes au-dessous de 20 livres sterling, frais non compris, à moins que le débiteur cité en justice n'y comparût point ou n'eût commis quelque fraude au préju-

---

[1] 1 et 2 Vict., ch. cx. — [2] 7 et 8 Vict., ch. cx.

dice de ses créanciers. On considérait comme coupable de fraude non seulement le débiteur qui, pouvant payer, n'acquittait pas sa dette, mais aussi le débiteur qui avait contracté une dette sachant qu'il n'aurait sans doute pas les moyens de l'acquitter. Aussi a-t-on pu dire que l'emprisonnement pour dettes devint alors une sorte de peine civile[1]. Après des modifications successives, c'est le caractère que lui a conservé la loi sur les débiteurs (*Debtors Act*) de 1869, actuellement en vigueur et dont une traduction forme l'un des appendices à ce volume (p. 149 et suiv.).

La loi de 1869 sur la faillite n'a pas tardé à produire les résultats les plus fâcheux[2].

Les frais et les lenteurs de la procédure de faillite étaient tels que les concordats et les arrangements avant faillite lui étaient presque toujours préférés. La statistique officielle fournit sur ce point des données intéressantes.

De 1870 à 1877, il y avait eu contre 8,275 déclarations de faillites 31,651 arrangements amiables et 20,270 concordats avant faillite (51,921); au total: 60,196 cessations de payements.

Ainsi, les arrangements formaient plus de la moitié, les concordats avant faillite 1/3, et les faillites moins de 1/6 des cessations de payements.

Dans cette période, le nombre annuel des arrangements

---

[1] E. Glasson, *Histoire du droit et des institutions politiques, civiles et judiciaires de l'Angleterre*, t. VI, p. 408.

[2] Voir notamment un article intitulé *The urgent need for amending our Bankruptcy Legislation* (la nécessité urgente de modifier notre législation sur la faillite) dans la *Fortnightly Review* (1879, p. 469 à 485).

était monté de 2,035 à 5,239 par an, — celui des concordats avant faillite de 1,616 à 3,327 par an; — les déclarations de faillite étaient tombées, au contraire, de 1,351 à 967 [1].

Le grand nombre des arrangements et des concordats avant faillite était déplorable : par cela même que l'autorité publique n'avait aucun droit de les contrôler, ces conventions cachaient souvent les fraudes les plus graves et les dividendes payés aux créanciers étaient très faibles.

Quand, à défaut d'arrangement et de concordat, la faillite était déclarée, les frais étaient énormes et, par suite,

[1] Voici un tableau complet du nombre annuel des faillites, arrangements et concordats depuis 1870, année de la mise en vigueur de la loi de 1869, jusqu'à la fin de 1883.

| ANNÉES. | FAILLITES. | LIQUIDATIONS AMIABLES. | CONCORDATS. | TOTAL DES LIQUIDATIONS AMIABLES ET DES CONCORDATS (colonnes 2 et 3). | TOTAL GÉNÉRAL DES FAILLITES, LIQUIDATIONS AMIABLES ET CONCORDATS (colonnes 1 et 4). |
|---|---|---|---|---|---|
| 1870 | 1,351 | 2,035 | 1,616 | 3,651 | 5,002 |
| 1871 | 1,238 | 2,872 | 2,170 | 5,042 | 6,280 |
| 1872 | 933 | 3,694 | 2,208 | 5,902 | 6,835 |
| 1873 | 915 | 4,152 | 2,422 | 6,574 | 7,489 |
| 1874 | 930 | 4,440 | 2,549 | 6,989 | 7,919 |
| 1875 | 965 | 4,233 | 2,691 | 6,924 | 7,889 |
| 1876 | 976 | 4,986 | 3,287 | 8,273 | 9,249 |
| 1877 | 967 | 5,239 | 3,337 | 8,566 | 9,533 |
| 1878 | 1,084 | 6,356 | 4,010 | 10,366 | 11,450 |
| 1879 | 1,156 | 7,167 | 4,809 | 11,976 | 13,132 |
| 1880 | 995 | 5,546 | 3,757 | 9,303 | 10,298 |
| 1881 | 1,005 | 5,216 | 3,506 | 8,722 | 9,727 |
| 1882 | 995 | 4,679 | 3,367 | 8,046 | 9,041 |
| 1883 | 1,046 | 4,571 | 2,938 | 7,509 | 8,555 |

les pertes des créanciers étaient considérables. Les créanciers montraient le plus souvent une grande indifférence, et les syndics nommés par eux commettaient les abus les plus révoltants. Le mal provenait en partie des fraudes pratiquées pour les procurations générales (*proxies*). Quand une personne cessait ses payements, elle trouvait ordinairement un homme d'affaires qui lui servait pour ainsi dire de compère. Celui-ci se transportait chez chacun des créanciers et, profitant habilement du peu d'inclination qu'ont les créanciers à s'occuper activement de la faillite de leur débiteur, il se faisait donner par tous ou par presque tous une procuration générale pour assister et voter aux assemblées de créanciers. Cet homme d'affaires, de connivence avec le débiteur, avait ainsi dans les assemblées des créanciers la majorité des voix. Il composait quelquefois à lui seul l'assemblée générale! Avant la faillite, il émettait un vote favorable à l'arrangement ou au concordat le plus désastreux pour les créanciers. Après la faillite, il se choisissait lui-même comme syndic. Parfois il élisait un comité chargé de surveiller sa gestion. Il fixait lui-même, comme mandataire des créanciers, le salaire qu'il devait recevoir comme syndic. Il arrivait aussi à retenir entre ses mains des sommes disponibles importantes. C'était, en effet, aux créanciers qu'il appartenait de déterminer la maison de banque où les fonds de la faillite devaient être déposés. Le syndic désignait souvent en leur nom la maison de banque dans laquelle un compte personnel lui était ouvert et confondait les fonds de la faillite avec ceux qu'il avait déposés en son nom. Avec ces fonds il se livrait à des spéculations. Aussi arriva-t-il fréquemment que des syndics furent eux-mêmes déclarés en faillite pendant la durée des faillites qu'ils administraient.

Les abus furent poussés à un tel point qu'un juge connu déclarait que, si la loi de 1869 restait en vigueur, aucun homme de bon sens sachant ce qu'il doit à sa famille ne payerait ses dettes en entier. De tous côtés, dès 1875, une réforme nouvelle était réclamée. A plusieurs reprises, les chambres de commerce anglaises réunies dans leurs assemblées annuelles [1], des banquiers et des négociants de la Cité de Londres firent entendre les plus vives doléances et les adressèrent au Gouvernement. Plusieurs projets de loi furent présentés à la Chambre des communes [2]. La réforme a abouti seulement en 1883.

### III. La loi de 1883.

Le *bill*, devenu la loi de 1883 (46 et 47 Vict., ch. lii),

[1] En Angleterre, les chambres de commerce (*chambers of commerce*) sont des institutions purement privées. Elles n'en jouent pas moins un rôle considérable. Ce sont elles notamment qui font exécuter les travaux de création et d'agrandissement des ports. Elles se réunissent une ou plusieurs fois chaque année en assemblée générale, pour discuter les questions intéressant le commerce ou l'industrie. Dans ces réunions elles émettent souvent des vœux en faveur de réformes législatives. En août 1878 à l'assemblée des chambres de commerce tenue à Sheffield, M. Martin, délégué de Plymouth, déclara, au milieu de vifs applaudissements, que « la loi de 1869 sur la faillite était une honte pour le pays (*a disgrace for the country*); que le système de liquidation établi par cette loi, ne servait qu'à donner aux débiteurs une occasion d'escroquer leurs créanciers (*swindling their creditors*); que ce n'était pas autre chose qu'un moyen légal de voler (*a legal means of robbery*) ».

[2] Des projets ont été déposés en 1876, 1877, 1878 et 1879. Leur principal auteur était le Chancelier, lord Cairns.

a été présenté à la Chambre des communes en février 1883 par M. Chamberlain, alors président du *Board of Trade*. Il a été l'objet d'une seconde lecture le 19 mars [1], renvoyé au Comité permanent du commerce (*Standing Committee on trade*) et, après avoir été amendé par ce Comité, adopté en troisième lecture par la Chambre des communes, puis voté le 17 août par la Chambre des lords, et enfin sanctionné par la Reine le 25 août 1883.

Cette loi contient 170 articles, auxquels sont joints 5 annexes (*schedules*). En outre, des règlements (*rules*) ont été faits par le Lord Chancelier, d'accord avec le Président du *Board of Trade*, pour l'exécution de la loi [2].

La loi de 1883 a fait des réformes importantes motivées par les mauvais résultats de la loi de 1869. Ces réformes sont déduites de plusieurs idées générales qui ont été souvent reproduites dans la discussion parlementaire :

1. La faillite n'est pas une pure affaire d'intérêt privé. Il importe pour la moralité du commerce que l'autorité publique ait dans les faillites un pouvoir sérieux d'intervention. L'administration de l'actif des débiteurs insolvables

---

[1] Dans la séance du 19 mars 1883, M. Chamberlain a fait verbalement un long et intéressant exposé de motifs du projet. On sait qu'il n'y a pas d'exposé de motifs rédigé par écrit, imprimé et distribué avec le texte du *bill*. Le ministre qui présente un projet fait un discours pour expliquer le but de la loi et ses principales dispositions. Voir de Franqueville, *Le Gouvernement et le Parlement britanniques*, t. III, p. 423.

[2] Voir sur ces règlements page 1, note 1. — Nous avons traduit les Annexes qui font corps avec la loi. Nous nous sommes borné à analyser dans des notes les principales dispositions des règlements; ils sont très longs et très détaillés.

peut d'autant moins être abandonnée entièrement aux créanciers que presque toujours ils montrent une indifférence et une ignorance qu'on ne peut guère comparer qu'à celles des actionnaires dans les sociétés.

2. La surveillance à exercer sur l'administration des biens des débiteurs insolvables doit plutôt être confiée à une administration dont le chef est responsable devant le Parlement qu'à l'autorité judiciaire. Les représentants de celle-ci n'ont pas toujours l'activité et les connaissances nécessaires pour que leur intervention soit efficace.

3. Il est juste et utile d'éviter le déshonneur de la faillite au débiteur malheureux et de bonne foi. Les créanciers eux-mêmes sont parfois intéressés à ce que la faillite ne soit pas déclarée; ils échappent ainsi aux frais et aux lenteurs qui y sont dans une certaine mesure inhérents. La loi elle-même doit s'occuper des liquidations ou arrangements amiables et des concordats préventifs de la faillite. Mais, dans l'intérêt soit d'une légitime répression et de la moralité des affaires, soit de la minorité des créanciers, deux mesures essentielles doivent être prises. Il faut que les conventions destinées à éviter la faillite ne puissent être conclues qu'après que la conduite du débiteur, sa situation, la cause de la cessation de ses payements ont été soigneusement examinées par l'autorité judiciaire. En outre, ces conventions ne doivent être valables et obligatoires pour tous les créanciers qu'autant que cette autorité les a revêtues de son homologation. Il est même des cas dans lesquels, à raison des fraudes ou des fautes graves du débiteur, la loi doit prohiber l'homologation.

4. Il y a lieu d'admettre, conformément au principe introduit sous le règne de la reine Anne, que le débiteur

peut être libéré de l'excédent de ses dettes sur son actif par une décision de l'autorité judiciaire. Cet ordre de décharge ne doit pas être subordonné à la distribution d'un dividende minimum fixé par la loi. L'actif d'un homme honnête frappé par des malheurs imprévus, peut être notablement infé-rieur à son actif. Mais il faut déterminer un assez grand nombre de cas dans lesquels le débiteur, à raison de ses fautes ou de ses fraudes, ou ne peut obtenir sa décharge, ou ne peut l'obtenir qu'avec certaines restrictions.

Pour se conformer à ces idées générales, la loi de 1883 a consacré un système que nous allons décrire en analysant les dispositions les plus importantes. Dans cet exposé, il sera question surtout des innovations de la loi. Toutefois les principales règles spéciales de la législation anglaise em-pruntées par la loi nouvelle aux lois antérieures, seront aussi indiquées.

*Le rôle du* Board of Trade *et les séquestres officiels* (*Official receivers*). — L'une des principales innovations de la loi de 1883 a consisté à faire intervenir dans la procé-dure de la faillite le *Board of Trade*. On désigne sous ce nom une administration qui correspond à peu près à nos minis-tères du commerce et des travaux publics. Il y a dans le conseil privé trois comités, dont l'un a dans ses attributions le commerce, l'autre l'instruction publique, et le troisième l'agriculture. Le plus ancien de ces comités est celui du commerce appelé BOARD OF TRADE. En droit, le *Board of Trade* est donc un comité du conseil privé composé d'un président, du Lord Haut-Chancelier, du Premier Lord de la Trésorerie, des cinq secrétaires d'État, du *speaker*, etc. En fait, ces divers personnages ne s'assemblent jamais; le président seul dirige l'administration et exerce l'autorité ministérielle. Les attributions du *Board of Trade* sont d'une grande variété. Elles comprennent notamment les ports, les phares, le pilotage, les pêcheries, tout ce qui concerne la marine marchande, les chemins de fer et tramways, les traités de commerce, les tarifs des douanes, etc. [1]. La loi de 1883 y a joint des attributions importantes en matière de faillite. Le législateur a chargé le *Board of Trade* d'exercer une surveillance sur la gestion des syndics. Le *Board of Trade* est pour ainsi dire constitué gardien des sommes à provenir des ventes des biens des faillis. Ces sommes doivent être déposées à la Banque d'Angleterre et portées dans un compte ouvert au *Board of Trade* et désigné sous le nom de *the Bankruptcy Estates Account* [compte des faillites] (art. 74). Le *Board of Trade* est chargé par la loi d'examiner les comptes des syndics, d'exercer sur eux et sur leurs opérations une surveillance générale (art. 21, 82, 86, 87, 91). C'est lui qui décide si la garantie fournie par le syndic nommé dans une faillite est suffisante et qui donne, s'il y a lieu, décharge au syndic lorsque la procédure de faillite est close (art. 80).

Pour l'exercice même de ces attributions, le *Board of Trade* doit, en vertu de la loi de 1883, nommer des fonctionnaires spéciaux appelés *official receivers* (séquestres officiels). Placés sous la direction et l'autorité du *Board of Trade*, les *official receivers* sont répartis entre les diverses cours compétentes en matière de faillite. Il y en a un ou

[1] Voir, sur le *Board of Trade*, de Franqueville : *Le Gouvernement et le Parlement britanniques*, t. I, p. 509 et suiv.

plusieurs auprès de chacune de ces cours (art. 66). Ils ont des fonctions multiples (art. 69 et 70); ils représentent dans chaque faillite le *Board of Trade;* ils jouent, dans une certaine mesure, le rôle des juges-commissaires du Droit français et sont aussi parfois chargés des fonctions de syndic.

*Qui peut demander la déclaration de faillite.* — La procédure à laquelle peut donner lieu la cessation des payements d'un débiteur et qui aboutit parfois à une déclaration de faillite, ne peut s'ouvrir que sur une demande. La législation anglaise n'a jamais admis la déclaration de faillite d'office. La demande peut émaner soit d'un créancier, soit du débiteur lui-même (art. 5). Sur ce dernier point, la loi nouvelle a modifié la loi de 1869, qui ne reconnaissait pas au débiteur le droit de se faire mettre lui-même en faillite. Mais, conformément au principe ancien du Droit anglais, tout créancier ne peut pas former une demande, quelque minime que soit sa créance. Ce droit est réservé à ceux dont la créance est de 50 livres sterling au moins (soit 1,250 fr.). Du reste, la demande peut être formée collectivement par plusieurs créanciers, pourvu que leurs créances réunies atteignent cette somme [1].

Il ne suffit pas que la demande soit formée par une personne ayant qualité à cet effet; il est encore nécessaire qu'elle se réfère à une personne à laquelle la procédure de faillite est applicable et qu'elle soit fondée sur une cause pouvant la justifier.

[1] Cette disposition n'a guère d'application dans la pratique; en général, les créanciers ne se connaissent point. — Voir à cet égard plus loin, p. LXV.

*A qui s'applique la procédure de faillite.* — La loi de 1883 a confirmé la règle adoptée depuis 1861, en admettant la faillite pour les non-commerçants comme pour les commerçants. En fait seulement, la plupart des faillis sont des commerçants. La loi nouvelle a toutefois été plus loin que les lois antérieures de 1861 et de 1869. Celles-ci avaient consacré quelques règles spéciales à la faillite des commerçants. (Voir ci-après, note 3 de la page 2.) La loi de 1883 les a abrogées et a consacré ainsi l'assimilation complète [1].

En ne faisant pas de la faillite une institution spéciale aux commerçants, la législation anglaise a suivi le mouvement de la plupart des législations du continent. Mais elle s'écarte de toutes les lois européennes, en n'admettant pas la faillite pour les sociétés comme pour les individus. On distingue en Angleterre deux sortes principales de sociétés : 1° les sociétés ne constituant pas des personnes civiles (*partnerships*); 2° les sociétés jouissant de la personnalité civile appelées parfois *registered companies*, à raison de la formalité de l'enregistrement à laquelle les statuts de ces sociétés sont soumis dans un but de publicité. Il n'aurait pu être évidemment question d'appliquer la faillite qu'à ces dernières sociétés. La loi anglaise a remplacé pour elles la faillite par la mise en liquidation par ordre de la Cour (*Winding-up by Court*). Les dispositions qui régissent cette

---

[1] Les législations qui admettent la faillite pour les commerçants et pour les non-commerçants, peuvent être divisées en deux catégories : les unes font des différences parfois assez importantes entre les faillites de ces deux classes de personnes; les autres les assimilent complètement. La loi anglaise de 1869 appartenait à la première catégorie; celle de 1883 fait partie de la seconde. — Voir Thaller, *Des faillites en droit comparé*, t. I, chap. II, p. 125 et suiv.



IMPRIMERIE NATIONALE.

liquidation se trouvent, comme celles qui concernent la liquidation volontaire, dans les lois sur les sociétés. Elles ont un lien intime avec la loi sur la faillite; aussi ont-elles été traduites dans les Appendices placés à la fin de ce volume (pages 165 et suiv.).

*Actes de nature à entraîner la faillite.* — Pour les motifs indiqués plus haut (page VIII), la loi de 1883, comme toutes les lois anglaises sur la matière, ne donne pas la définition de la cessation des payements qui détermine la faillite et ne laisse pas non plus au juge, comme la plupart des lois du continent, la liberté d'apprécier si les conditions constitutives de cet état se trouvent réunies. Elle a énuméré limitativement les faits de nature à entraîner la faillite, *acts of bankrutpcy* (art. 4). La demande n'est justifiée qu'autant qu'un de ces faits peut être prouvé.

*Des juridictions compétentes.* — La demande doit être formée devant un juge désigné de la Haute Cour de justice (art. 94) à laquelle a été conférée la compétence appartenant à l'ancienne *Court of bankruptcy* supprimée par la loi nouvelle[1] ou devant une cour de comté (art. 92), selon que le débiteur réside soit à Londres ou dans le ressort des cours de comté métropolitaines indiquées dans l'Annexe III de la loi (page 143), soit hors de Londres et de ce res-

---

[1] La loi de 1873 sur l'établissement d'une cour suprême de justice (art. 3 et 10) avait décidé que la Cour des faillites de Londres serait réunie à la Cour suprême de justice qui serait investie de sa juridiction. Mais la loi du 11 août 1875 (art. 9) a abrogé ces dispositions et rétabli la Cour des faillites. La loi de 1883 (art. 93) en revient à la suppression de la Cour des faillites prononcée en 1873.

sort (art. 95). L'appel des décisions de la Haute Cour est porté devant la Cour d'appel de la Reine créée en 1873; l'appel des décisions des cours de comté est soumis au juge de la Haute Cour chargé des faillites (art. 104)[1].

*De l'ordonnance de séquestre.* — Jusqu'à la loi de 1883, la juridiction compétente, quand elle reconnaissait l'existence d'un acte de nature à entraîner la faillite, la prononçait immédiatement. Il n'en est plus ainsi d'après la loi nouvelle. Celle-ci organise une sorte de procédure préliminaire par laquelle on doit passer avant d'arriver à la déclaration de faillite. Cette procédure a pour but de faciliter la conclusion d'un arrangement ou d'un concordat préventif de la faillite et de les entourer de la garantie d'un contrôle de l'autorité judiciaire et administrative.

Quand la demande semble justifiée à la Cour, elle ne peut pas prononcer immédiatement la déclaration de faillite; elle doit rendre une ordonnance de séquestre (*receiving (order*), afin de sauvegarder l'actif du débiteur (art. 5). Par cette ordonnance, un séquestre officiel (*official receiver*) est nommé.

L'ordonnance de séquestre n'a, ni quant à la personne du débiteur, ni quant à ses biens, les mêmes effets que la déclaration de faillite. Elle n'entraîne pour lui aucune incapacité d'ordre politique; elle ne le dépouille point de la propriété de ses biens. Seulement le débiteur ne peut plus

[1] Voir sur l'organisation judiciaire anglaise et la constitution d'une Haute Cour de justice : *Annuaire de législation étrangère* (1874, p. 9 et suiv.; 1876, p. 120 et suiv.); E. Glasson, *Histoire du droit et des institutions politiques, civiles et judiciaires de l'Angleterre* (t. VI, p. 508 et suiv.).

contracter des dettes nouvelles ni disposer de son actif. Le séquestre officiel se met en possession de l'actif. S'il s'agit d'un commerce quelque peu compliqué et dont l'interrup-ion ne pourrait avoir lieu sans grave préjudice, un admi-nistrateur spécial (*special manager*) peut être désigné par la Cour pour en continuer l'exploitation (art. 12). Le droit individuel des créanciers de poursuivre le débiteur et de pratiquer des voies d'exécution sur sa personne et sur ses biens est suspendu (art. 9).

Selon la distinction énoncée dans la loi même, les pou-voirs du séquestre officiel se réfèrent soit à la personne, soit aux biens du débiteur (art. 68, § 1). Il est chargé spécia-lement d'examiner la conduite du débiteur, de rechercher s'il n'a pas commis quelque délit réprimé par la loi sur la faillite ou par la loi de 1869 sur les débiteurs ou même quelque crime, de vérifier les causes de la cessation des payements et d'en faire rapport soit à la Cour, soit aux créanciers. Il administre les biens du débiteur jusqu'à la faillite. Si celle-ci est déclarée, ses fonctions changent de nature. Il a surtout alors un droit de contrôle sur la gestion des syndics et il est parfois syndic lui-même.

L'ordonnance de séquestre ne doit pas demeurer secrète. La publication en est exigée dans la *Gazette de Londres* et dans une feuille locale (art. 13). Cette publicité se justifie; l'ordonnance de séquestre produit des effets que les tiers ont le plus grand intérêt à connaître : elle frappe d'une cer-taine incapacité le débiteur, il ne peut plus contracter des dettes nouvelles, ni disposer de ses biens.

*Interrogatoire public du débiteur*. — Quand une ordonnance de séquestre a été rendue, la Cour doit fixer un jour auquel elle procède en audience publique à l'interrogatoire du débiteur (art. 17). Il est interrogé sur l'état de ses affaires, sur les causes de leur mauvais état, sur sa conduite antérieure à la cessation de ses payements, sur le montant de son actif. Tout créancier ou son mandataire peut adresser des questions au débiteur. Le séquestre officiel prend part à cet interrogatoire. La Cour peut aussi poser telles questions que bon lui semble. Cet interrogatoire public, auquel le législateur a attaché une grande importance, doit précéder l'assemblée dans laquelle les créanciers ont à se prononcer sur le point de savoir quelle suite sera donnée à la procédure. Il importe, en effet, que les créanciers, avant de prendre à cet égard une décision, soient éclairés sur l'état de l'actif et du passif du débiteur, ainsi que sur les causes qui ont amené la cessation de ses payements.

*Première assemblée des créanciers. Liquidation ou concordat préventif de la faillite.* — Les créanciers sont appelés à faire vérifier le plus tôt possible leurs créances dans les formes que détermine l'Annexe II jointe à la loi (pages 138 et suiv.). Puis une première assemblée de créanciers est convoquée. Elle a pour objet de délibérer sur la question de savoir s'il y a lieu d'accueillir une proposition de liquidation amiable (*Scheme of arrangement*) ou de concordat (*composition*) faite par le débiteur. Cette assemblée est présidée par le séquestre officiel, tandis que toutes autres assemblées ont, en principe, pour président un créancier choisi par elles (Annexe I, art. 7). Deux réunions successives et des majorités spéciales sont exigées pour l'adoption d'un arrangement ou d'un concordat. Dans la première, les propositions du débiteur peuvent seulement être prises en considération; dans la seconde, les créanciers ont à voter une décision définitive. En principe, les décisions se prennent dans les assemblées des créanciers à la majorité en sommes. Quand il s'agit du projet d'arrangement ou de concordat, deux majorités sont nécessaires : la majorité des créanciers en nombre et la majorité des trois quarts en sommes. Seulement, dans la première réunion, la majorité en sommes se calcule sur les créanciers présents ou dûment représentés, tandis que, dans la seconde, elle se fixe d'après le montant total des créances vérifiées (art. 18). L'arrangement ou le concordat voté par les créanciers aux majorités requises, n'est obligatoire qu'après avoir été homologué par la Cour (art. 18, § 4). L'homologation est donnée après un rapport fait par le séquestre officiel sur les conditions de l'arrangement ou du concordat, sur la conduite du débiteur, sur les objections présentées par les créanciers dissidents. En principe, la Cour a une entière liberté d'appréciation; elle refuse son homologation si elle estime que les conditions ne sont pas raisonnables ou sont trop préjudiciables à la masse des créanciers. Cependant la Cour est tenue de refuser son homologation dans les cas divers où, d'après la loi, elle ne peut rendre au profit du débiteur un ordre de décharge (art. 18, § 6). [Voir p. L.]

Le concordat ou l'arrangement dûment homologué, lie tous les créanciers. Le débiteur échappe à la faillite; il évite donc ainsi la qualification déshonorante de *bankrupt*, les incapacités d'ordre politique et l'expropriation de ses biens que la déclaration de faillite entraîne.

*Déclaration de faillite.* — Au contraire, la déclaration de faillite (*adjudication of bankruptcy*) est prononcée, quand le concordat ou l'arrangement n'a pas été voté par les créanciers aux majorités requises, quand il n'a pas été homologué par la Cour ou quand il est annulé ou résolu (art. 18, § 11). Le jugement déclaratif est publié dans la *Gazette de Londres* et dans un journal local (art. 20, § 2). En vertu de ce jugement, les biens du failli passent à un syndic chargé de les administrer et de les vendre; ces biens deviennent partageables entre les créanciers. Le failli encourt un certain nombre d'incapacités relatives à ses droits de citoyen (*disqualifications*) [art. 32 et suiv.]. Mais ces incapacités sont moindres qu'en France; elles n'affectent pas le droit de vote.

*Effets de la déclaration de faillite dans le passé.* — Du reste, le jugement déclaratif de faillite ne produit pas seulement des effets dans l'avenir, il en produit aussi dans le passé. Quant à ces effets, la législation, en Angleterre comme en France, a subi des atténuations successives fort importantes. D'après le principe posé sous le règne d'Élisabeth, la déclaration de faillite avait un effet rétroactif (*retrospective relation*) jusqu'au jour où avait été accompli l'*act of bankruptcy*. Le titre du syndic était réputé remonter jusque-là. En conséquence, tous les actes faits depuis lors par le débiteur au préjudice de ses créanciers, spécialement les aliénations de ses biens, tombaient. Deux sortes d'atténuations ont été apportées à cette rétroactivité rigoureuse et nuisible au crédit. D'abord, tout au moins les actes à titre onéreux faits dans cette sorte de période suspecte n'ont été atteints qu'en cas de mauvaise foi des tiers. En outre, la rétroactivité a été limitée par cela même que, pour donner lieu à la faillite, il est exigé que les *acts of bankruptcy* se soient produits un certain temps avant la demande. Ce temps a même été beaucoup abrégé en 1883 : d'après la loi de 1869, l'*act of bankruptcy* servant de base à la demande en déclaration de faillite devait s'être accompli dans les douze mois précédant la formation de cette demande; la loi de 1883 réduit à trois mois le délai dans lequel cet acte doit avoir été accompli. (Voir art. 43 et 47 à 49) [1].

*Consistance de l'actif du failli. Théorie de la propriété présumée (Reputed Ownership). Bills of sale. Stoppage in transitu.* — L'actif dont les syndics ont le droit de se saisir, se compose principalement des biens appartenant au failli. Mais il peut aussi comprendre d'autres biens. Cela résulte d'une importante théorie appelée *théorie de la propriété présumée (Reputed Ownership)*. L'admission de cette théorie dans la législation anglaise remonte au règne de Jacques Ier; elle a été consacrée par une loi de 1624 (21 Jac. I, ch. xix, art. 11) et a passé, avec des modifications successives, dans les diverses lois sur la faillite. D'après cette théorie, les choses mobilières qui se trouvent en la possession (*possession, order or disposition*) d'un débiteur déclaré en faillite, du consentement de la personne qui en est propriétaire, sont traitées comme faisant partie de l'actif du failli. Le syndic peut par suite s'en emparer et les faire vendre au profit de la masse. Le but de cette théorie est de protéger les créan-

---

[1] Voir plus loin (p. xli) les effets fâcheux produits par l'abréviation de la durée de la période suspecte.

ciers d'une personne contre le faux crédit qu'elle peut obtenir, quand elle est laissée en possession de biens ne lui appartenant pas, de telle sorte qu'elle en est, pour ainsi dire, propriétaire apparent. Cette théorie a été souvent attaquée. On a dit que le crédit est accordé plutôt à la personne qu'aux biens, et qu'il est très rigoureux de faire servir les biens d'une personne à payer les dettes d'une autre.

La théorie de la propriété présumée ne s'est appliquée jusqu'en 1861 qu'aux commerçants, par cela même qu'avant cette loi la faillite était exclusivement faite pour eux; elle régissait, du reste, les choses soit corporelles, soit incorporelles. D'après la loi de 1861, la théorie s'appliquait aux non-commerçants. Mais la loi de 1869 l'a restreinte à la fois aux commerçants et, en ce qui concerne les choses incorporelles, aux créances se rattachant à l'exercice du commerce du failli. La loi de 1883 a de nouveau étendu la théorie aux non-commerçants, tout en l'écartant pour toutes les créances ne se rattachant pas au commerce ou à la profession du failli.

L'application de cette théorie donne lieu à de nombreuses difficultés dans la jurisprudence [1]. Pour qu'elle soit applicable, il faut : 1° que les circonstances aient été telles que les tiers aient pu légitimement croire que le failli était propriétaire du bien dont il s'agit; 2° que le propriétaire véritable ait consenti à laisser ce bien en la possession du failli. Du reste, ce consentement peut être aussi bien tacite qu'exprès.

[1] Les auteurs anglais s'étendent longuement sur cette théorie. Voir *Robson's Law and Practice in Bankruptcy* (p. 529 à 562).

La théorie de la propriété présumée subissait une dérogation assez importante par suite des règles admises pour
les *Bills of sale*. On désigne notamment sous ce nom des
actes par lesquels un débiteur vend à un de ses créanciers
un bien mobilier dans le but de l'affecter à la garantie de
sa dette; la propriété doit revenir au créancier après le
payement. Le débiteur reste en possession. Ces sortes de
ventes pignoratives, qui rappellent quelque peu l'aliénation
fiduciaire (*mancipatio fiduciæ causa*) de l'ancien Droit romain,
sont soumises à une formalité de publicité consistant dans
un enregistrement opéré dans un bureau spécial. Des lois
nombreuses ont été faites sur les *Bills of sale*[1]. D'après une
loi de 1878 (art. 20)[2], l'enregistrement mettait obstacle
à ce qu'on appliquât, en cas de faillite, la théorie de la propriété présumée au bien compris dans un *Bill of sale*. En
d'autres termes, l'enregistrement rendait cet acte opposable
même aux créanciers du débiteur déclaré en faillite. Mais
une loi de 1882 (art. 15)[3] a abrogé cette disposition; ainsi,
l'enregistrement ne met pas, en cas de *Bill of sale*, le créancier à l'abri de l'application de la théorie de la propriété
présumée, quand le débiteur est déclaré en faillite : le
bien dont la propriété a été transférée à titre de garantie
à un créancier, est traité comme bien du failli, par cela
même qu'il en est demeuré possesseur.

A la composition de l'actif du failli se rattachent aussi les

[1] Voir notamment *Annuaire de législation étrangère* (1878, p. 50 et suiv.; 1883, p. 80 et suiv.)

Voir Robson, *op. cit.* (p. 578 à 617); Glasson, *Histoire du droit et des institutions de l'Angleterre* (t. VI, p. 403 et suiv.); Lehr, *Éléments de droit civil anglais* (p. 387 et suiv.).

[2] 41 et 42 Vict., ch. xxxi.

[3] 45 et 46 Vict., ch. xliii.

principes relatifs au *stoppage in transitu* (arrêt en cours de transport) qui correspond au droit de revendication accordé, dans la législation française, au vendeur en cas de faillite de l'acheteur. Le vendeur a, en principe, un privilège (*lien*) sur le bien vendu; il perd ce privilège quand la chose vendue est parvenue en la possession de l'acheteur tombé postérieurement en faillite. Mais, lorsque les choses vendues sont en cours de transport au moment de la faillite de l'acheteur, le vendeur peut les arrêter (*stop*), tant qu'elles ne sont pas en la possession de l'acheteur. En exerçant ce droit, le vendeur a, au moins, l'avantage de conserver le privilège qu'il perdrait, s'il y avait livraison faite à l'acheteur. Cette sorte de revendication exercée par le vendeur n'a-t-elle pas un effet plus grave? n'amène-t-elle pas la résolution de la vente? Il y a là une question sur laquelle des décisions judiciaires diverses ont été rendues; mais elles sont, pour la plupart, défavorables à la résolution. D'ailleurs, le droit de revendication n'est pas perdu seulement quand la chose vendue a été livrée à l'acheteur; il l'est également dans le cas où l'acheteur, même avant cette livraison, a endossé au profit d'un tiers un connaissement relatif à la chose vendue.

*Organes de la faillite.* — Les différents organes et autorités qui ont un rôle à jouer dans la faillite sont, outre la Cour, le *Board of Trade* et le séquestre officiel, le syndic (*trustee in bankruptcy*), le comité de surveillance (*committee of inspection*), l'assemblée des créanciers.

*Du syndic. Mode de nomination.* — Le syndic est nommé

par l'assemblée des créanciers ou par le comité de surveillance constitué par elle, si cette assemblée lui en a donné le pouvoir (art. 21, § 1). Le syndic ainsi choisi doit fournir une garantie dont le *Board of Trade* détermine la nature et le montant (art. 21, § 2). Antérieurement, la question de la garantie à fournir était résolue librement par l'assemblée des créanciers; par suite des fraudes pratiquées dans ces assemblées (page XXVI), très souvent aucune garantie n'était en fait exigée. Du reste, le *Board of Trade* peut, sauf appel de la part de la majorité des créanciers en sommes, s'opposer à l'entrée en fonctions du syndic désigné à raison soit de ce que la nomination n'a pas été faite de bonne foi par la majorité en sommes des créanciers, soit de ce que le syndic nommé n'est pas apte à remplir sa charge, soit de ce qu'il a avec le failli ou avec ses créanciers des liens qui lui rendent difficile l'exercice impartial de ses fonctions (art. 21, § 2).

Le séquestre officiel n'est pas, en principe, syndic (art. 20, § 5). Toutefois des exceptions sont apportées à cette règle. D'abord, il est considéré comme syndic jusqu'au jour où les créanciers ont fait leur désignation (art. 54). Il remplace le syndic en cas de vacance (art. 87, § 4). Il en exerce les fonctions dans les petites faillites (art. 121, § 1).

A titre exceptionnel, le syndic est nommé par le *Board of Trade*. Il en est ainsi quand les créanciers n'ont pas désigné un syndic dans les quatre semaines de la déclaration de faillite. D'ailleurs, comme il est dans les vues du législateur que le syndic soit choisi par les créanciers, ils peuvent à toute époque exercer leur droit à cet égard. Dans ce cas,

le syndic nommé par le *Board of Trade* cesse ses fonctions
(art. 21, § 6).

*Du comité de surveillance.* — L'institution du comité de
surveillance, organisée pour la première fois en Angleterre
par la loi de 1869, est maintenue par la loi de 1883 [1].
Les créanciers ont non l'obligation, mais la faculté de nommer parmi eux ou parmi leurs mandataires généraux un comité chargé de contrôler l'administration du syndic (art. 22).
Ce comité se compose de trois personnes au moins, de cinq
au plus. Il doit se réunir une fois par mois et peut toujours
être convoqué par le syndic ou par un de ses membres
(art. 22, § 2). Tout membre peut être révoqué par l'assemblée des créanciers. — Le comité de surveillance est
chargé d'autoriser certains actes du syndic; à défaut de ce
comité, cette fonction est remplie par le *Board of Trade*
(art. 56 et 57).

Le syndic a droit à un salaire qui est fixé par l'assemblée des créanciers ou par le comité de surveillance, si les
créanciers consentent à lui en laisser la détermination. La
loi se borne à indiquer les bases de ce salaire. Il doit se
composer de deux parties : l'une d'elles est proportionnelle
au prix des biens vendus après déduction des sommes payées
aux créanciers jouissant de garanties spéciales; l'autre est
proportionnelle aux sommes distribuées à titre de dividende aux créanciers (art. 72, § 1). On a voulu intéresser
le syndic soit à réaliser promptement et aux meilleures
conditions possibles les biens du failli, soit à s'efforcer de

---

[1] Cette institution a été empruntée à la loi écossaise de 1856. Elle a été
admise par les lois de plusieurs pays (Allemagne, Autriche).

distribuer des dividendes importants. Exceptionnellement, le salaire du syndic est fixé par le *Board of Trade*. Il faut pour cela, soit que le failli démontre le caractère excessif de celui qu'a fixé l'assemblée des créanciers, soit que le quart des créanciers en nombre ou en sommes, proteste contre la délibération.

A propos du salaire du syndic, la loi nouvelle a cherché à éviter les abus qui s'étaient produits précédemment par suite d'arrangements secrets entre le syndic et le failli ou les divers auxiliaires de la faillite. Elle défend (art. 72, § 1) au syndic d'accepter du failli, d'un *solicitor*, d'un commissaire-priseur ou de toute autre personne employée dans la faillite, un don, une rémunération, un avantage quelconque en dehors du salaire qu'a fixé l'assemblée des créanciers. A l'inverse, le syndic ne doit point renoncer à une portion quelconque de son salaire au profit d'une de ces personnes.

L'assemblée des créanciers, qui a le pouvoir de nommer le syndic, a aussi celui de le révoquer (art. 86, § 1). Le droit de révocation appartient également au *Board of Trade* dans le cas où le syndic a commis quelque faute et dans celui où il a manqué de remplir ses obligations légales (art. 87, § 2). Mais les créanciers peuvent, à la majorité, appeler de cette décision, s'ils désapprouvent la révocation.

*Surveillance des syndics.* — Le *Board of Trade*, représenté par le séquestre officiel, peut à tout moment requérir du syndic des renseignements sur la faillite, le faire interroger sous serment sur les faits la concernant, faire opérer sur place un examen des livres et des pièces du syndic (art. 91, § 2 et 3).

En outre, le comité de surveillance contrôle la gestion, réclame des renseignements et peut dénoncer les irrégularités, soit au *Board of Trade*, soit à l'assemblée des créanciers.

Les sommes disponibles doivent être déposées à la Banque d'Angleterre. Exceptionnellement, sur l'avis du comité de surveillance, le dépôt peut être fait dans une banque locale. C'est par l'intermédiaire de la Banque d'Angleterre que se font, par suite, en principe, les payements et les recettes. Si un syndic retient au delà de dix jours une somme excédant 50 livres sterling ou celle que le *Board of Trade* lui a permis de conserver, il doit payer un intérêt de 20 p. 100, sauf le cas d'excuse légitime agréée par le *Board of Trade*. Il peut, en outre, être révoqué. — Par suite, un compte, appelé *compte des faillites (Bankruptcy Estates Account)*, est ouvert par la Banque d'Angleterre au *Board of Trade;* les sommes provenant des faillites y sont portées (art. 74).

*De la distribution de l'actif. Dividendes.* — Il importe que la distribution des dividendes soit opérée promptement. Dans ce but, la loi impose quelques obligations au syndic. Le premier dividende doit être distribué dans le délai de quatre mois après la première assemblée de créanciers, à moins que le syndic ne prouve au comité de surveillance qu'il y a une raison suffisante pour en remettre la distribution à une date ultérieure. Les dividendes suivants doivent, à moins de motifs spéciaux, être distribués à des intervalles n'excédant pas six mois (art. 58).

*Assemblées de créanciers. Procurations générales.* — Les

assemblées de créanciers ont été réglementées avec quelques détails, soit par les articles de la loi, soit par les dispositions contenues dans l'Annexe I jointe à la loi (pages 133 à 137). Les règles nouvelles ont pour but de prévenir les fraudes graves pratiquées antérieurement dans les assemblées pour obtenir des majorités.

On s'est d'abord attaqué aux procurations générales (*proxies*) [voir plus haut, page xxvi]. Un créancier peut toujours voter en personne ou par mandataire. Toute procuration doit être donnée sur une formule délivrée par le séquestre officiel ou par le syndic. Toute mention manuscrite insérée dans cette procuration doit être écrite de la main du mandant (Annexe I, art. 16). Une procuration générale ne peut être donnée par un créancier qu'à une personne ayant déjà avec lui certains rapports, spécialement au gérant de ses biens, à son clerc, à une personne à son service régulier (art. 17), ou au séquestre officiel (art. 21). La nature des rapports du mandataire général avec le mandant doit être indiquée dans la procuration. Quant au mandat spécial de prendre part à une assemblée déterminée de créanciers, il est admis sans restriction (art. 18); il n'a donné lieu à aucun abus. Il ne peut, du reste, être fait usage d'une procuration qu'autant qu'elle a été déposée entre les mains du séquestre officiel ou du syndic avant l'assemblée des créanciers pour laquelle elle a été donnée (Annexe I, chap. I, art. 19).

Des précautions particulières sont prises par la loi pour assurer l'indépendance des votes dans l'assemblée des créanciers, spécialement dans les cas où il s'agit de fixer le salaire du syndic ou de statuer sur sa conduite. Dans ces cas, le vote du syndic, d'un de ses associés, de son *solicitor*, soit comme créancier, soit comme mandataire d'un créancier, n'est pas compté dans la majorité requise pour les délibérations (art. 88).

*Annulation de la déclaration de faillite. Arrangement et concordat après faillite.* — La déclaration de la faillite avec tous les effets qu'elle produit peut être annulée ; le failli est alors replacé dans l'état où il se trouvait antérieurement. Cela a lieu spécialement dans le cas où le failli conclut avec ses créanciers un arrangement ou un concordat voté par les majorités requises et homologué par la Cour. Ces conventions, qui empêchent la déclaration de faillite quand elles interviennent avant le jugement déclaratif, en entraînent l'annulation quand elles interviennent après (art. 23). La Cour peut aussi annuler la faillite, soit quand elle reconnaît après coup que celle-ci n'aurait pas dû être déclarée, soit quand le débiteur a payé intégralement ses dettes.

*De l'ordre de décharge.* — Le débiteur insolvable peut obtenir la remise d'une partie de ses dettes par un concordat, soit avant toute faillite, soit après la déclaration de faillite. Le concordat suppose, comme il a été dit, le consentement, sinon de tous les créanciers, au moins de la majorité. La justice intervient sans doute pour homologuer le concordat, mais elle ne l'impose pas aux créanciers; elle ne pourrait même pas en modifier les conditions.

Le failli peut être libéré de ses dettes par un autre moyen. La Cour a le pouvoir de rendre une décision, appelée *order of discharge*, qui libère le failli de ses dettes, sans qu'il soit besoin du consentement des créanciers. Ce bénéfice se



IMPRIMERIE NATIONALE.

rattache au certificat de conformité introduit dans la législation sous le règne de la reine Anne, en 1706 (page vi).

Le failli peut saisir la Cour d'une demande en décharge à tous les moments de la procédure de faillite. Il faut seulement que l'interrogatoire public, auquel est soumis le débiteur, ait eu lieu. Autrement la Cour ne statuerait pas en connaissance de cause; elle doit, en effet, prendre en considération notamment les causes de la cessation des payements que l'interrogatoire public du failli révèle.

En principe, la Cour peut, selon son appréciation, accorder la décharge immédiate et sans condition, la refuser absolument ou prendre un parti intermédiaire, en suspendant les effets de la décharge pendant un certain délai ou en la subordonnant à des conditions spéciales. La loi de 1883 a étendu les pouvoirs de la Cour en ce qu'elle n'exige plus, comme le faisait la loi de 1869, pour que l'ordre de décharge soit rendu, que le dividende atteigne un certain chiffre ou que les créanciers émettent un avis favorable. Mais il est des cas où, à raison de faits reprochables au failli, la décharge serait exorbitante et injuste. Aussi la loi interdit à la Cour de rendre un ordre de décharge quand le failli a commis quelque délit (*misdemeanour*) prévu par la loi sur la faillite elle-même ou par le titre II de la loi de 1869 sur les débiteurs (*Debtors Act*) [voir Appendices, p. 149 et suiv.]. Dans d'autres cas énumérés par la loi (art. 28, § 3), à raison des fraudes ou des fautes du failli, la Cour ne peut que soit refuser la décharge, soit en suspendre les effets pendant un certain temps ou la subordonner à certaines conditions; elle n'a pas le pouvoir d'accorder une décharge pure et simple.

L'ordre de décharge libère le failli du restant de ses dettes. On dit de lui en anglais qu'il devient *a clear man* (un homme franc et quitte de toutes dettes). Toutefois, il est certaines dettes du failli à l'égard desquelles la décharge n'a pas d'effets : telles sont ses dettes envers le Trésor public (art. 30).

L'ordre de décharge ne diffère pas seulement du concordat en ce qu'il ne suppose pas le consentement même de quelques créanciers. Il en diffère aussi par ses effets. L'ordre de décharge ne replace pas le failli à la tête de ses affaires; il ne fait pas cesser l'administration du syndic; car le failli reste obligé sur ses biens actuels. Le concordat comprend d'ordinaire des conditions dont l'inexécution est une cause de résolution; la décharge n'est pas, en principe, conditionnelle. Enfin, le concordat après la faillite, en faisant annuler celle-ci, met fin aux incapacités politiques qui en avaient été la conséquence. L'ordre de décharge n'a pas par lui-même cet effet; pour qu'il le produise, il faut que la Cour, en le prononçant, déclare qu'il n'y a aucun reproche à faire au failli.

Le failli qui a obtenu sa décharge peut jouir d'un crédit égal à celui d'une personne qui n'a jamais fait faillite. Il n'en est pas de même de celui qui, à défaut d'un ordre de décharge, reste tenu de payer toutes ses dettes. Aussi, pour éviter les fraudes, la loi punit celui qui, ayant été déclaré en faillite, se fait accorder un crédit de 20 livres sterling ou plus, sans indiquer qu'il n'a pas été déchargé (art. 31).

*Cessation des incapacités.* — Les incapacités d'ordre politique résultant de la déclaration de faillite cessent par des causes diverses. Elles prennent fin :

1° En cas d'annulation de cette déclaration prononcée à raison d'un arrangement ou d'un concordat conclu avec les créanciers (art. 23);

2° Par suite d'un ordre de décharge accompagné d'une déclaration de la Cour affirmant qu'il n'y a aucun reproche à adresser au failli (art. 32, § 2, *b*);

3° Quand la Cour décide que la faillite n'aurait pas dû être déclarée ou quand il est prouvé que le débiteur a acquitté intégralement ses dettes (art. 35).

*Des petites faillites.* — Les frais que les faillites occasionnent sont souvent proportionnellement plus élevés dans les faillites peu importantes que dans les autres. Aussi y a-t-il un grand intérêt à simplifier la procédure dans les petites faillites. C'est ce qu'a fait la loi de 1883. Elle qualifie de *small bankruptcies* (petites faillites) celles dont l'actif ne semble pas devoir dépasser 300 livres sterling (soit 7,500 francs). Pour elles, les règles ordinaires de la procédure subissent les dérogations suivantes (art. 121):

1. Le séquestre officiel est syndic. Les créanciers ont seulement la faculté de nommer à sa place un syndic de leur choix.

2. Il n'y a pas de comité de surveillance. Le *Board of Trade* le remplace, notamment pour les autorisations à donner au syndic.

3. Les règlements faits pour l'exécution de la loi peuvent admettre d'autres dérogations aux dispositions du droit commun seules les dispositions concernant l'interrogatoire public du débiteur et la décharge ne peuvent être écartées

ou modifiées. D'après ces règlements, la déclaration de faillite peut être immédiate, c'est-à-dire précéder toute assemblée de créanciers, si le séquestre officiel prouve à la Cour que le débiteur est caché ou qu'il n'a pas l'intention de présenter une proposition de concordat ou d'arrangement. En outre, il doit autant que possible n'y avoir qu'une seule distribution de dividendes.

La loi anglaise ne distingue pas expressément, comme la loi française, la faillite, la banqueroute simple et la banqueroute frauduleuse. Le mot *bankruptcy* sert à désigner la faillite, qu'elle soit produite ou non par des fautes graves ou des fraudes. Mais ce n'est pas à dire que la législation anglaise ne se soit pas préoccupée de ces fautes ou de ces fraudes. Contre les actes frauduleux consistant notamment à dissimuler des biens, à falsifier des comptes, la loi de 1869 sur les débiteurs (art. 11 et 12) et la loi de 1883 (art. 163 à 167) contiennent des dispositions pénales. Mais, à la différence des lois du continent, la législation anglaise ne prononce pas de peines contre les personnes qui se rendent coupables de négligences dans l'exercice de leur profession ou qui abusent du crédit. En d'autres termes, rien ne correspond à la banqueroute simple de la loi française. La loi anglaise se borne à refuser les faveurs qu'elle admet, en principe, au profit du failli, à ceux qui en France tomberaient sous le coup des dispositions pénales relatives à la banqueroute simple. C'est ainsi qu'ils ne peuvent obtenir qu'un ordre de décharge soumis à une condition ou dont les effets sont suspendus jusqu'à l'expiration d'un certain délai (art. 28, § 3).

## IV. Résultats pratiques de la loi de 1883. Critiques. Réformes demandées.

La loi de 1883 a été mise en vigueur le 1ᵉʳ janvier 1884; elle a donc été appliquée pendant quatre années entières. Quels résultats pratiques a-t-elle déjà produits? Il est facile de répondre à cette question. En effet, il est prescrit au *Board of Trade*, par une disposition formelle (art. 131, alin. 2), d'adresser chaque année, aux deux Chambres du Parlement, un rapport sur les conséquences de l'application de la loi et sur les questions nées à son occasion. Cette disposition a été exécutée; cinq rapports du *Board of Trade* [1] ont déjà été ainsi présentés. Malheureusement ces rapports ne concernent que l'application de la loi sur la faillite; il n'y est pas question des sociétés soumises à la liquidation judiciaire, et aucun document officiel de statistique ne donne de renseignements sur les sociétés qui cessent leurs payements. Il y a là une lacune dont on s'est souvent plaint avec raison.

Durant les trois premières années (de 1884 à 1886 inclusivement), les résultats de l'application de la loi étaient très satisfaisants. Aucun vice grave de la loi n'était signalé et on pouvait espérer qu'on avait enfin une législation définitive. Les résultats de l'année 1887 laissent à certains égards beaucoup à désirer. Le rapport officiel ne se borne

---

[1] Chacun de ces rapports est intitulé *Report by the Board of Trade under section 131 of the Bankruptcy Act, 1883*. Le premier de ces rapports comprend le temps écoulé du 1ᵉʳ janvier au 31 mars 1884; chacun des quatre autres comprend une année entière jusqu'au 31 décembre.

pas à les constater : il indique encore les vices de la loi qui paraissent être la cause du mal et donne même quelques idées sur les moyens de les corriger.

Il est, par suite, indispensable, pour juger des effets qu'a produits jusqu'ici la loi de 1883, de distinguer les années 1884 à 1886 et l'année 1887. Nous nous bornerons à analyser ici les rapports du *Board of Trade*.

### A. *Résultats de la loi, de 1884 à 1886.*

On peut dire que, durant cette première période de quatre années, les résultats obtenus ont correspondu à ceux que le législateur avait en vue.

1. Le nombre des cessations de payements a diminué.

2. Contrairement à ce qui avait lieu sous l'empire de la loi de 1869, les déclarations de faillite sont devenues plus nombreuses que les arrangements et les concordats avant faillite.

3. Les décharges accordées sans condition par l'autorité judiciaire sont devenues plus rares.

4. Les dividendes ont eu une tendance marquée à s'élever.

5. Les frais des faillites ainsi que leur durée se sont restreints.

6. Les déclarations de faillite prononcées sur la demande des débiteurs ont été plus nombreuses que les déclarations de faillite faites sur la demande des créanciers.

Voici les chiffres fournis par la statistique sur les principaux de ces résultats :

1. La diminution des cessations de payements a été considérable. Il y avait eu en 1883 (dernière année d'application de la loi de 1869) 8,555 cessations de payements. Dès 1884, le chiffre en était descendu à 4,170 et, dans les deux années suivantes, il n'y a eu qu'un léger accroissement : les chiffres ont été en 1885 de 4,333, et en 1886 de 4,816.

Ainsi, la diminution du nombre des cessations de payements a été de plus de moitié dès la première année d'application de la loi. Ce changement a été si grand et si prompt qu'il paraît impossible de l'attribuer exclusivement aux bonnes dispositions que renferme la loi nouvelle. Il est dû sans doute à des causes multiples. Voici ce qu'on a supposé. La loi de 1883 (cela a constitué même un de ses principaux buts) écarte tous arrangements conclus par un débiteur avec la majorité de ses créanciers sans le contrôle de l'autorité judiciaire ou administrative. Mais il est évident qu'un débiteur embarrassé peut toujours conclure librement des arrangements de toutes sortes avec l'unanimité de ses créanciers. Il y a là une application naturelle du principe de la liberté des conventions. Ces arrangements ont été parfois désignés sous le nom d'arrangements privés (*private arrangements*). Cette dénomination indique qu'ils sont conclus sans aucune intervention de l'autorité publique. Peut-être l'accroissement du nombre de ces arrangements a-t-il été très grand depuis la mise en vigueur de la loi de 1883. Aucune mesure de publicité n'étant prescrite en ce qui les concernait, on ne pouvait savoir à quel chiffre ils s'élevaient, et pourtant ils correspondent bien à des cessations de payements ; ils accompagnent celles-ci ou les suivent. Deux motifs avaient sans doute déterminé l'accroissement du nombre

des arrangements privés. Les débiteurs, effrayés par la nécessité de se soumettre à l'interrogatoire public (*public examination*) qui peut révéler les irrégularités de leurs affaires
et de leur conduite, font de grands sacrifices pour s'arranger
amiablement avec leurs créanciers. Peut-être aussi les *solicitors* n'ont-ils pas été étrangers à l'accroissement du nombre
des arrangements privés. Les salaires qui leur sont alloués
dans la procédure de faillite sont peu élevés et ils ont même
dû être augmentés; les *solicitors* ont sans doute pesé sur
leurs clients, les créanciers, pour les faire consentir à des
arrangements qui écartent cette procédure et permettent à
ces agents judiciaires de réaliser des bénéfices plus grands.

On a pensé avec raison que, pour se rendre un compte
exact des résultats de la loi nouvelle, il importait de connaître exactement chaque année le nombre total des cessations de payements, y compris celles mêmes qui donnent lieu
à des arrangements privés. En conséquence, une loi du
16 septembre 1887 (50 et 51 Vict., ch. LVII) traduite ci-
après (pages 159 et suiv.), a décidé qu'une copie de tout
arrangement privé doit être, à peine de nullité, déposée dans
un bureau public d'enregistrement et inscrite sur un registre
spécial dont toute personne peut demander communication
ou copie. Cette loi est en vigueur depuis le 1<sup>er</sup> janvier 1888
et, jusqu'au 30 juin 1888, la statistique a fourni quelques
données qu'il importe de rapporter. Le nombre des arrangements privés a été de 68 p. 100 du nombre des ordonnances de séquestre. Les dettes des débiteurs ayant conclu
ces arrangements étaient de 4,280,000 livres sterling environ, et leur actif de 2,340,000. L'actif comparé au passif paraît plus élevé dans les arrangements privés que dans

les procédures de faillite. Ainsi, en 1887, l'actif a été dans les procédures de faillite de 23 p. 100 du passif à Londres, et de 34 p. 100 dans le reste de l'Angleterre; dans les arrangements privés, la proportion a été de 65 p. 100 à Londres, et de 52 p. 100 en province.

Le nombre considérable des arrangements privés prouve-t-il que la loi sur la faillite est mauvaise? On l'a soutenu. Mais les rapports officiels montrent que cette idée est erronée et que les arrangements privés sont loin d'avoir, sous l'empire de la loi de 1883, les graves inconvénients que présentaient les arrangements et concordats avant faillite sous l'empire de la loi de 1869. A la différence de ceux-ci, les arrangements privés supposent actuellement le consentement de l'unanimité des créanciers. Ils n'impliquent donc pas le sacrifice d'une minorité. Puis, par cela même que tous les créanciers doivent y consentir, ils supposent généralement de la part des débiteurs des sacrifices plus grands que les arrangements similaires conclus sous la loi de 1869.

2. De 1869 à 1883, le nombre des concordats et des arrangements avant faillite l'emportait sur celui des déclarations de faillite. Celles-ci, au contraire, l'emportent notablement depuis 1884.

|  | Moyenne sur 100 cessations de payements. | | |
|---|---|---|---|
|  | Faillites. | Arrangements avant faillite. | Concordats avant faillite. |
| De 1869 à 1882............... | 11,86 | 53,25 | 35,39 |
| 1883....................... | 12,23 | 53,43 | 34,34 |
| 1884....................... | 90,03 | 1,72 | 8,25 |
| 1885....................... | 91,51 | 1,80 | 6,69 |
| 1886....................... | 94,81 | 1,27 | 3,92 |

Ces résultats sont dus sans doute au soin avec lequel les

séquestres officiels examinent la conduite des débiteurs et à l'habitude que prennent les cours de refuser leur homologation quand le débiteur a commis des fautes d'une certaine gravité.

3. Le nombre des ordres de décharge sans condition a diminué, ce qui semble indiquer que les cours se montrent d'une sévérité plus grande.

|  | 1886. | 1885. | 1884. |
|---|---|---|---|
| Nombre de demandes............. | 1,073 | 915 | 285 |
| Demandes accueillies sur 100........ | 20,9 | 35,2 | 46,7 |

4. Les dividendes fixés par les concordats se sont progressivement élevés.

| | Sur 100 cessations de payements. | | | |
|---|---|---|---|---|
| | 1883. | 1884. | 1885. | 1886. |
| Dividendes au-dessous de 25 p. 100.... | 81 | 39 | 36 | 27 |
| Dividendes de 25 à 50 p. 100......... | 16 | 42 | 47 | 52 |
| Dividendes au-dessus de 50 p. 100..... | 3 | 19 | 17 | 21 |

5. Contrairement à ce qui se passe en France, le nombre des demandes en déclaration de faillite formées par les débiteurs dépasse celui des demandes formées par les créanciers.

En 1884, 2,316 demandes ont été formées par le débiteur lui-même, contre 961 formées par les créanciers; en 1885, 3,297 contre 1,065; en 1886, 3,769 contre 1,072.

## B. *Résultats de l'année 1887.*

Quelques-uns des résultats signalés pour les années 1884 à 1886 paraissent acquis. Les frais de la procédure de faillite et sa durée ont continué à être moindres que sous la loi de 1869; ces deux changements favorables se sont manifestés d'une façon plus sensible dans les faillites administrées par des séquestres officiels que dans les faillites dont l'administration est confiée à des syndics choisis par les créanciers.

Le nombre des déclarations de faillite continue à dépasser celui soit des arrangements, soit des concordats avant faillite : en 1887, il y a eu pour 100 cessations de payements : 96.73 déclarations de faillite, 0.64 arrangements et 2.63 concordats. Le nombre des cessations de payements n'a pas augmenté notablement; il a été de 4,816 en 1886, il était de 4,839 en 1887; l'accroissement a donc été de 23, soit d'environ 1/2 p. 100. Mais il y a eu une augmentation sensible du passif par rapport à l'actif et, par suite, les pertes éprouvées par les créanciers ont subi une assez notable progression. Le passif des débiteurs a été en 1886 de 7,913,871 livres sterling; il s'est élevé, en 1887, à 8,935,825 livres sterling; il s'est donc accru de près de 13 p. 100. Au contraire, l'actif qui avait été, en 1886, de 2,855,160 livres sterling, s'est abaissé à 2,667,162 livres sterling; il a donc diminué d'à peu près 7 p. 100. Ainsi, l'actif est descendu de 36,1 p. 100 du passif à 29,8 p. 100. On évaluait à 5,919,802 livres sterling[1] le montant des pertes éprouvées par les créanciers pour 1886; elles ont

[1] Voici un tableau présentant, pour Londres et pour la province, le rapport de l'actif avec le passif durant les quatre dernières années.

| ANNÉES. | LONDRES. | PROVINCE. |
|---|---|---|
| 1884.... ......... | 25 p. 100. | 36 p. 100. |
| 1885.............. | 32 — | 35 — |
| 1886.............. | 35 — | 37 — |
| 1887.............. | 23 — | 34 — |

été évaluées à 7,114,905 livres sterling pour 1887, la différence a donc été de 1,195,103 livres sterling. Le mal est plus grand à Londres qu'en province. De plus en plus, au moment où la déclaration de faillite est demandée, l'actif est considérablement réduit, et, par suite, les dividendes diminuent ou même l'actif ne permet pas du tout de distribuer des dividendes. Le rapport officiel ne cache pas qu'il y a là un changement très défavorable. De quelles causes provient-il? Sans doute de quelques vices assez graves de la loi qui sont signalés par ce rapport. Voici à cet égard le résumé des observations présentées dans le rapport du *Board of Trade* pour l'année 1887 :

*a.* La durée de la période que nous appelons la période suspecte, a été abrégée à l'excès. D'après la loi de 1869, cette période pouvait comprendre les douze mois antérieurs à la déclaration de faillite; d'après la loi de 1883, elle comprend seulement les trois derniers mois avant la demande en déclaration de faillite. Qu'en est-il résulté? C'est que beaucoup de payements et d'aliénations qui auraient été annulés avant la loi de 1883, ont dû être maintenus au préjudice de la masse des créanciers. Il serait utile de prolonger la durée de la période suspecte; elle devrait pouvoir comprendre au moins les six mois antérieurs à la demande en déclaration de faillite.

*b.* Le législateur de 1883 a eu le tort d'admettre qu'un ordre de décharge peut être rendu au profit d'un débiteur même alors que son actif est très restreint ou même qu'il n'a point d'actif. — Selon la loi de 1869, pour qu'un débiteur obtînt un ordre de décharge, il fallait ou que le dividende eût été de 50 p. 100 au moins ou que les créanciers eussent déclaré que le débiteur n'était point responsable de l'exiguïté du dividende. On avait constaté que les créanciers refusaient trop souvent des déclarations de cette nature sans motifs suffisants, ou, au contraire, en prononçaient dans des cas où elles n'étaient nullement justifiées. Aussi le législateur a pensé qu'il était préférable de laisser à la Cour elle-même une entière liberté en cette matière. Cette modification a produit de fâcheux effets; elle a sans doute conduit les débiteurs à dissiper leur actif avant la faillite. Quand un débiteur savait que l'obtention d'un ordre de décharge dépendait de la présentation d'une demande de faillite à un moment où son actif avait encore une assez grande importance, il était plus excité à révéler promptement ses embarras que maintenant où il n'a pas d'avantage à agir de cette façon. Il serait à désirer qu'encore sur ce point la loi fût modifiée. On pourrait, par exemple, admettre que l'ordre de décharge sera subordonné à la distribution d'un dividende de 5o p. 1oo, à moins que la Cour, sur le rapport du séquestre officiel, n'estime que la cessation des payements ne provient pas de faits reprochables au débiteur, qu'il ne s'est pas rendu coupable des actes énumérés dans l'article 28 de la loi de 1883 et qu'on ne saurait le blâmer de ne pas avoir plus tôt cessé ses affaires.

*c.* Du reste, la jurisprudence des cours peut contribuer à donner aux débiteurs l'habitude d'attendre, pour révéler leur situation, que leur actif soit réduit à rien ou à presque rien. Le législateur avait dans une certaine mesure cherché à prévenir cet abus. L'article 28 de la loi dispose que la Cour pourra refuser l'ordre de décharge, la subordonner à certaines conditions ou en reculer les effets quand le débiteur a continué son commerce, alors qu'il connaissait son état d'insolvabilité. Si cette disposition avait été exactement appliquée, peu de débiteurs sans doute auraient attendu pour révéler leur situation que leur actif fût épuisé. Mais il n'en a rien été; dans la plupart des cas, les cours n'appliquent pas rigoureusement la disposition dont il s'agit; il en résulte que beaucoup de débiteurs ne recourent à la procédure de faillite qu'après avoir disposé de tout leur actif et dans l'unique but d'être, suivant l'expression employée par moquerie, blanchis (*whitewashed*) par un ordre de décharge.

*d*. Les débiteurs coupables ou négligents montrent une mauvaise volonté croissante à affronter la publicité de la procédure de faillite. Par suite, ils éloignent le plus possible l'ouverture de cette procédure en payant certains créanciers qui les pressent, tant qu'ils ont quelque actif, ou ils font des tentatives inutiles d'arrangements privés qui entraînent des délais et des diminutions d'actif. Ces inconvénients seraient sans doute considérablement amoindris par quelques modifications apportées aux dispositions de la loi, relatives soit aux actes de nature à entraîner la faillite (*acts of bankruptcy*), soit à la nullité des actes tendant à donner une préférence à un créancier sur les autres.

D'abord, d'après l'article 4, *b*, il y a un fait de nature à entraîner la faillite quand un débiteur apprend à l'un quelconque de ses créanciers qu'il a suspendu ou est sur le point de suspendre ses payements. Les cours ont admis que le seul fait de la suspension des payements ou une offre de concordat ne prouve pas suffisamment que les créanciers ont eu connaissance de la suspension des payements. Par suite, d'après cette jurisprudence, un débiteur peut suspendre en fait ses payements, soumettre à ses créanciers un bilan démontrant son insolvabilité, sans commettre un acte de nature à entraîner la faillite.

L'article 48 de la loi de 1883 décide bien que tout payement ou toute aliénation faite en faveur d'un créancier sera annulé quand un de ces actes aura été fait dans les trois mois avant la date de la demande en déclaration de faillite avec l'intention de donner à ce créancier une préférence sur les autres. Mais les cours ont donné de cette disposition une interprétation subtile et très restrictive. Elles décident que, dans la loi, les mots *avec l'intention, etc. (view)* signifient « avec l'intention *principale* » (*chief view*). Par suite, elles ont jugé que des actes de cette nature, faits à la veille de la faillite et avec connaissance de l'état d'insolvabilité, n'étaient pas nuls parce que l'intention d'attribuer une préférence au créancier n'avait pas été le motif dominant ayant déterminé l'opération. Cette interprétation restrictive ôte bien souvent toute portée pratique à la disposition : il est, en effet, facile à un syndic de prouver qu'un acte a été fait avec l'intention d'avantager un créancier; mais il est extrêmement difficile de prouver parmi les nombreux motifs qui déterminent un acte, quel a été le motif dominant. Le lord-justice Bowen a très bien dit qu'il y a là une interprétation impliquant la nécessité de recherches métaphysiques dans les actes des hommes (*metaphysical explorations of the motives of people*). Il serait indispensable que la loi fût modifiée pour donner une réelle efficacité aux dispositions relatives aux nullités.

*c.* D'après une ancienne disposition passée dans la loi

de 1883, un créancier n'a le droit de former une demande
en déclaration de faillite que lorsqu'il lui est dû au moins
50 livres sterling. La rigueur de cette disposition à l'égard
des petits créanciers, est devenue plus grande par la tendance croissante des débiteurs à beaucoup retarder l'ouverture de la faillite. Il a été constaté que près de 60 p. 100
des créances produites sont inférieures à 10 livres sterling,
et que la proportion des créances inférieures à 50 livres
sterling dépasse 80 p. 100. Ainsi, les trois quarts des créanciers n'ont pas le droit individuel de faire déclarer leur débiteur en faillite, tandis que le débiteur a le pouvoir de
faire des actes de disposition que ces créanciers ne peuvent
attaquer. Il est vrai que, d'après la loi, plusieurs créanciers
dont les créances réunies excèdent 50 livres sterling, ont la
faculté de former en commun une demande de déclaration
de faillite. Mais cette faculté n'a point de valeur. En général, les créanciers sont inconnus l'un à l'autre; une entente
entre eux est presque impossible.

On a pourtant donné des arguments en faveur de la disposition refusant aux créanciers de moins de 50 livres sterling le droit de demander la déclaration de faillite. On a
dit que, sans cette disposition restrictive, les procédures de
faillite seraient trop nombreuses; qu'un débiteur peut faci-
lement perdre de vue une petite dette et qu'il serait bien
rigoureux de l'exposer pour cela à la faillite. Mais ces arguments ne sont pas décisifs. En les présentant, on oublie
plusieurs dispositions importantes de la loi. Un créancier ne
peut former avec succès une demande en déclaration de
faillite qu'autant que le débiteur a accompli un fait de nature à entraîner la faillite. Même après un fait de cette

espèce, une ordonnance de séquestre ne peut être rendue contre un débiteur qu'après qu'une copie de la demande lui a été signifiée et que toute facilité lui a été donnée pour contester la dette, la payer ou prouver à la Cour qu'il est en état de l'acquitter. En outre, le défaut de payement d'une petite dette prouve souvent mieux l'insolvabilité que le défaut de payement d'une dette de quelque importance. Ce n'est pas tout. Il est quelque peu inconséquent de limiter aux créanciers de 5o livres sterling le droit de demander la déclaration de faillite. En effet, tout créancier, quelque minime que soit sa créance, peut signifier à son débiteur une sommation de mise en faillite (*bankruptcy notice*). Il y a là un fait de nature à entraîner la faillite (art. 4, *g*). Ce fait peut être invoqué par les autres créanciers pour la faire prononcer, non par celui-là même qui a fait la sommation et dont la créance est inférieure à 5o livres sterling. C'est une véritable anomalie; il faudrait la faire disparaître en conférant à tout créancier le droit de faire déclarer la faillite.

Les critiques dirigées contre la loi de 1883 par le *Board of Trade* lui-même sont assurément graves. Mais elles ne s'attaquent, en définitive, à aucun des principes fondamentaux que cette loi a consacrés; tout au moins l'organisation de la procédure préliminaire de la faillite destinée à faciliter les arrangements entre le débiteur et ses créanciers, l'intervention du *Board of Trade* dans l'administration des faillites, la désignation, dans chaque procédure ouverte à la suite d'une cessation de payements, d'un fonctionnaire du *Board of Trade* chargé d'exercer une surveillance effective, paraissent avoir produit d'heureux résultats. Sans doute, comme nous l'avons dit plus haut, cette loi ne sera pas la dernière sur la matière. Elle sera l'objet de quelques retouches; mais, dans ces traits généraux, le système inauguré par elle semble destiné à subsister et à former pendant de longues années le fond de la législation anglaise.

# LISTE ET TRADUCTION[1]

## DE QUELQUES EXPRESSIONS ANGLAISES

EMPLOYÉES DANS LA LOI SUR LA FAILLITE

ET DANS LES LOIS TRADUITES DANS LES APPENDICES[2].

### A

*Acts of Bankruptcy* . . . . . Actes susceptibles d'entrainer la faillite.
*Additional liquidator.* . . . Liquidateur supplémentaire.
*Adjudication of Bank-*
*ruptcy* . . . . . . . . . . . . . Déclaration de faillite.
*Assignee* . . . . . . . . . . . . . Syndic (expression ancienne employée avant la loi de 1869).
*Assistant receiver* . . . . . . Séquestre adjoint ou suppléant.
*Available act of Bank-*
*ruptcy* . . . . . . . . . . . . Acte susceptible d'entrainer la faillite.

### B

*Bankrupt* . . . . . . . . . . . . Failli.
*Bankruptcy* . . . . . . . . . . Faillite.
*Bill of sale* . . . . . . . . . . Vente pignorative.

### C

*Certificate of conformity* . . Certificat de conformité.
*Committee of inspection* . . . Comité de surveillance.
*Composition* . . . . . . . . . . Concordat.
*Contributory* . . . . . . . . . Personne tenue comme associée.

[1] Nous attribuons ici aux mots cités le sens qu'ils ont dans la loi sur la faillite ou dans les lois accessoires. Ce sens s'éloigne souvent beaucoup de celui qu'ils ont, en général, dans la langue ordinaire du Droit. Au reste, l'article 168 de la loi de 1883 sur la faillite indique le sens spécial d'un certain nombre de mots qui sont compris dans la liste ci-dessus.

[2] Loi sur les débiteurs, loi sur les arrangements privés, lois sur les sociétés dispositions relatives aux liquidations).

*Court (The)*.......... Cour ayant compétence en matière de faillite.
*Court of Bankruptcy*.... Cour des faillites.
*Court of Insolvency*..... Cour des insolvables.
*Creditors assignee*...... Syndic nommé par les créanciers (expression employée par opposition à *official assignee* avant la loi de 1869).

### D

*Debt provable in bank-ruptcy* ............ Dette admissible à la faillite.
*Deed of arrangement*.... Acte d'arrangement privé (conclu, avant toute demande en déclaration de faillite, avec l'unanimité des créanciers).
*Discharge*............ Décharge.
*Disclaimer* ........... Renonciation faite par le syndic à une acquisition onéreuse du failli.
*Disqualifications* ....... Incapacités.

### E

*Extraordinary resolution*. Délibération extraordinaire, c'est-à-dire prise par les trois quarts des membres présents ou représentés à une assemblée d'actionnaires.

### G

*Gazetted*............. Inséré dans la *Gazette de Londres*.
*Goods*............... Choses mobilières corporelles.

### I

*Insolvency*........... Insolvabilité, par opposition à faillite (expression usitée, avant 1861, alors que la procédure de faillite s'appliquait aux seuls commerçants).

### L

*Local Bank*........... Banque située dans le ressort de la cour compétente ou dans le voisinage de ce ressort, par opposition à la Banque d'Angleterre.

### O

*Official assignee*....... Syndic officiel, c'est-à-dire nommé par justice (avant la loi de 1869), par opposition à *creditors assignee*.
*Official liquidator*...... Liquidateur officiel.
*Official receiver*........ Séquestre officiel.
*Order of discharge* ..... Ordre de décharge.

*Ordinary resolution*..... Délibération ordinaire de l'assemblée des créanciers d'une faillite (c'est-à-dire votée par la majorité en sommes des créanciers présents ou dûment représentés).

## P

*Person*.............. Individu, réunion de personnes, personne civile.

*Prescribed*........... Prescrit par la loi ou par le règlement à faire pour son exécution.

*Provable debt*. ........ Dette admissible à la faillite.

*Public Examination*..... Interrogatoire public (du débiteur).

*Private Arrangement*.... Arrangement privé (conclu avec l'unanimité des créanciers avant toute demande en déclaration de faillite).

*Property of the Bankrupt.* Actif du failli.

## R

*Receiving order*........ Ordonnance de séquestre.

*Reputed ownership*...... Théorie de la propriété présumée.

*Resolution*........... Délibération ordinaire de l'assemblée des créanciers, c'est-à-dire prise par la majorité en sommes des créanciers présents ou représentés.

## S

*Secured creditor*....... Créancier jouissant d'une garantie réelle ou personnelle.

*Settlement*........... Aliénation.

*Small Bankruptcies*..... Petites faillites.

*Special resolution*...... 1° Délibération spéciale de l'assemblée des créanciers, c'est-à-dire prise par la majorité en nombre et la majorité des trois quarts en sommes des créanciers présents ou dûment représentés.

2° Délibération prise par les trois quarts des actionnaires présents et confirmée par une délibération postérieure prise par la majorité.

*Stoppage in transit*...... Droit de revendication du vendeur, en cas de faillite de l'acheteur.

## T

*Trustee in Bankruptcy*... Syndic.

## V

*Voluntary Winding-up*.. Liquidation volontaire d'une société.

## W

*Winding-up*.......... Liquidation d'une société.

*Winding-up by Court*... Liquidation judiciaire ou par ordre de la Cour.
*Winding-up subject to the*
*Supervision of the Court.* Liquidation faite sous la surveillance de la Cour.

# BIBLIOGRAPHIE.

A la suite de la mise en vigueur de la loi de 1883 sur la faillite, de nombreux ouvrages relatifs à la loi nouvelle ont été publiés. Nous citerons spécialement :

1. Chalmers and Hough. — *The Bankruptcy Act and Rules 1883, and a Commentary thereon* (1 vol., Waterlow and sons; Londres).

2. Baldwin. — *A concise Treatise upon the Law of Bankruptcy* (Stevens and Haynes; Londres, 1884, 4ᵉ édition).

3. Robson. — *Law and Practice in Bankruptcy* (1 vol. de 1,165 pages, Reeves and Turner; Londres, 1885, 5ᵉ édition). — Cet ouvrage est le plus développé qui ait paru. Il donne des notions historiques assez complètes sur chacun des sujets compris dans la loi sur la faillite.

Les ouvrages relatifs principalement à la faillite contiennent aussi le texte, avec des commentaires plus ou moins développés, de la loi de 1869 sur les débiteurs (*Debtors Act*).

La matière de la liquidation des sociétés est traitée dans les ouvrages sur les sociétés. Nous mentionnerons parmi eux les livres suivants qui sont classiques en Angleterre :

1. Lindley. — *A Treatise on the Law of Partnerships including its application to Companies* (2 vol., William Maxwell and son; Londres, 1878, 4ᵉ édition).

2. Buckley. — *On the Companies Act* (1 vol., Stevens and Haynes; Londres, 1883, 4ᵉ édition).

La loi de 1887 sur les arrangements privés a été commentée dans un supplément à l'ouvrage de Reginald Winslow : *The law of private arrangements between debtors and creditors* (William Clowes and sons; Londres, 1888).

La loi de 1883 sur la faillite a été traduite :

1° En italien : *La Legge inglese sul fallimento vulgarisata* dall' avvocato Salvatore Sacerdote (Unione tipographica editrice; Turin, 1885).

2° En allemand : *Uebersetzung des englischen Bankruptcy Act 1883*, von Dr. Ferdinand Ritter Krapf von Liverhoff (Bernard Tauchnitz; Leipzig, 1888).

Parmi les travaux auxquels, en dehors de l'Angleterre, la loi de 1883 a donné lieu, on peut mentionner :

1. Mittermaïer. — *Englische Handelsgesetzgebung vom Jahre 1883* (*Zeitschrift für das gesammte Handelsrecht*, t. XXX, p. 557 à 576).

2. *Das englische Concursrecht nach dem Gesetze vom 25. August 1883* von Dr. Adalbert Gerstscher (Manz; Vienne, 1885).

3. Hentschel. — *Die englische Konhurs-Ordnung vom 25. August 1883* (*Archiv für Theorie und Praxis des allgemeinen deutschen Handels- und Wechselrechts*, 1887).

4. Ch. Lyon-Caen. — *Exposé de la législation anglaise* sur la faillite (*Bulletin de la Société de législation comparée*, 1888, p. 292 et suiv.).

# LOI ANGLAISE

# SUR LA FAILLITE

## DE 1883.

# SOMMAIRE

## DES ARTICLES DE LA LOI DE 1883 [1].

### DISPOSITIONS PRÉLIMINAIRES.



### TITRE PREMIER.

#### DE LA PROCÉDURE À PARTIR DE L'ACTE DE NATURE À ENTRAÎNER LA FAILLITE JUSQU'À LA DÉCHARGE.



[1] Dans les lois anglaises chaque article porte en marge une sorte de titre indiquant en résumé son contenu. L'ensemble de ces titres forme une table placée en tête de la loi sous le nom de *Arrangement of Sections*. C'est cette table placée en tête de la loi de 1883 que nous traduisons ici, en ajoutant l'indication de la page où se trouve, dans notre traduction, chaque article de la loi.

## TITRE DEUXIÈME.

### DES INCAPACITÉS DU FAILLI.



## TITRE TROISIEME.

### DE L'ADMINISTRATION DES BIENS DU FAILLI.

#### PREUVE DES CRÉANCES.



#### DES BIENS POUVANT SERVIR AU PAYEMENT DES DETTES.



#### DES EFFETS DE LA FAILLITE SUR LES ACTES ANTÉRIEURS.



#### DE LA RÉALISATION DES BIENS DU FAILLI.

DE LA DISTRIBUTION DE L'ACTIF.



TITRE QUATRIÈME.

DES SÉQUESTRES OFFICIELS ET DES FONCTIONNAIRES DU *BOARD OF TRADE*.

# TITRE CINQUIÈME.

## DES SYNDICS.

### DE LA RÉMUNÉRATION DU SYNDIC.



### DES FRAIS.



### RECETTES, PAYEMENTS, COMPTES, VÉRIFICATION DES COMPTES.



### DE LA DÉCHARGE DU SYNDIC.



### DU NOM OFFICIEL.



### DE LA NOMINATION ET DE LA RÉVOCATION DU SYNDIC.

## TITRE SIXIÈME.

DE LA CONSTITUTION ET DES POUVOIRS DE LA COUR. — DE LA PROCÉDURE.

## ANNEXES.

# LOI ANGLAISE SUR LA FAILLITE

## DU 25 AOÛT 1883 [1].

## DISPOSITIONS PRÉLIMINAIRES.

ARTICLE PREMIER. La présente loi peut être désignée sous le titre de *Bankruptcy Act,* 1883 (loi sur la faillite, 1883).

ART. 2. La présente loi, à moins d'une disposition expresse, ne s'applique ni à l'Écosse [2] ni à l'Irlande [3].

[1] *An Act to amend and consolidate the Law of Bankruptcy* (loi ayant pour objet de modifier et de codifier la loi sur la faillite) — 46 et 47 Victoria, ch. LII. — 25 août 1883. — Deux règlements (*general rules*) ont été faits en 1883, pour l'exécution de la loi, en vertu soit de l'article 122, soit de l'article 127, par le Lord Chancelier, d'accord avec le *Board of Trade.* Un autre règlement modifiant les précédents a été publié en 1886 et, à la fin de la même année, un règlement en 362 articles a codifié toutes les dispositions réglementaires édictées en vertu de l'article 127 (*the Bankruptcy Rules,* 1886). Nous citons en note les dispositions principales des règlements sous les articles de la loi auxquels ils se rattachent. — Ces règlements sont accompagnés d'annexes contenant les modèles (*forms*) de la plupart des actes visés par la loi.

Le mot *Bankruptcy* signifie faillite. La loi sur la faillite ne distingue pas la banqueroute de la faillite. Mais des peines spéciales frappent le débiteur de mauvaise foi qui commet certains actes frauduleux déterminés par la loi sur les débiteurs de 1869 (*Debtors Act*). Cette loi est traduite ci-après, p. 149 et suiv.

[2-3] En principe, les lois votées par le Parlement anglais sont applicables à la fois à l'Angleterre, à l'Écosse et à l'Irlande; mais des dispositions expresses dérogent souvent à cette règle.

En Irlande, il y a une loi sur la faillite du 6 août 1872 (35 et 36 Vict., ch. LVIII), et en Écosse une loi du 29 juillet 1856 (19 et 20 Vict., ch. LXXIX) modifiée notamment en 1880 et en 1881.

On trouve des dispositions s'appliquant exceptionnellement à l'Écosse et à l'Irlande dans les articles 27, 32, 117 à 119 de la loi. En outre, une loi spéciale du 23 juin 1884 (47 et 48 Vict., ch. XVI) a étendu à l'Écosse certaines dispositions de la loi de 1883, spécialement les articles 32, 33, 34.

La loi de 1883 ne s'applique pas non plus ni à l'île de Man, ni aux îles anglaises de la Manche, ni aux colonies anglaises.



IMPRIMERIE NATIONALE.

Art. 3. La présente loi, sauf les exceptions qu'elle prévoit[1], entrera en vigueur le 1er janvier 1884.

## TITRE PREMIER.

### DE LA PROCÉDURE À PARTIR DE L'ACTE SUSCEPTIBLE D'ENTRAÎNER LA FAILLITE JUSQU'À LA DÉCHARGE.

———

#### DES ACTES POUVANT ENTRAÎNER LA FAILLITE [2].

#### (*Acts of Bankruptcy.*)

Art. 4, § 1[3]. Un débiteur commet un acte susceptible d'entraîner la faillite dans chacun des cas suivants[4] :

Il est de principe qu'une loi émanant du Parlement anglais ne régit ces îles et les colonies qu'en vertu d'une disposition formelle.

[1] Il y a des exceptions dans les articles 66, 127, 128, 129, 153, 162 et 170.

[2] Comme la loi de 1869, à la différence de la plupart des législations du continent, la loi de 1883 ne laisse pas au juge le pouvoir d'apprécier librement si, à raison des circonstances, il y a cessation des payements devant entraîner une déclaration de faillite. Elle détermine limitativement les actes qui peuvent avoir cet effet. Elle les désigne sous le nom d'*acts of bankruptcy* (mot à mot *actes de faillite*). A ce point de vue général, le système des deux lois de 1869 et de 1883 est identique. Mais, sous plusieurs rapports, la loi nouvelle consacre des innovations dans l'énumération des *acts of bankruptcy*.

*a.* D'après la loi de 1869, les *acts of bankruptcy* n'étaient pas absolument les mêmes pour les commerçants et pour les non-commerçants. Aussi cette loi, dans une annexe spéciale, déterminait, par voie d'énumération, quelles professions devaient être réputées commerciales, pour son application. Cette énumération était nécessaire ; aucune disposition légale ne définit en Angleterre le commerçant. La loi nouvelle ne distingue plus, à ce point de vue entre les commerçants, et les non-commerçants. — Voir la note suivante.

*b.* La loi nouvelle mentionne un certain nombre d'actes entraînant la faillite que la loi de 1869 n'indiquait point (voir les actes mentionnés sous les lettres *c*, *g*, *h*).

*c.* Elle modifie quelques-unes des conditions précédemment exigées, pour que certains actes entraînent la faillite (voir l'acte dont il est parlé sous la lettre *e* dans l'article 4).

[3-4] Si la loi anglaise détermine quels actes sont de nature à entraîner la faillite, elle ne se prononce pas expressé-

*a.* Lorsqu'en Angleterre ou ailleurs [1] il fait un transfert ou une cession de ses biens à un ou à plusieurs *trustees* au profit de tous ses créanciers [2] ;

*b.* Lorsqu'en Angleterre ou ailleurs il fait frauduleusement

ment sur les personnes qui peuvent être déclarées en faillite. Sur ce point, depuis 1861, la faillite est admise pour les non-commerçants comme pour les commerçants. Jusqu'ici pourtant il y avait un certain nombre de règles particulières à la faillite des commerçants. Spécialement les actes de nature à entraîner la faillite différaient quelque peu pour les deux classes de personnes (voir les notes suivantes). En outre les nullités des actes antérieurs à la faillite étaient plus rigoureuses pour les commerçants. (Voir l'article 48 ci-après et les notes.) Ces différences ont été supprimées.

La faillite ne s'applique pas d'une façon absolue aux femmes mariées. A leur égard, on distingue toujours entre les commerçants et les non-commerçants.

Une femme mariée n'est soumise aux lois sur la faillite qu'autant qu'elle exerce un commerce séparé, et encore ne l'est-elle que pour ses biens séparés (voir la loi du 18 août 1882 unifiant et améliorant la législation relative aux biens des femmes mariées [art. 1, S 5, *Annuaire de législation étrangère*, 1883, p. 332, traduction de M. Barclay]).

Il sera indiqué plus loin, à propos de l'article 123, que la loi sur la faillite ne s'applique pas à toutes les sociétés ; mais que certaines sociétés sont soumises à la liquidation par ordre de la Cour (*Winding-up by Court*) qui correspond à ce qu'est

la faillite pour les individus. Voir Appendices, p. 165 et suiv.

— Il faut remarquer qu'en règle générale, l'acte pouvant entraîner la faillite doit avoir été accompli en Angleterre, à moins que la loi n'en dispose autrement, ce qu'elle fait dans certains cas.

Quelque variés que soient les actes énumérés par l'article 4, on peut les ranger en trois classes : 1° les uns sont des actes concernant la personne même du débiteur, tels que son départ de l'Angleterre ; 2° les autres concernent ses biens, comme l'acte par lequel un débiteur constitue frauduleusement un droit de préférence au profit d'un de ses créanciers ; 3° les autres sont des actes qui paraissent démontrer son insolvabilité.

[1,2] Reproduction de l'article 6, S 1, de la loi de 1869.

Il s'agit d'une cession comprenant *tous* les biens du débiteur. Elle constitue un acte entraînant la faillite, sans même qu'il soit démontré que le débiteur l'ait accompli avec l'intention de nuire ; car cet acte met le débiteur dans l'impossibilité de continuer ses affaires et d'obtenir du crédit.

En parlant du cas où l'acte dont il s'agit a été fait *ailleurs* (*elsewhere*), la loi suppose que l'acte a été fait hors de l'Angleterre, mais qu'il s'applique à des biens situés dans ce pays.

une cession, une donation, une livraison ou un transport de tout ou partie de ses biens (*property*) [1];

*c.* Lorsqu'en Angleterre ou ailleurs, il fait une cession ou un transport de tout ou partie de ses biens, ou constitue sur eux quelque charge réelle qui, en vertu de la présente loi, ou de toute autre, serait nulle comme attribuant frauduleusement un droit de préférence, si le débiteur était déclaré en faillite [2];

*d.* Lorsque avec l'intention de frustrer ou d'ajourner ses créanciers [3], il accomplit l'un des actes suivants, savoir : s'il quitte l'Angleterre, ou si, ayant quitté l'Angleterre, il en reste éloigné, ou s'il quitte sa maison d'habitation, ou s'il s'absente d'une autre manière, ou s'il se séquestre dans sa maison;

*e.* Lorsqu'un jugement a été exécuté contre lui par voie de saisie et de vente de ses biens à la suite d'un procès porté devant une cour quelconque ou devant la Haute Cour [4];

*f.* Lorsqu'il dépose à la Cour une déclaration affirmant l'impossibilité de payer ses dettes [5] ou lorsqu'il présente une demande de déclaration de faillite [6];

---

[1] Ici la loi suppose un acte fait par le débiteur au profit, non plus de tous ses créanciers, mais d'un ou de plusieurs d'entre eux.

[2] Il faut combiner cette disposition avec l'article 48 de la loi qui détermine dans quels cas les actes faits par le débiteur avant la faillite sont nuls.

[3] On doit rechercher quelle a été l'intention du débiteur; mais peu importe qu'en fait les créanciers aient été ou non frustrés ou ajournés.

[4] Sous l'empire de la loi de 1869, il n'y avait là un acte pouvant entraîner la faillite que pour les commerçants. En outre, la saisie devait être pratiquée pour une dette de 5o livres sterling au moins. — Bien que la saisie et la vente soient des actes pouvant entraîner la faillite, elles ne sont pas nécessairement nulles. Il faut, sur ce point, se référer aux articles 45 et 46 de la loi.

[5] D'après l'article 135 du règlement de 1886, la déclaration du débiteur doit être datée, signée et faite en présence d'un témoin. Le témoin doit être un *solicitor*, un juge de paix, un séquestre officiel (*official receiver*) ou un *registrar* de la Cour. Un modèle de déclaration est annexé sous le n° 3 de l'annexe au Règlement.

[6] Il n'est pas nécessaire que cette demande ait été précédée d'une déclara-

*g*. Lorsqu'un créancier, qui a obtenu contre le débiteur, pour une somme quelconque, un jugement définitif dont l'exécution n'a pas été suspendue, lui a signifié en Angleterre, ou, avec autorisation de la Cour, ailleurs, une sommation de mise en faillite (*Bankruptcy notice*) conforme au modèle annexé à la présente loi, le requérant de payer la dette au payement de laquelle il a été condamné par le jugement, ou de fournir une garantie ou de se prêter à un arrangement de nature à satisfaire le créancier ou la Cour, et que le débiteur, dans un délai de sept jours après la signification de cet acte, si elle a eu lieu en Angleterre, ou dans le délai fixé dans ce but par l'ordonnance autorisant la signification, n'a pas ou satisfait à cette injonction ou établi devant la Cour qu'il a à former une demande reconventionnelle ou en compensation (*counter-claim, set off or cross demand*) égale ou supérieure au montant de la dette, demande qu'il n'a pu introduire dans l'instance à la suite de laquelle le jugement a été rendu [1];

*h*. Lorsque le débiteur donne avis à l'un quelconque de ses créanciers qu'il a suspendu ou est sur le point de suspendre le payement de ses dettes [2];

§ 2. La sommation de mise en faillite (*Bankruptcy notice*) signifiée en vertu de la présente loi sera faite en la forme prescrite et indiquera les conséquences qu'entraînerait le défaut d'y obtempérer; elle sera signifiée de la manière prescrite [3].

---

tion du débiteur constatant son insolvabilité (voir ci-après, art. 8 de la loi).

Cette disposition est nouvelle. La loi de 1869 n'admettait pas qu'un débiteur pût demander sa déclaration de faillite.

[1] Voir ci-après la note 3.

[2] Il y a là un acte entraînant la faillite admis pour la première fois par la loi nouvelle. Ni la loi ni les règlements faits pour son exécution n'indiquent en quelle forme cet avis doit être donné. Il n'est pas douteux que l'envoi d'une circulaire indiquant le désir du débiteur de faire un arrangement amiable avec ses créanciers implique suffisamment que le débiteur suspend ou est sur le point de suspendre ses payements.

[3] La disposition de l'article 4 (*g*) et § 2 remplace la procédure appelée *debtors summons* (loi de 1869, art. 6 et 7).

La sommation de mise en faillite est

## DE L'ORDONNANCE DE SÉQUESTRE.

### ( *Receiving order* [1]. )

**Art. 5.** Sous les conditions déterminées ci-après, lorsqu'un débiteur commet un acte susceptible d'entraîner la faillite [2], la Cour peut, si la faillite est demandée soit par un créancier [3], soit par le débiteur [4], rendre une ordonnance désignée dans la présente loi sous le nom de *receiving order* (ordonnance de séquestre), afin de sauvegarder l'actif du débiteur [5].

**Art. 6** [6], **§ 1.** Un créancier n'aura qualité pour présenter une demande de déclaration de faillite contre un débiteur que si les conditions suivantes sont réunies :

rédigée, sur la demande du créancier, par le *registrar*, signée par lui au nom de la Cour et signifiée par ses soins au débiteur.

Les dispositions indiquant comment est signifiée la sommation de mise en faillite sont contenues dans les articles 135 à 152 du Règlement de 1886. Sous le n° 6 des annexes à ce règlement se trouve le modèle d'une sommation.

[1] Les dispositions relatives à l'ordonnance de séquestre (*receiving order*) sont entièrement nouvelles. Leur but paraît être double : 1° on a voulu éviter que des arrangements interviennent entre le débiteur et ses créanciers sans le contrôle de la Cour. Par suite, la loi exige qu'une demande en déclaration de faillite précède ces arrangements. 2° On a voulu pourtant permettre au débiteur malheureux et de bonne foi d'éviter la déclaration de faillite. L'ordonnance de séquestre n'a point les effets graves attachés à la déclaration de faillite. Elle ne frappe pas le débiteur des incapacités admises pour le failli par les articles 32 à 37 et ne lui enlève pas la propriété de ses biens.

*Receiving order* est une expression créée pour la loi nouvelle. L'ordonnance dont il s'agit est ainsi appelée, parce qu'elle nomme un *official receiver*, c'est-à-dire un fonctionnaire du *Board of Trade*, chargé de remplir le rôle de séquestre à l'égard de l'actif du débiteur (voir ci-après, art. 9).

[2] Ces actes sont énumérés dans l'article 4.

[3] Voir art. 7.

[4] Voir art. 8.

[5] Les modèles d'ordonnance de séquestre se trouvent annexés au règlement fait en exécution de l'article 127 de la loi (n°ˢ 28 et 29).

[6] Cet article modifie notablement l'article 6 de la loi de 1869. Voir à cet égard les notes de la page suivante.

*a.* Si la dette du débiteur envers le créancier demandeur, ou, si, dans le cas d'une demande commune formée par deux ou plusieurs créanciers, le total des dettes dues aux divers créanciers demandeurs se monte à 5o livres sterling [1];

*b.* Si la dette est d'une somme [2] liquide et payable soit immédiatement, soit à terme [3];

*c.* Si l'acte susceptible d'entraîner la faillite et qui motive la demande, s'est produit dans les trois mois avant l'introduction de la demande [4];

*d.* Si le débiteur est domicilié en Angleterre, ou si, dans l'année qui a précédé l'introduction de la demande, il a résidé ordinairement en Angleterre ou y avait une maison d'habitation ou le siège de ses affaires.

§ 2. Le créancier demandeur, quand il possède une garantie (*secured*) [5], doit, dans sa demande, soit déclarer qu'il entend re-

----

[1] Cette disposition reproduit celle de l'article 6 de la loi de 1869.

[2] La loi de 1869 (art. 6) indiquait que la dette pouvait être reconnue en droit ou en équité (*at law or in equity*), La loi de 1883 ne mentionne plus cette distinction; car la loi de 1873 (art. 24) a décidé qu'elle ne serait plus admise.

[3] Il faut remarquer que la loi nouvelle, à la différence de la loi précédente, n'exige pas que la créance de celui qui demande la déclaration de faillite, soit exigible. Cela a une grande importance, spécialement pour les porteurs de lettres de change ou de billets à ordre dont l'échéance n'est pas encore arrivée.

Il n'est pas nécessaire que le créancier qui demande la déclaration de faillite du débiteur, ait eu déjà cette qualité au moment où a été accompli l'acte de nature à entraîner la faillite sur lequel il appuie sa demande. Ainsi, le cessionnaire d'une créance peut demander la déclaration de faillite, bien que la cession soit postérieure à cet acte.

La loi de 1869 exigeait, du moins, que la créance du demandeur existât avant cet acte. L'article 43 *in fine* de la loi nouvelle paraît repousser cette condition.

[4] Le délai était de six mois d'après la loi de 1869. Cette disposition a une grande importance. Elle implique que le législateur anglais repousse le système du Code français qui permet de faire remonter dans le passé à une date quelconque la cessation des payements.

[5] L'article 168 de la loi explique ce qu'on doit entendre par là.

noncer à sa garantie au profit des créanciers pour le cas où le débiteur serait déclaré en faillite, soit indiquer la valeur estimative de sa garantie. Dans le dernier cas, il peut être admis comme créancier demandeur jusqu'à concurrence du solde de sa dette, déduction faite de cette valeur estimative, comme s'il était créancier chirographaire (*unsecured creditor*) [1].

ART. 7 [2], § 1. La demande d'un créancier [3] doit être appuyée par un *affidavit* émanant soit de lui, soit d'une personne agissant pour le compte du créancier et ayant connaissance des faits; elle sera signifiée dans la forme prescrite [4].

[1] La demande qui ne satisfait pas à ces conditions, doit être repoussée, et l'ordonnance qui serait rendue en vertu de cette demande, serait nulle; mais le créancier ne perdrait pas pour cela sa garantie.

[2] La demande en déclaration de faillite peut être formée par un créancier réunissant les conditions fixées par l'article 6 ou par le débiteur. La loi anglaise n'admet pas la déclaration de faillite faite d'office.

Quelle que soit la personne qui demande la déclaration de faillite, il y a lieu d'observer certaines règles générales que pose le règlement rendu pour l'exécution de la loi en vertu de l'article 127 (art. 143 à 147). Il y a aussi des règles spéciales à la demande formée par un créancier (art. 148 à 156 du même règlement).

Voici quelques-unes des règles générales. Toute demande doit être légalisée (*attested*). Elle l'est par un *solicitor*, un juge de paix, un séquestre officiel ou le *registrar* de la Cour, en Angleterre, par un juge, un magistrat, un consul ou un vice-consul anglais ou un notaire public hors de l'Angleterre (art. 146 du Règlement).

Le demandeur doit, en présentant sa demande, déposer au séquestre officiel une somme de 5 livres sterling ou une somme supérieure fixée par la Cour, pour couvrir les frais et dépenses du séquestre. La somme ainsi payée par un créancier lui est remboursée sur les premiers produits nets de l'actif, sauf dans le cas où il n'y a pas de quoi payer les droits dus au séquestre officiel et les dépenses faites par lui.

[3] Un modèle de demande en déclaration de faillite formée par un créancier se trouve au n° 10 de l'annexe au règlement rendu en vertu de l'article 127 de la loi.

[4] La forme de la signification de la demande est déterminée par le Règlement (art. 153 à 156).

La signification se fait au moyen d'une remise d'une copie de la demande au débiteur (art. 153 du Règlement).

§ 2. A l'audience [1], la Cour exigera la preuve de la créance du demandeur, de la signification de la demande et de l'acte susceptible d'entraîner la faillite, ou, si plusieurs actes de cette nature sont allégués dans la demande, la preuve de l'un quelconque de ces actes. Si elle juge la preuve suffisante, la Cour peut rendre un ordonnance de séquestre conformément à la demande [2].

§ 3. La Cour peut rejeter la demande, si elle ne trouve pas suffisante la preuve de la créance du demandeur, ou celle de l'acte susceptible d'entraîner la faillite, ou celle de la signification de la demande, ou si le débiteur prouve qu'il est en état de payer ses dettes, ou si, pour toute autre cause suffisante, la Cour estime que l'ordonnance de séquestre ne doit pas être rendue.

§ 4. La Cour peut, si elle le juge convenable, suspendre ou rejeter la demande lorsque l'acte susceptible d'entraîner la faillite consiste dans le défaut d'obéissance à une sommation de mise en faillite contenant injonction d'avoir à payer, à fournir une garantie ou à transiger à raison d'une dette pour laquelle un jugement de condamnation a été prononcé (*judgment debt*), en se fondant sur ce qu'il y a un appel pendant contre ce jugement.

§ 5. La Cour, au lieu de rejeter la demande, peut suspendre toute procédure y relative pendant le délai qu'exigera le procès concernant la justification de la dette, lorsque le débiteur comparaît et dénie la dette envers le demandeur, ou prétend qu'elle n'a pas pour objet une somme suffisante pour donner au deman-

---

[1] Il ne peut être, en principe, statué sur la demande que huit jours après la date de la signification de la demande (art. 157, § 2, du Règlement). Toutefois, il peut être statué avant l'expiration de ce délai dans le cas où la demande a été faite par le débiteur ou s'il est prouvé que le débiteur s'est caché, ou si la Cour estime, pour toute autre cause, que la décision doit être rendue plus tôt.

[2] Des modèles d'ordonnances de séquestre se trouvent aux n°° 28 et 29 du Règlement. Ces ordonnances se bornent, en visant la demande formée par un créancier ou par le débiteur, à nommer le séquestre de l'actif du débiteur.

deur le droit de former sa demande. Dans ce cas, il est loisible à la Cour d'imposer ou non au débiteur de garantir le payement de la dette quelconque dont l'existence sera établie contre lui conformément à la loi et le payement des frais du procès concernant la preuve de la dette [1].

§ 6. Lorsque la procédure a été suspendue, la Cour peut, à raison soit des délais résultant de la suspension même de la procédure, soit de toute autre cause qu'elle juge convenable, rendre une ordonnance de séquestre sur la demande de tout autre créancier; la Cour devra alors rejeter dans les conditions qui lui semblent justes la demande à la suite de laquelle la procédure a été suspendue comme il a été dit précédemment [2].

§ 7. La demande d'un créancier ne peut pas, après avoir été introduite, être retirée sans l'autorisation de la Cour [3].

ART. 8, § 1. La demande formée par un débiteur doit indiquer qu'il est dans l'impossibilité de payer ses dettes; la formation de cette demande sera considérée comme un acte susceptible d'entraîner la faillite, sans que le débiteur ait déposé antérieurement une déclaration affirmant l'impossibilité de payer ses dettes; la Cour devra, en conséquence, rendre une ordonnance de séquestre [4].

[1] Voir le principe général posé dans l'article 109 de la loi.

[2] Voir, pour le cas où la demande en déclaration de faillite est formée en même temps contre plusieurs débiteurs, l'article 111.

[3] Cette disposition est de droit nouveau. Elle a pour but d'éviter que des demandes en déclaration de faillite ne soient formées uniquement dans un but de chantage.

D'après l'article 107, lorsqu'un créancier ne poursuit pas la demande avec la diligence nécessaire, la Cour peut lui subroger, comme demandeur, un autre créancier.

[4] Cette disposition est nouvelle; la loi de 1869 n'admettait pas que la déclaration de faillite fût demandée par le débiteur lui-même. Un modèle de demande en déclaration de faillite formée par un débiteur se trouve sous le n° 4 de l'annexe au règlement rendu pour l'exécution de la loi.

§ 2. La demande d'un débiteur ne peut pas, après avoir été introduite, être retirée sans l'autorisation de la Cour [1].

ART. 9 [2], § 1. Quand la Cour rend une ordonnance de séquestre, elle doit dans cette ordonnance constituer un séquestre officiel (*official receiver*) pour le patrimoine du débiteur et, à partir de ce moment, sauf dans les cas prévus par la présente loi, aucun créancier envers lequel le débiteur est tenu d'une dette susceptible d'être produite à la faillite (*provable in bankruptcy*), ne peut avoir de recours sur les biens ou contre la personne du débiteur en vertu de la dette, ni commencer une instance ou toute autre procédure légale qu'avec l'autorisation de la Cour et seulement aux conditions imposées par elle.

§ 2. Mais cette disposition ne porte pas atteinte au droit de tout créancier jouissant d'une garantie (*secured creditor*) [3] de la réaliser ou d'en user autrement, de même qu'il aurait eu le droit de le faire en l'absence du présent article.

ART. 10, § 1. La Cour peut, si cela paraît nécessaire pour la sauvegarde de l'actif, à tout moment après l'introduction d'une demande en déclaration de faillite et avant même d'avoir rendu l'ordonnance de séquestre, désigner le séquestre officiel comme séquestre provisoire (*interim receiver*) pour tout ou partie de l'actif du débiteur et lui ordonner de prendre immédiatement possession de tout ou partie de cet actif [4].

[1] Afin d'éviter les demandes formées par des indigents, le droit à payer pour le dépôt des demandes a été fixé à 5 livres sterling, et la somme à consigner au séquestre officiel pour les premiers frais à la même somme.

[2] Cet article, qui suspend le droit de poursuite individuelle, correspond aux articles 12 et 13 de la loi de 1869; seulement ces articles étaient relatifs aux effets de la déclaration de faillite. Voir aussi l'article 10, § 2.

[3] Voir, pour la définition de ce qu'on doit entendre par là, l'article 168.

[4] Sur les pouvoirs du séquestre provisoire ainsi nommé avant que l'ordon-

§ 2. La Cour peut, à tout moment après l'introduction d'une demande en déclaration de faillite, suspendre toute action, voie d'exécution ou toute autre procédure légale sur les biens ou contre la personne du débiteur, et toute cour devant laquelle des procédures sont pendantes contre un débiteur peut, sur la preuve de l'introduction d'une demande en déclaration de faillite formée par ou contre lui, suspendre ces procédures ou autoriser leur continuation sous les conditions qui lui semblent justes.

Art. 11 [1]. Quand la Cour rend une ordonnance suspendant une action ou une procédure ou suspendant toutes procédures en général, l'ordonnance peut être signifiée au moyen de l'envoi par lettre affranchie [2], d'une expédition revêtue du sceau de la Cour, adressée au domicile élu par le demandeur ou par toute autre personne poursuivant cette procédure.

Art. 12, § 1. Le séquestre officiel du patrimoine d'un débiteur peut, sur la demande d'un ou de plusieurs créanciers, s'il est convaincu que soit la nature de l'actif du débiteur ou de ses affaires, soit l'intérêt des créanciers, en général, exige la nomination d'un administrateur autre que le séquestre officiel, constituer un administrateur spécial (*special manager*) de l'actif ou des affaires du débiteur [3]. Cet administrateur peut exercer ses fonctions jusqu'à la désignation d'un syndic (*trustee*). Ses pouvoirs (qui peuvent comprendre une partie des pouvoirs du séquestre) sont ceux que lui confère le séquestre officiel.

§ 2. L'administrateur spécial fournira une garantie et rendra ses comptes de la manière déterminée par le *Board of Trade*.

---

nance de séquestre ait été rendue, voir l'article 70, § 2. Cf. pouvoir donné à la Haute Cour (loi de 1873, art. 25, al. 8).

[1] Cet article a pour but, en simpli-

fiant les formes des significations, d'éviter les frais.

[2] Elle doit être recommandée (art. 92, Règlement général).

[3] Voir, sur le pouvoir de toucher de

§ 3. L'administrateur spécial recevra la rémunération fixée par l'assemblée des créanciers dans une réunion ordinaire ou, à défaut d'une décision de cette assemblée, la rémunération qui pourra être prescrite [1].

Art. 13. Un avis de toute ordonnance de séquestre indiquant le nom, l'adresse et les qualités du débiteur, la date de l'ordonnance, la Cour qui l'a rendue et la date de la demande, doit être inséré de la manière prescrite dans la *Gazette officielle* et dans une feuille locale [2].

Art. 14 [3]. Lorsque, après une ordonnance de séquestre rendue sur une demande en déclaration de faillite, il apparaîtra à la Cour ayant rendu cette ordonnance et saisie d'une demande du séquestre officiel ou d'un créancier ou d'une personne intéressée, que la majorité des créanciers en nombre et en valeur ont leur résidence en Écosse ou en Irlande, et qu'en raison de la situation des biens du débiteur ou pour d'autres causes, son actif devra être distribué entre ses créanciers conformément à la loi sur les débiteurs insolvables de l'Écosse ou de l'Irlande, la Cour, après l'enquête qu'elle jugera convenable, peut annuler l'ordonnance de séquestre et suspendre

l'argent conféré à l'administrateur spécial, l'article 70, § 1.

L'administrateur spécial peut être révoqué par le séquestre officiel; il doit l'être si l'assemblée des créanciers le requiert par une délibération extraordinaire (art. 343, Règlement).

[1] Si l'assemblée des créanciers ne fixe pas la rémunération, elle est déterminée d'après le tarif arrêté par le *Board of Trade* (Règlement général, art. 343).

[2] Voir ci-après l'article 132.

Les articles 178 et 182 du Règlement sont relatifs à cette publicité. Ils disposent que le *registrar* doit donner immédiatement avis de l'ordonnance de séquestre au séquestre officiel et au *Board of Trade*. Le séquestre officiel doit aussitôt lui-même communiquer cet avis à la feuille locale désignée par le *Board of Trade,* ou, à défaut de désignation, à la feuille locale qu'il choisit lui-même. Les n° 31 et 32 de l'annexe au règlement contiennent des modèles d'avis de ce genre.

[3] Disposition nouvelle.

toutes les procédures, ou rejeter la demande sous telles conditions qu'elle jugera convenables.

DES OPÉRATIONS POSTÉRIEURES À L'ORDONNANCE DE SÉQUESTRE.

ART. 15, § 1. Aussitôt que possible après l'ordonnance de séquestre rendue contre un débiteur, une assemblée générale de ses créanciers (indiquée dans la présente loi sous le nom de première assemblée des créanciers) sera tenue. Elle aura pour objet d'examiner s'il y a lieu d'accueillir une proposition de concordat (*composition*) ou un projet d'arrangement (*arrangement*) ou s'il convient que le débiteur soit déclaré en faillite[1] et généralement de déterminer ce qu'on doit faire de l'actif du débiteur.

§ 2. Quant aux formes des convocations et au mode de procéder pour la première assemblée des créanciers et pour les assemblées suivantes, on observera les règles posées dans la première annexe de la présente loi[2].

ART. 16[3], § 1. Le débiteur, à l'égard duquel a été rendue une ordonnance de séquestre, doit dresser et soumettre au séquestre officiel un compte rendu de l'état de ses affaires[4] dans la forme

---

[1] Il peut se faire que la déclaration de faillite dans des cas exceptionnels précède la première assemblée des créanciers. La Cour peut déclarer immédiatement la faillite sur la demande du débiteur, elle peut aussi la déclarer sur la demande d'un créancier ou du séquestre officiel quand le débiteur se cache ou quand il est prouvé à la Cour qu'il ne veut proposer ni concordat ni arrangement (art. 190 et 191, Règlement général). Il se peut, du reste, qu'une proposition de concordat ou d'arrangement soit adoptée postérieurement (art. 23).

[2] Voir p. 133 et suiv.

[3] L'article 16 de la loi nouvelle peut être rapproché de l'article 19 de la loi de 1869. Cette dernière disposition, outre qu'elle était moins précise, ne s'appliquait qu'au débiteur déclaré en faillite.

[4] La forme en est déterminée dans un modèle portant, dans l'annexe du Règlement, le n° 46. Le séquestre officiel doit communiquer ce modèle au débiteur et lui donner les instructions nécessaires pour dresser l'état dont la loi exige la confection (voir art. 217 et 218 du Règlement).

prescrite [1]. Cet état, confirmé par un *affidavit,* doit mentionner en détail tout ce qui concerne l'actif et le passif du débiteur, les noms, lieux de résidence et professions de ses créanciers, les garanties obtenues par chacun d'eux et les dates auxquelles elles leur ont été données; on y insérera aussi toutes les autres indications qui pourront être prescrites ou que pourra exiger le séquestre officiel [2].

§ 2. Ce compte rendu de l'état des affaires du débiteur doit être soumis au séquestre officiel dans les délais suivants :

Dans les trois jours de la date de l'ordonnance, si elle est rendue sur la demande du débiteur;

Dans les sept jours de cette même date, si l'ordonnance est rendue sur la demande d'un créancier.

Mais la Cour peut, dans l'un et l'autre cas, pour des motifs spéciaux, prolonger le délai.

§ 3. Si le débiteur manque, sans avoir une excuse raisonnable, à se conformer aux dispositions de cet article, la Cour peut, sur la demande du séquestre officiel ou de tout créancier, déclarer le débiteur en faillite [3].

§ 4. Toute personne déclarant par écrit être créancier du failli peut personnellement ou par un représentant examiner à tout moment le compte rendu des affaires du débiteur et en prendre copie ou extrait. Mais toute personne déclarant ainsi frauduleusement être créancier sera coupable d'outrage envers la

---

[1] Si le débiteur ne peut pas dresser lui-même l'état exigé par l'article 16, le séquestre officiel peut charger une ou plusieurs personnes de le dresser aux frais du débiteur (voir art. 78 de la loi et art. 326 du Règlement).

[2] Un résumé du bilan ainsi dressé doit être envoyé par le séquestre officiel à chaque créancier y mentionné avant la réunion de la première assemblée des créanciers (art. 3, Annexe I).

[3] Il y a lieu, en outre, de prononcer, en cas de fraude du débiteur, les peines fixées par l'article 11, al. 3, de la loi du 9 août 1869 (32 et 33 Vict., ch. LXII), connu sous le nom de *Debtors Act.* Voir p. 149.

Cour (*contempt of Court*) et punie en conséquence sur la demande du syndic ou du séquestre officiel.

### DE L'INTERROGATOIRE PUBLIC DU DÉBITEUR.

#### (*Public Examination of Debtor* [1].)

ART. 17, § 1. Lorsque la Cour rend une ordonnance de séquestre, elle doit tenir une audience publique au jour fixé par elle, pour procéder à l'interrogatoire du débiteur; il y sera présent et sera interrogé sur sa conduite, sur l'état de ses affaires et sur son actif.

§ 2. Il sera procédé à cet interrogatoire aussitôt que possible après l'expiration du délai donné au débiteur pour soumettre au séquestre officiel le compte rendu de l'état de ses affaires.

§ 3. La Cour peut renvoyer l'interrogatoire d'un jour à un autre.

§ 4. Tout créancier qui a produit une preuve de sa créance, ou son représentant autorisé par écrit, peut adresser au débiteur des questions relatives à ses affaires et aux causes de leur mauvais état (*failure*).

§ 5. Le séquestre officiel prendra part à l'interrogatoire du débiteur [2], et dans ce but, s'il y est spécialement autorisé par le *Board of Trade,* il recourra à un avoué (*solicitor*) avec ou sans avocat (*counsel*).

§ 6. Si un syndic (*trustee*) est nommé avant la fin de l'interrogatoire public, il peut y prendre part.

---

[1] La loi de 1869 prescrivait aussi un interrogatoire public du débiteur, mais il n'y était procédé qu'après la déclaration de faillite, de telle sorte qu'en cas d'arrangement ou de concordat avant faillite conclu avec les créanciers, l'interrogatoire n'avait pas lieu. Le législateur de 1883 veut qu'aucun débiteur dont la faillite est demandée, n'échappe à cet interrogatoire.

[2] Voir art. 69, § 3.

§ 7. La Cour peut poser au débiteur telles questions qui lui paraissent utiles.

§ 8. Le débiteur sera interrogé après avoir prêté serment. Il sera tenu de répondre à toutes les questions que la Cour pourra soit lui adresser, soit permettre de lui poser. La Cour pourra faire prendre par écrit des notes relatives à l'interrogatoire du débiteur. Il en sera donné lecture et le débiteur y apposera sa signature. Ces notes pourront être invoquées ensuite en justice contre lui. Elles seront aussi à tout moment communiquées à chaque créancier qui le demandera.

§ 9. Quand la Cour sera d'avis que les affaires du débiteur ont été suffisamment examinées, elle déclarera par ordonnance que l'interrogatoire est clos. Elle ne pourra le faire qu'après le jour fixé pour la première assemblée des créanciers.

### DU CONCORDAT OU DU PROJET D'ARRANGEMENT.
*(Composition or Scheme of Arrangement.)*

ART. 18, § 1. Les créanciers peuvent dans leur première assemblée [1], ou, en cas de remise, dans une assemblée postérieure, décider par une résolution spéciale [2] d'accueillir une proposition de concordat relatif au payement des dettes du débiteur ou une proposition d'arrangement de ses affaires.

§ 2. Le concordat ou le projet d'arrangement ne liera les créanciers qu'autant qu'il sera adopté par une délibération prise dans une assemblée de créanciers subséquente et homologuée par la Cour. La majorité exigée est une majorité en nombre représentant en sommes les trois quarts des créances prouvées [3].

---

[1] Annexe I, art. 1 à 4 (ci-après, p. 133).

[2] D'après l'article 168, une résolution spéciale est une délibération prise par une majorité en nombre et une majorité des trois quarts en sommes des créanciers présents ou représentés.

[3] Ici, comme il s'agit de statuer dé-



IMPRIMERIE NATIONALE.

Tout créancier ayant prouvé sa créance peut adopter ou rejeter les propositions du débiteur par une lettre adressée dans la forme prescrite au séquestre officiel et certifiée par un témoin. Cette lettre devra parvenir au séquestre au plus tard la veille du jour où sera tenue la seconde assemblée. Le créancier qui l'aura écrite, sera considéré comme présent et votant à cette assemblée [1].

§ 3. La seconde assemblée sera convoquée par le séquestre officiel au moyen d'un avis donné au moins huit jours à l'avance. Elle ne sera tenue qu'après la clôture de l'interrogatoire public du débiteur. L'avis constatera d'une façon générale les termes de la proposition de concordat ou d'arrangement et sera accompagné d'un rapport y relatif fait par le séquestre officiel.

§ 4. Le débiteur ou le séquestre officiel pourra, après l'acceptation du concordat ou de l'arrangement par les créanciers, demander à la Cour [2] de l'homologuer. Avis du jour fixé pour entendre le développement de cette demande sera donné à tout créancier qui aura prouvé sa créance [3].

§ 5. La Cour, avant de donner son homologation, entendra un rapport du séquestre officiel relatif aux conditions du concordat ou de l'arrangement et à la conduite du débiteur ainsi qu'aux objections faites par des créanciers ou en leur nom.

§ 6. Dans le cas où la Cour sera d'avis que les conditions du concordat ou de l'arrangement ne sont pas raisonnables ou ne sont pas avantageuses pour la masse des créanciers, ou dans tous les cas dans lesquels, en vertu de la présente loi, la Cour doit re-

---

finitivement sur les propositions du débiteur, les majorités exigées par la loi sont calculées d'après le nombre des créanciers dont les créances ont été prouvées et non d'après le nombre des créanciers présents.

[1] Disposition entièrement nouvelle.

[2] Voir art. 99, § 2, d, de la loi.

[3] L'article 198 du Règlement prescrit aussi de donner avis de la demande d'homologation au séquestre officiel.

L'avis doit être donné sept jours au moins avant le jour fixé pour l'audience.

fuser de prononcer la décharge [1] du débiteur déclaré en faillite, la Cour doit refuser son homologation. La Cour pourra discrétionnairement refuser son homologation dans tous les cas où auront été prouvés des faits qui, en vertu de la présente loi, permettraient à la Cour de refuser, de suspendre ou de subordonner à des conditions spéciales la décharge du débiteur [2].

§ 7. Si la Cour homologue le concordat ou le projet d'arrangement, l'homologation sera constatée par l'apposition du sceau de la Cour sur l'instrument contenant les clauses du concordat ou du projet d'arrangement ou par un jugement de la Cour en reproduisant les termes.

§ 8. Le concordat ou le projet d'arrangement accepté et homologué en vertu du présent article sera obligatoire pour tous les créanciers quant à leurs créances contre le débiteur admissibles à la faillite [3].

§ 9. Un certificat du séquestre officiel constatant que le concordat ou l'arrangement a été voté et homologué, en prouvera la validité quand il n'y aura pas de fraude.

§ 10. Les dispositions du concordat ou de l'arrangement conclu conformément aux dispositions de cet article seront rendues exécutoires par la Cour sur la demande de toute personne intéressée. Tout acte de désobéissance au jugement de la Cour rendu sur cette demande sera considéré comme une offense envers la Cour.

§ 11. A défaut de payement d'un terme dû en vertu du concordat ou de l'arrangement, ou dans le cas dans lequel la Cour

---

[1-2] Voir art. 28 et 29 de la loi.

[3] Voir art. 37 de la loi. — Voir, sur le vote des créanciers jouissant de garanties spéciales, les articles 9 à 17 de l'Annexe I.

La Cour, qui accorde son homologation, annule l'ordonnance de séquestre, et le séquestre officiel doit, selon les termes du concordat ou de l'arrangement, mettre en possession de l'actif le débiteur lui-même ou l'administrateur désigné par les créanciers (art. 208 du Règlement).

estime, d'après les preuves produites, que le concordat ou l'arrangement ne peut, à raison de difficultés légales ou de quelque cause suffisante, être exécuté sans injustice ou sans imposer des délais exagérés aux créanciers ou au débiteur, ou quand l'homologation de la Cour a été obtenue à l'aide de manœuvres frauduleuses, la Cour peut, si elle le juge convenable, sur la demande d'un créancier, déclarer le débiteur en faillite et annuler le concordat ou l'arrangement [1]. Cette annulation ne porte pas atteinte à la validité des ventes, actes de disposition ou payements légitimement faits ou de tout autre acte fait soit après le concordat ou l'arrangement, soit en exécution de leurs dispositions. Lorsqu'un débiteur est déclaré en faillite en vertu du présent alinéa, toute dette susceptible d'être prouvée à d'autres égards, qui a été contractée avant la date de la déclaration de faillite, peut être admise à la faillite [2].

§ 12. Si, soit après le concordat ou l'arrangement, soit en exécution de leurs dispositions, un administrateur (*trustee*) est désigné pour administrer les biens du débiteur ou gérer ses affaires, les dispositions du titre V de la présente loi s'appliqueront à cet administrateur comme s'il était syndic (*trustee in a bankruptcy*). Les termes « faillite », « failli » et « déclaration de faillite (*order of adjudication*) » seront considérés comme comprenant le concordat ou l'arrangement, le débiteur concordataire ou le débiteur obtenant un arrangement et le jugement d'homologation.

§ 13. Les dispositions du titre III de la présente loi s'appliqueront, en tant que la nature de l'espèce et les termes du concordat ou de l'arrangement l'admettront. Les mots « administrateur, faillite, failli, déclaration de faillite » recevront la même interprétation que dans l'alinéa précédent.

[1] Le séquestre officiel est alors de plein droit et de nouveau saisi de l'actif du débiteur (art. 212 du Règlement).

[2] Le payement des dettes primitives ne peut pas être réclamé en justice.

§ 14. La Cour ne doit jamais accorder son homologation s'il n'est pas pourvu au payement par préférence de toutes les dettes pour lesquelles un droit de préférence existe en cas de distribution de dividendes après faillite [1].

§ 15. L'acceptation par un créancier d'un concordat ou d'un arrangement ne libère pas les personnes qui, en vertu de la présente loi, ne seraient pas libérées par un ordre de décharge, si le débiteur avait été déclaré en faillite [2].

Art. 19. Malgré le vote des créanciers et l'homologation, le concordat ou l'arrangement ne sera pas obligatoire pour les créanciers relativement aux dettes ou obligations dont, en vertu de la présente loi, le débiteur ne serait pas libéré par un ordre de décharge [3], à moins que ces créanciers ne consentent à accepter ce concordat ou cet arrangement.

DE LA DÉCLARATION DE FAILLITE [4].

*(Adjudication of Bankruptcy.)*

Art. 20, § 1. Quand, après qu'une ordonnance de séquestre a été rendue contre un débiteur, les créanciers, à leur première assemblée ou, en cas de remise, à une assemblée postérieure, décident par une résolution ordinaire [5], que le débiteur doit être déclaré en faillite, ou ne prennent pas de résolution, ou ne se réunissent point, ou si un concordat ou un arrangement n'est pas soit accepté, soit homologué en vertu de la présente loi, dans les

---

[1] Voir art. 40 et 41 de la loi.

[2] Voir art. 30, § 4.

[3] Voir art. 30, § 1 et 2, de la loi.

[4] Avec quelques différences de détail, les articles 20 à 23 correspondent aux articles 14, 17, 18, 28 et 83 de la loi de 1869. Mais tout ce qui est dit dans ces articles des pouvoirs du *Board of Trade* est entièrement nouveau.

[5] D'après l'article 168 de la loi (voir p. 130), une résolution ordinaire est une résolution adoptée par la majorité en sommes des créanciers présents ou représentés.

quinze jours de la clôture de l'interrogatoire public du débiteur ou dans tout autre délai fixé par la Cour, la Cour déclarera le débiteur en faillite et, en conséquence, les biens du failli seront partageables entre ses créanciers et transmis à un syndic [1].

§ 2. Un avis de tout jugement de déclaration de faillite indiquant les nom, adresse et qualités du failli, la date de la déclaration de faillite et la cour qui l'a prononcée, doit être inséré dans la *Gazette officielle* et publié dans une feuille locale de la manière prescrite. La date du jugement doit être considérée, au point de vue de l'application de la présente loi, comme celle de la déclaration de faillite.

Art. 21, § 1. Lorsqu'un débiteur est déclaré en faillite ou lorsque les créanciers ont décidé qu'il doit être mis en faillite, les créanciers peuvent, par une résolution ordinaire [2], ou désigner une personne capable, créancier ou non, pour remplir les fonctions de syndic relativement aux biens du failli, ou laisser cette désignation au comité de surveillance mentionné ci-après [3].

§ 2. La personne ainsi désignée doit fournir une garantie de la manière prescrite par le *Board of Trade* [4]. Le *Board of Trade*, s'il

[1] Dans les cas prévus au texte, la déclaration de la faillite est *obligatoire* pour la Cour.

Les articles 155 et 156 du Règlement mentionnent aussi des cas où la Cour *peut* prononcer la déclaration de faillite. La Cour *peut* déclarer la faillite : *a*. sur la demande du débiteur; *b*. quand aucun créancier ne se présente au jour et au lieu fixés pour la première assemblée; *c*. quand il n'y a pas un nombre suffisant de créanciers présents ou représentés pour voter une résolution spéciale; *d*. quand le séquestre officiel dé-

montre à la Cour que le débiteur se cache; *e*. lorsque le séquestre officiel prouve à la Cour que le débiteur n'a l'intention de faire aucune proposition de concordat ou d'arrangement à ses créanciers. Dans les quatre derniers cas, c'est un créancier ou le séquestre officiel qui réclame la déclaration de faillite.

[2] Voir, sur ce qu'il faut entendre par là, ci-dessus, note 4 de la page 21.

[3] Voir art. 22 de la loi.

[4] C'est au *Board of Trade* qu'il appartient de déterminer la nature et le montant de la garantie à fournir par le

est satisfait de la garantie fournie, certifie que cette désignation a été faite valablement [1]. Il en sera autrement quand le
*Board of Trade* aura à critiquer la désignation à raison soit de ce
qu'elle n'a pas été faite de bonne foi par la majorité en sommes
des créanciers votants, soit de ce que la personne désignée n'est
pas apte à remplir les fonctions de syndic, soit de ce que cette
personne a avec le failli ou avec son patrimoine ou avec un créancier des liens ou des relations qui lui rendent difficile l'exercice
impartial de ses fonctions dans l'intérêt de tous les créanciers en
général.

§ 3. Si le *Board of Trade* fait une objection de cette nature, il
doit, dans le cas où il en sera requis par une majorité des créanciers en sommes, la notifier à la Haute Cour [2] et la Haute Cour
statuera.

§ 4. La désignation du syndic produira ses effets à partir de la
date de la délivrance du certificat.

§ 5. Le séquestre officiel ne sera pas syndic, sauf dans les
cas prévus par la présente loi [3].

§ 6. Si le syndic n'est pas désigné par les créanciers dans les

syndic (art. 253, Règlement). La loi de
1869 (art. 14, § 2) laissait aux créanciers le soin de résoudre cette question.
En fait, une garantie n'était presque
jamais exigée.

[1] Voir art. 138 et 140 de la loi.
Après la délivrance du certificat, le
*Board of Trade* doit faire mentionner la
nomination du syndic dans la *Gazette
officielle*. Le syndic doit la faire insérer
aussi dans un journal local et adresser
le certificat du *Board of Trade* au registrar (Règlement, art. 218 et 219).

[2] Voir art. 94 de la loi. — La personne

désignée comme syndic, les créanciers,
un représentant du *Board of Trade* peuvent être entendus (art. 220, § 1, du
Règlement).

[3] Toutefois, le séquestre officiel est
considéré comme syndic jusqu'à la nomination du syndic (art. 54). Il remplit
également les fonctions de syndic quand
ces fonctions sont devenues vacantes,
art. 87, § 3. Voir aussi dans les articles
121 et 125, § 5, des cas spéciaux dans
lesquels le séquestre officiel est syndic.
Voir aussi art. 70, § 1, 82, § 4, et 87,
§ 4.

quatre semaines qui suivent la déclaration de faillite, ou si des négociations ayant pour but d'arriver à un concordat ou à un arrangement sont encore pendantes à l'expiration de ces quatre semaines, le séquestre officiel doit faire un rapport au *Board of Trade* dans les huit jours qui suivent la clôture de ces négociations provenant du refus des créanciers d'accepter le concordat ou l'arrangement, ou du refus d'homologation de la Cour. En conséquence, le *Board of Trade* désignera comme syndic une personne capable de remplir ces fonctions et délivrera un certificat constatant cette nomination.

§ 7. Les créanciers ou le comité de surveillance (y autorisé par une délibération des créanciers) peuvent désigner s'ils le jugent convenable à toute époque postérieure un syndic. Une fois que cette désignation a été déclarée valable, la personne ainsi nommée devient syndic à la place de la personne nommée par le *Board of Trade* [1].

§ 8. Si le débiteur est déclaré en faillite après que la première assemblée des créanciers a eu lieu et si un syndic n'a pas été nommé avant la déclaration de faillite, le séquestre officiel convoquera immédiatement une assemblée de créanciers ayant pour objet la nomination d'un syndic.

Art. 22, § 1. Les créanciers ayant qualité pour voter [2] peuvent, dans leur première assemblée ou dans une assemblée subséquente, désigner par une résolution ordinaire [3] parmi les créanciers ayant le droit de participer au vote, parmi les mandataires généraux ou parmi les porteurs de procurations générales de ces créanciers, un comité de surveillance (*committee of inspection*) chargé

---

[1] Le législateur désire toujours que la nomination du syndic émane de l'assemblée des créanciers.

[2] Voir, sur les créanciers ayant le droit de vote, l'Annexe I (p. 133 et suiv.).

[3] Voir art. 168 et ci-dessus, note 1 de la page 21.

de contrôler l'administration des biens du failli par le syndic[1]. Ce comité ne pourra comprendre ni plus de cinq personnes ni moins de trois.

§ 2. Le comité de surveillance se réunira aux époques qu'il fixera; et, à défaut d'une telle fixation, au moins une fois par mois; le syndic ou un membre du comité peut aussi convoquer celui-ci lorsqu'il le juge nécessaire.

§ 3. Les décisions du comité de surveillance sont prises à la majorité des membres présents; mais elles ne sont valables qu'autant que la majorité des membres du comité assiste à la réunion.

§ 4. Tout membre du comité peut se démettre de ses fonctions en donnant par écrit avis au syndic de sa démission.

§ 5. La place d'un membre du comité devient de plein droit vacante lorsqu'il est déclaré en faillite, ou quand il conclut un concordat ou un arrangement avec ses créanciers, ou quand il a été absent à cinq réunions consécutives du comité.

§ 6. Tout membre du comité peut être révoqué par une résolution ordinaire de l'assemblée des créanciers. Avis de la réunion de l'assemblée indiquant son objet doit être donné huit jours avant sa réunion.

§ 7. En cas de vacance parmi les membres du comité, le syndic doit immédiatement convoquer l'assemblée des créanciers pour faire remplir la place vacante; et l'assemblée peut désigner par une résolution un autre créancier ou une autre personne éligible d'après les règles posées plus haut.

§ 8. Les membres en fonctions du comité, pourvu qu'ils ne soient pas réduits à moins de deux, peuvent agir malgré toute

---

[1] Le comité de surveillance existait déjà d'après la loi de 1869. Cette institution a été adoptée dans plusieurs lois étrangères. Voir notamment : loi autrichienne du 25 décembre 1868, art. 74 et suiv.; loi allemande du 10 fév. 1877, art. 79.

vacance se produisant dans le comité. Si le nombre des membres descend au-dessous de cinq, l'assemblée des créanciers peut l'augmenter, mais de façon à ce qu'il ne dépasse pas cinq.

§ 9. S'il n'y a pas de comité de surveillance [1], tout acte qui, en vertu de la présente loi, doit ou peut être fait par ce comité, toute autorisation qui doit être donnée par lui [2], peuvent être faits ou donnés par le *Board of Trade* sur la demande du syndic [3].

ART. 23, § 1. Quand un débiteur est déclaré en faillite, l'assemblée des créanciers peut, si elle le juge convenable, à tout moment après la déclaration de faillite, par une résolution spéciale, décider d'accueillir une proposition de concordat pour le payement de leurs créances admises à la faillite ou une proposition d'arrangement des affaires du failli. Dans ce cas, il y a lieu de suivre la même procédure que dans les cas de concordat ou d'arrangement conclu avant toute faillite. Le concordat ou l'arrangement produit aussi les mêmes effets [4].

§ 2. Si la Cour homologue le concordat ou l'arrangement, elle peut annuler la faillite et déclarer que les biens du failli seront remis soit au failli, soit à une autre personne désignée par elle. La décision de la Cour peut être conçue en tels termes et subordonnée à telles conditions qu'elle admet.

§ 3 [5]. A défaut de payement d'un terme dû en vertu du concordat ou de l'arrangement, ou dans les cas dans lesquels la Cour

---

[1] Ou, ce qui revient au même, si le nombre des membres du comité descend au-dessous du minimum. Dans les petites faillites, il ne peut pas y avoir de comité de surveillance (art. 121 de la loi).

[2] Voir à cet égard l'article 57 de la loi.

[3] D'après l'article 337 du règlement fait pour l'exécution de la loi, quand, à défaut du comité de surveillance, les fonctions de celui-ci sont dévolues au *Board of Trade*, elles sont exercées par le séquestre officiel.

[4] Voir ci-dessus, art. 18 (p. 17 et suiv.).

[5] Cet alinéa reproduit l'article 18, § 11 (p. 19).

estime, d'après les preuves produites, que le concordat ou l'arrangement ne peut être exécuté sans injustice ou sans imposer des délais exagérés aux créanciers ou au débiteur, ou que l'homologation a été obtenue à l'aide de manœuvres frauduleuses, la Cour peut, si elle le juge convenable, sur la demande d'un créancier, déclarer le débiteur en faillite et annuler le concordat ou l'arrangement. Cette annulation ne porte pas atteinte à la validité des ventes, actes de disposition ou payements légitimement faits, ou de tout autre acte fait soit après le concordat ou l'arrangement, soit en exécution de leurs dispositions. Lorsqu'un débiteur est déclaré en faillite en vertu du présent alinéa, toute dette susceptible d'être prouvée à d'autres égards qui a été contractée avant la date de la déclaration de faillite, peut être admise à la faillite.

## DE LA SURVEILLANCE DE LA PERSONNE ET DES BIENS DU DÉBITEUR.

### (*Control over Person and Property of Debtor.*)

ART. 24, § 1. Tout débiteur, contre lequel a été rendue une ordonnance de séquestre, assistera à la première assemblée des créanciers, à moins qu'il n'en soit empêché par maladie ou par une autre cause suffisante, et il devra se soumettre à l'interrogatoire et donner tels renseignements que l'assemblée pourra exiger [1].

§ 2. Il dressera un inventaire de ses biens, une liste de ses créanciers et de ses débiteurs, du montant de ses créances et de ses dettes, il se soumettra à tout interrogatoire relatif à ses biens et à ses créanciers, assistera aux assemblées de créanciers, se rendra

---

[1] Cette disposition correspond à l'article 19 de la loi de 1869. Seulement, cette loi ne visait que le débiteur déclaré en faillite.

D'après l'article 249 du Règlement, le séquestre officiel doit, trois jours d'avance, donner avis au débiteur de la date et du lieu de réunion fixés pour la première assemblée des créanciers. L'avis doit lui être donné soit en parlant à sa personne, soit par lettre affranchie, selon les circonstances. Le devoir du débiteur est d'assister à la première assemblée, alors même qu'il ne reçoit pas cet avis.

chez le séquestre officiel, l'administrateur spécial ou le syndic, signera et fera généralement tous les actes concernant ses biens et la distribution du prix de ses biens entre ses créanciers. A cet égard, il se conformera soit aux réquisitions du séquestre officiel, de l'administrateur spécial ou du syndic, soit aux dispositions du règlement rendu pour l'exécution de la présente loi, soit aux décisions de la Cour rendues à propos de cas particuliers ou sur la demande du séquestre officiel, de l'administrateur spécial, du syndic, d'un créancier ou d'une personne intéressée.

§ 3. Le débiteur doit, s'il est déclaré en faillite, aider, autant qu'il est en son pouvoir, à la réalisation de ses biens et à la distribution de leur produit entre ses créanciers.

§ 4. Si un débiteur manque volontairement de remplir les obligations que lui impose le présent article, ou à délivrer quelques-uns de ses biens divisibles entre ses créanciers en vertu de la présente loi et actuellement en sa possession ou sous sa surveillance, au séquestre officiel ou au syndic ou à toute autre personne autorisée par la Cour à en prendre possession, il sera considéré comme coupable d'offense envers la Cour (*contempt of Court*), et pourra, en conséquence, être condamné aux peines frappant ce délit en dehors des autres peines auxquelles il peut être soumis [1].

Art. 25, § 1. La Cour peut, par un mandat adressé à un constable ou à un officier désigné par elle, ordonner l'arrestation du débiteur et la saisie de tous livres, papiers, argent comptant et biens se trouvant en sa possession et prescrire la garde du débiteur et de ces objets durant le délai que la Cour fixera, dans les circonstances suivantes :

*a.* Lorsque, après la signification d'une sommation de mise en

---

[1] Ces derniers mots visent les dispositions de l'article 11 de la loi du 9 août 1869 (32 et 33 Vict., chap. LXII), connu sous le nom de *Debtors Act.* Voir p. 149.

faillite[1] faite en vertu de la présente loi ou le dépôt d'une demande en déclaration de faillite formée par le débiteur ou contre lui, il paraît à la Cour qu'il y a lieu de croire que le débiteur est sur le point de partir pour éviter de payer la dette à raison de laquelle la sommation a été faite, ou pour éviter de recevoir la signification de la demande en déclaration de faillite, ou pour éviter de comparaître sur cette demande, ou pour éviter d'être interrogé sur ses affaires, ou pour échapper de toute autre manière à la procédure de faillite, la retarder ou la compliquer;

*b.* Lorsque, après le dépôt d'une demande en déclaration de faillite, il paraît à la Cour qu'il y a lieu de croire que le débiteur est sur le point de disposer de ses biens pour éviter ou retarder la prise de possession du séquestre officiel ou du syndic, ou qu'il est probable qu'il a caché ou est sur le point de cacher ou de détruire quelques-uns de ses biens, ou quelques livres, documents ou écritures qui seraient utiles à ses créanciers pendant le cours de sa faillite;

*c.* Lorsque, après la signification d'une demande en déclaration de faillite ou après une ordonnance de séquestre, il dispose de biens en sa possession pour une valeur excédant 5 livres sterling, sans y être autorisé par le séquestre officiel ou le syndic;

*d.* Lorsque, sans justifier d'un motif légitime, il manque d'assister à un interrogatoire ordonné par la Cour.

Toutefois aucun ordre d'arrestation rendu à la suite d'une sommation de mise en faillite ne sera valable, à moins que le débiteur n'ait reçu la signification de cette sommation soit avant son arrestation, soit au moment où elle a eu lieu.

§ 2. Les dispositions de la présente loi relatives aux avantages frauduleux faits aux créanciers s'appliqueront aux payements faits, aux transactions conclues, aux garanties accordées par un débiteur après son arrestation opérée conformément au présent article.

---

[1] Voir art. 4, p. 5.

Art. 26. Lorsqu'une ordonnance de séquestre a été rendue contre le débiteur, la Cour, sur la demande du séquestre officiel ou du syndic [1], peut de temps à autre ordonner pour un délai n'excédant pas trois mois, que les lettres adressées par la poste au débiteur dans le lieu ou les lieux indiqués seront retournées, envoyées ou délivrées par le Directeur général des postes (*Postmaster general*) ou les employés placés sous ses ordres, au séquestre officiel ou au syndic, ou qu'elles recevront une autre destination déterminée par la Cour. Le Directeur général des postes et les employés placés sous ses ordres devront se conformer à cette décision [2].

Art. 27 [3], § 1. La Cour peut, sur la demande du séquestre officiel ou du syndic [4], à quelque époque que ce soit après que l'ordonnance de séquestre a été rendue, sommer de comparaître le débiteur ou sa femme ou toute autre personne connue pour avoir en sa possession des biens ou des effets appartenant au débiteur, ou soupçonnée d'en avoir, ou supposée être obligée envers lui, ou toute personne que la Cour peut croire apte à donner des informations sur le débiteur, ses affaires ou ses biens, en requérant ces personnes d'avoir à produire tous les documents confiés à leur garde ou se trouvant en leur pouvoir relatifs au débiteur, à ses affaires et à ses biens.

---

[1] La demande ne peut pas être faite par un créancier.

[2] L'article 26 reproduit, avec quelques légères modifications, l'article 85 de la loi de 1869.

D'après cette dernière disposition, le pouvoir dont il s'agit n'appartenait à la Cour qu'après la déclaration de faillite. En outre, la Cour ne pouvait ordonner de ne pas remettre au débiteur les lettres à lui adressées que pour un délai de trois mois. D'après l'article 26 de la loi nouvelle, la Cour peut renouveler indéfiniment son ordonnance, pourvu que ce soit chaque fois pour un délai n'excédant pas trois mois.

[3] Les deux premiers alinéas de l'article 27 sont empruntés à la loi de 1869 (art. 96).

[4] La demande doit être faite par écrit et être motivée (Règlement général, art. 78).

§ 2. Si la personne à laquelle une sommation de cette nature a été adressée, après avoir reçu l'offre d'une indemnité raisonnable, refuse de se présenter au jour fixé ou refuse de produire des documents sans avoir aucun empêchement légal porté à la connaissance de la Cour lors de son audience et jugé suffisant par elle, la Cour peut, par un mandat (*warrant*), ordonner que cette personne soit arrêtée et conduite devant la Cour pour être interrogée.

§ 3. La Cour peut procéder, après prestation de serment, à l'interrogatoire verbal ou par écrit de la personne ainsi amenée devant elle. Les questions posées seront relatives au débiteur, à ses affaires et à ses biens[1].

§ 4. Si une personne, lors de l'interrogatoire auquel la Cour procède, reconnaît qu'elle a une dette envers le débiteur, la Cour peut, sur la demande du séquestre officiel ou du syndic, lui ordonner de payer au séquestre officiel ou au syndic, à l'époque et de la manière que la Cour jugera convenables, la totalité ou une portion de la somme dont cette personne s'est reconnue débitrice. La Cour décidera si cette personne sera libérée par là en tout ou en partie. Elle mettra ou non, selon qu'elle le jugera convenable, les frais de l'interrogatoire à la charge de cette personne [2].

§ 5 [3]. Si une personne, lors de l'interrogatoire auquel procède la Cour, reconnaît avoir en sa possession un bien appartenant au débiteur, la Cour peut, sur la demande du séquestre officiel ou du syndic, ordonner que ce bien ou une partie de ce bien soit délivré à l'un ou l'autre, à l'époque, de la manière et sous les conditions qui lui semblent justes.

§ 6. La Cour peut, si elle le juge convenable, ordonner qu'une personne qui, en Angleterre, pourrait être amenée devant la Cour en

---

vertu du présent article, sera soumise à un interrogatoire en Écosse ou en Irlande ou dans tout autre lieu hors de l'Angleterre [1].

### DE LA DÉCHARGE DU FAILLI.
*(Discharge of Bankrupt [2].)*

ART. 28, § 1. Un failli peut, à toute époque après la déclaration de faillite, demander à la Cour de rendre à son profit une ordonnance de décharge (*order of discharge*). La Cour fixera dans ce cas un jour pour entendre l'exposé de la demande. Cet exposé ne pourra être fait avant la clôture de l'interrogatoire public du failli; il aura lieu en audience publique.

§ 2. La Cour, sur le rapport du séquestre officiel relatif à la conduite et aux affaires du failli, pourra ou accorder [3] ou refuser absolument de rendre une ordonnance de décharge ou suspendre pendant un certain délai l'exécution de cette ordonnance ou la subordonner à certaines conditions relatives aux bénéfices et revenus touchés postérieurement par le failli ou à ses biens acquis postérieurement. La Cour devra refuser la décharge dans tous les cas où le failli aura commis un délit d'après la présente loi, d'après le titre II de la loi de 1869 sur les débiteurs (*Debtors Act*) ou d'après les lois qui l'ont modifiée [4].

---

[1] Voir art. 117 à 119 ci-après. — Cf. art. 75 (loi de 1869).

[2] Cette section renferme de nombreuses modifications apportées à la loi de 1869. Elles ont pour but général soit d'augmenter le contrôle de la Cour saisie de demandes en décharge et d'empêcher la décharge des faillis qui ont commis des actes frauduleux ou sont coupables d'insouciance, soit tout au moins de subordonner leur décharge à des garanties spéciales.

[3] La loi de 1869 (art. 48) exigeait, pour que la décharge pût être accordée, ou que le débiteur eût payé 50 p. 100 de ses dettes ou qu'une délibération extraordinaire de l'assemblée des créanciers reconnût que, si le failli n'avait pas payé ses dettes dans cette proportion, il ne devait pas en être responsable. Aucune de ces deux conditions ne vient plus limiter le pouvoir de la Cour.

[4] Le refus de la décharge est obligatoire pour la Cour dans ces cas; il n'était que facultatif d'après l'article 48 de la loi de 1869. — Voir la traduction du *Debtors Act*, p. 149 et suiv.

Sur la preuve de l'un des faits ci-après mentionnés, la Cour refusera la décharge ou en suspendra l'exécution pour un temps déterminé, ou accordera une ordonnance de décharge soumise à certaines conditions comme il a été dit précédemment.

§ 3. Les faits ci-dessus visés sont les suivants :

*a.* Le défaut par le failli de tenir les livres usités et convenables dans son genre d'affaires, propres à faire connaître ses opérations et sa situation financière, dans les trois ans qui ont précédé la faillite;

*b.* La continuation de son commerce par le failli après qu'il a connu son insolvabilité;

*c.* Le fait par le failli d'avoir contracté une dette admissible à la faillite, sans avoir, lors du contrat, un motif raisonnable ou probable de compter qu'il pourra la payer (la preuve sera à sa charge);

*d.* Le fait par le failli d'avoir causé sa faillite par des spéculations téméraires et hasardeuses ou par une manière de vivre extravagante;

*e.* Le fait par le failli d'avoir occasionné à quelqu'un de ses créanciers des dépenses frustratoires, en se défendant légèrement et dans un esprit de chicane contre une action intentée légitimement contre lui;

*f.* Le fait par le failli d'avoir, dans les trois mois qui ont précédé la date de l'ordonnance de séquestre, alors même qu'il ne pouvait payer ses dettes à mesure de leur échéance, accordé un droit de préférence illégitime à un de ses créanciers;

*g.* Le fait que le failli a déjà précédemment été déclaré en faillite ou a conclu avec ses créanciers un concordat ou un arrangement[1];

[1] D'après le texte primitif de la loi, il fallait que le concordat ou l'arrange-ment fût conclu après une demande en déclaration de faillite. Selon la loi sur les

*h.* Le fait que le failli s'est rendu coupable d'une fraude ou d'un abus de confiance (*fraudulent breach of trust*).

§ 4. Pour l'application des dispositions de cet article le rapport du séquestre officiel fera preuve *prima facie* des faits y énoncés [1].

§ 5. Avis du jour fixé par la Cour pour entendre l'exposé de la demande de décharge sera publié de la manière prescrite et envoyé quinze jours au moins avant la date ainsi fixée à chaque créancier ayant fait la preuve de sa créance. La Cour pourra entendre le séquestre officiel et le syndic ainsi que chaque créancier. Elle pourra poser au débiteur telles questions et recevoir telles preuves qu'elle jugera convenables [2].

§ 6. La Cour peut, à titre de condition mentionnée dans le présent article, exiger du failli qu'il consente à ce qu'un jugement soit obtenu contre lui par le séquestre officiel ou par le syndic pour le montant des dettes admissibles à la faillite non payées à la date de la décharge. Mais, dans ce cas, l'exécution de ce jugement ne pourra pas avoir lieu sans l'autorisation de la Cour. Cette

---

arrangements privés de 1887 (art. 16), l'article 28, § *g*, s'applique même aux arrangements privés, c'est-à-dire aux arrangements conclus avant toute demande en déclaration de faillite avec l'unanimité des créanciers. Voir traduction de la loi de 1887, p. 159 et suiv.

[1] Voir ci-après, art. 48.

[2] Les règles de la procédure à suivre à propos de la demande de décharge se trouvent dans les articles 235 à 244 du Règlement. D'après ces dispositions, le failli qui veut demander sa décharge, doit produire au *registrar* un certificat du séquestre officiel déterminant le nombre de ses créanciers ayant produit ou non à la faillite; vingt-huit jours au moins avant la date fixée pour l'audition de la demande, il doit donner au syndic et au séquestre officiel avis du jour et du lieu fixés pour cette audition. Le séquestre officiel doit envoyer immédiatement une copie de cet avis au *Board of Trade*, pour qu'il soit inséré dans la *Gazette de Londres*, et une copie de cet avis doit être adressée à chaque créancier quinze jours au moins avant la date fixée.

Une expédition de l'ordonnance de décharge ne peut être délivrée et ne doit être insérée dans les journaux qu'après l'expiration du délai d'appel, et, s'il y a appel, après la décision de la Cour d'appel. L'insertion dans la *Gazette de*

autorisation pourra être donnée sur la preuve que le failli a, depuis sa décharge, acquis des biens ou touché des revenus pouvant servir à l'acquittement de ses dettes [1].

§ 7. Un failli ayant obtenu sa décharge doit, malgré elle, prêter au syndic l'assistance qu'il lui réclamera pour la réalisation des biens transmis au syndic et la distribution du prix en provenant. S'il manque à cette obligation, il sera puni comme coupable d'offense envers la Cour. La Cour pourra aussi rétracter l'ordonnance de décharge, mais sans que cela porte atteinte à la validité des ventes, actes de disposition ou payements faits régulièrement après l'ordonnance de décharge et avant sa révocation.

Art. 29. La Cour peut refuser de rendre une ordonnance de décharge, en suspendre l'exécution, la subordonner à certaines conditions ou refuser d'homologuer un concordat ou un arrangement, selon les circonstances, de la même manière que si le débiteur avait commis quelque acte frauduleux, dans chacun des cas suivants :

§ 1. Quand le débiteur a fait en faveur d'un mariage et avant sa célébration [2], une donation alors qu'il n'était pas à ce moment en état de payer toutes ses dettes sans les biens compris dans cette donation;

§ 2. Quand le débiteur a contracté une obligation sous sceau (*covenant*) ou passé un contrat en faveur d'un mariage, obligation

---

*Londres* a lieu par les soins du *Board of Trade*. L'appel peut être formé par le *Board of Trade* ou par le syndic.

Les frais de la demande de décharge ne peuvent être pris par le failli sur l'actif de la faillite.

[1] D'après l'article 244 du Règlement, dans le cas prévu par l'article 28,

§ 6, le failli est tenu de donner de temps à autre au séquestre officiel des renseignements sur les biens nouvellement acquis par lui et de déposer à la Cour un état relatif à ces biens au moins une fois par an.

[2] L'article 47 s'occupe des donations postérieures au mariage.

3.

ou contrat portant dessaisissement à une époque future au profit de sa femme ou de ses enfants, d'argent ou de biens ne lui appartenant pas lors du mariage et n'appartenant pas à sa femme ou ne lui venant pas du chef de celle-ci.

La Cour peut faire usage de ces pouvoirs si le donateur est déclaré en faillite ou conclut soit un concordat, soit un arrangement avec ses créanciers et s'il apparaît à la Cour que l'acte fait par lui avait pour but de frustrer ou d'ajourner ses créanciers ou ne pouvait se justifier à raison de l'état de ses affaires.

Art. 30, § 1. L'ordre de décharge ne libère pas le failli des obligations prises en justice (*recognizances*), ni des dettes au payement desquelles il a été condamné sur les poursuites de la Couronne ou de toute personne pour violation de lois concernant les impôts et revenus publics, ou sur les poursuites du *sheriff* ou d'un autre officier public à raison d'un cautionnement donné pour assurer la représentation en justice d'une personne poursuivie pour la violation d'une de ces lois. Il est toutefois libéré de ces dernières dettes si le Trésor donne son consentement par écrit à la libération.

Un ordre de décharge ne libère pas le failli de dettes dont il est tenu ou d'une responsabilité qu'il a encourue par suite d'un acte frauduleux ou d'un abus de confiance dont il s'est rendu personnellement coupable, ni d'obligations pour lesquelles il a obtenu par fraude des délais de ses créanciers.

§ 2. L'ordre de décharge libérera le failli de toutes les autres dettes susceptibles d'être admises dans la faillite [1].

§ 3. Une ordonnance de décharge est une preuve concluante de la faillite et de la validité de la procédure suivie pour elle. Dans

[1] Voir art. 37 de la loi.

tout procès intenté à raison d'une dette dont cette ordonnance l'a
libéré contre le failli qui a obtenu une ordonnance de décharge,
le failli peut soutenir que la cause de l'action s'est produite avant
sa décharge, invoquer les dispositions de la présente loi et prouver
que sa décharge lui a été accordée.

§ 4. Un ordre de décharge ne libérera pas les personnes qui,
au moment où il a été rendu, étaient associées ou comandataires
du failli, ou étaient obligées conjointement avec lui ou qui
avaient garanti sa dette soit comme caution, soit à un titre quelconque.

Art. 31. Si un failli, qui n'a pas obtenu sa décharge après avoir
été déclaré en faillite conformément à la présente loi, se fait donner un crédit jusqu'à concurrence de 20 livres sterling ou un crédit
supérieur sans déclarer sa situation à celui avec lequel il contracte,
il est coupable d'un délit et peut être puni en vertu de la loi de
1869 sur les débiteurs[1]. Les dispositions de cette dernière loi
s'appliqueront aux poursuites exercées en vertu du présent article.

## TITRE DEUXIÈME.

### DES INCAPACITÉS DU FAILLI.

*(Disqualifications of Bankrupt.)*

Art. 32. Le débiteur déclaré en faillite sera, conformément
aux dispositions de la présente loi, frappé de l'incapacité :

*a.* De siéger ou de voter à la Chambre des Lords, ou dans un
comité de cette chambre, ou, après avoir été élu pair d'Écosse ou
d'Irlande, de siéger et de voter à la Chambre des Lords;

*b.* D'être élu, de siéger ou de voter à la Chambre des communes ou dans un comité de cette chambre;

_________

[1] Art. 16 à 23 du *Debtors Act* et art. 165 à 167. Voir ci-après, p. 149.

*c.* D'être nommé juge de paix (*justice of the peace*) ou d'agir en cette qualité;

*d.* D'être élu ou d'exercer les fonctions de maire, d'*alderman* ou de membre d'un conseil municipal (*councillor*);

*e.* D'être élu aux fonctions ou d'exercer les fonctions de gardien des pauvres, de surveillant des pauvres, de membre d'un conseil sanitaire ou d'un bureau d'école primaire de l'État (*school board*), d'un bureau des grandes routes, d'un bureau de sépulture (*burial board*) ou d'un comité paroissial (*vestry*).

§ 2. Les incapacités qui frappent le failli en vertu du présent article cesseront :

*a.* Quand la déclaration de faillite sera annulée;

*b.* Quand le failli obtiendra de la Cour sa décharge avec un certificat attestant que la faillite est provenue de malheurs inévitables, sans qu'il y ait eu mauvaise conduite de sa part [1].

La Cour peut accorder ou refuser la délivrance de ce certificat selon son gré; mais toute décision la refusant sera sujette à appel.

§ 3. Les incapacités édictées par le présent article s'étendront à tout le Royaume-Uni.

Art. 33, § 1. Si un membre de la Chambre des communes est déclaré en faillite et si les incapacités en résultant en vertu de la présente loi ne cessent pas dans les six mois [2] de la date de la déclaration de la faillite, la Cour, aussitôt après l'expiration de ce délai, donnera communication de la déclaration de faillite au Président de la Chambre des communes. En conséquence, le siège qu'occupait le failli comme membre de cette Chambre sera vacant.

---

[1] L'ordonnance de décharge ne suffit donc pas pour faire cesser les incapacités dont est frappé le failli. Il en était autrement sous l'empire de la loi de 1869.

[2] Le délai fixé par la loi de 1869 (art. 122 et 125) était d'une année,

§ 2. Quand le siège d'un membre de la Chambre des communes devient ainsi vacant, le Président, pendant la prorogation ou l'ajournement de la Chambre, doit, après avoir reçu cette communication, la faire annoncer dans la *Gazette officielle de Londres.* Six jours après cette publication (à moins que la Chambre ne soit réunie avant l'expiration de ce délai, ou doive se réunir), le Président délivrera un mandat prescrivant au *Clerck of the Crown* de rédiger un ordre de convocation des électeurs, à l'effet de choisir un autre membre à la place de celui dont le siège est ainsi devenu vacant.

[§ 3. Ce paragraphe déclare applicable au cas de vacance d'un siège de la Chambre des communes à raison de la faillite d'un membre, les dispositions d'une loi du règne de Georges III (24 Georg. III, ch. xxvi) qui, en cas d'empêchement du Président de la Chambre des communes, charge d'autres membres de cette Chambre de délivrer le mandat de convocation des électeurs.]

Art. 34. Si une personne est déclarée en faillite pendant qu'elle exerce les fonctions de maire, d'*alderman,* de membre d'un conseil municipal, de gardien des pauvres, de surveillant des pauvres ou de membre d'un conseil sanitaire, d'un bureau d'école primaire de l'État, d'un bureau de grandes routes, d'un bureau de sépulture ou d'un comité paroissial, sa place devient vacante.

Art. 35, § 1. Lorsque, dans l'opinion de la Cour, un débiteur n'aurait pas dû être déclaré en faillite, ou lorsqu'il est prouvé à la satisfaction de la Cour que les dettes du failli ont été intégralement payées [1], la Cour peut, sur la demande de toute personne intéressée, annuler la déclaration de faillite [2].

§ 2. Quand une déclaration de faillite est annulée en vertu du

---

[1] Voir art. 36.

[2] Cette disposition ne se trouvait pas dans la loi de 1869; mais les principes généraux l'y faisaient sous-entendre. L'annulation de la déclaration de faillite entraîne celle de l'ordonnance de séquestre. Celle-ci peut, du reste, être spécialement annulée dans les cas prévus à l'article 14 de la loi. — Voir art. 104, p. 92.

présent article, toutes les ventes, actes d'aliénation, payements légitimement opérés et tous les actes faits par le séquestre officiel, le syndic ou une autre personne agissant sous leur autorité, ou par la Cour, seront valables, mais les biens du débiteur failli seront dévolus à la personne que la Cour désignera, ou, à défaut de désignation, au débiteur. La Cour fixera dans ce dernier cas les termes et conditions de ce retour de la propriété.

§ 3. L'avis de l'ordonnance annulant une déclaration de faillite sera immédiatement inséré dans la *Gazette officielle* et publié dans un journal local[1].

Art. 36. Au point de vue de l'application des dispositions du présent titre, toute dette contestée par le débiteur doit être considérée comme payée intégralement lorsque le débiteur et ses cautions admises par la Cour s'obligent, par un acte en due forme, à payer cette dette avec les frais. Toute dette envers un créancier qu'on ne peut pas trouver ou dont l'identité ne peut pas être constatée, doit être considérée comme payée lorsque le débiteur fait le dépôt judiciaire du montant de cette dette.

## TITRE TROISIÈME.

### DE L'ADMINISTRATION DES BIENS DU FAILLI [2].

*(Administration of Property.)*

#### PREUVE DES CRÉANCES.

*(Proof of Debts [3].)*

Art. 37, § 1. Les demandes ayant pour objet des dommages-

---

[1] C'est le *Board of Trade* qui fait faire l'insertion dans la *Gazette officielle* (Règlement, art. 158).

Elle est faite dans un journal local par les soins de celui qui a obtenu l'annulation de la déclaration de faillite.

[2] Les dispositions de ce titre s'appliquent, en tant que la nature des choses et les conventions des parties le permettent, au cas où il y a soit concordat, soit arrangement entre le débiteur et ses créanciers (art. 18, § 13).

[3] Voir l'Annexe II, à la loi (p. 138), qui est consacrée à ce sujet.

intérêts non liquidés dus pour d'autre cause qu'un contrat, une promesse ou un abus de confiance (*breach of trust*) ne sont pas admissibles à la faillite.

§ 2. Une personne ayant connaissance d'un acte susceptible d'entraîner la faillite contre le débiteur ne peut être admise à la faillite pour les dettes ou engagements (*liability*) contractés par le débiteur après la date à laquelle elle a acquis connaissance de cet acte.

§ 3. Sauf les exceptions ci-dessus indiquées, tous engagements et dettes, présents ou futurs, purs et simples ou conditionnels dont le débiteur est tenu au moment où est rendue l'ordonnance de séquestre, ou auxquels il est soumis avant la décharge à raison d'un contrat antérieur à cette ordonnance, sont susceptibles d'être admis dans la faillite.

§ 4. Le syndic doit procéder à une estimation de toutes les dettes ou engagements susceptibles d'être admis dans la faillite, qui, à raison de la condition ou des conditions dont elles dépendent, ou pour toute autre raison, n'ont pas une valeur certaine.

§ 5. Toute personne à laquelle cette estimation cause un préjudice, peut en appeler à la Cour.

§ 6. Si la Cour pense que la dette ou l'engagement ne peut pas être exactement estimé, elle le déclarera et, par suite, la dette ou l'engagement sera considéré comme n'étant pas susceptible d'être admis à la faillite.

§ 7. Si, dans l'opinion de la Cour, la valeur de la dette ou de l'engagement peut être estimée exactement, la Cour peut ordonner qu'elle sera déterminée devant elle sans l'intervention d'un jury et fournir toutes les indications nécessaires dans ce but; la dette ou l'engagement est admissible à la faillite pour le montant ainsi fixé.

§ 8. Le terme engagement (*liability*) doit comprendre, pour l'application de la présente loi, toute rémunération pour ouvrages

ou travaux faits, toute obligation déjà existante ou toute obligation éventuelle, de payer une somme d'argent ou son équivalent
à raison de l'inexécution d'une obligation expresse ou implicite
contractée dans un acte sous sceau (*covenant*), d'un contrat, d'une
convention ou d'un engagement personnel, qu'il y ait ou non inexécution, qu'il soit probable ou non, possible ou non qu'il y ait
inexécution avant la décharge du débiteur. Ce terme comprendra,
en général, toute obligation expresse ou implicite, toute convention ou engagement personnel de payer une somme d'argent ou
son équivalent ou pouvant avoir ce résultat, qu'il s'agisse d'une
somme liquide ou non, due purement et simplement ou à terme
ou sous une ou plusieurs conditions, qu'il soit possible d'en estimer le montant à l'aide de règles précises ou seulement d'une manière approximative.

Aʀt. 38.  Lorsqu'il y a des dettes et des créances réciproques ou
des relations réciproques d'affaires entre le débiteur contre lequel
a été rendue l'ordonnance de séquestre et une autre personne ayant
fait admettre ou demandant à faire admettre une créance à la suite
de cette ordonnance, il doit être fait compte de ce que l'une des
parties doit à l'autre à raison de ces affaires, la somme due à l'une doit
être compensée avec celle due à l'autre. L'excédent (et rien de plus)
peut être réclamé ou payé par l'une ou par l'autre partie. Mais une
personne ne peut réclamer, en vertu de la présente disposition, le
bénéfice de la compensation contre le débiteur, si, au moment où
elle a fait crédit à ce débiteur, elle avait connaissance de quelque
acte susceptible d'entraîner la faillite accompli par lui et dont on
peut se prévaloir à son encontre.

Aʀt. 39.  En ce qui concerne le mode de preuve des créances,
le droit de faire la preuve pour les créanciers jouissant de garanties
et les créanciers chirographaires, l'admission et le rejet des preuves

ainsi que les autres matières formant l'objet de l'Annexe II, les règles y contenues seront observées [1].

Art. 40, § 1. Dans la distribution du prix des biens du failli, seront payés par préférence aux autres créances [2] :

*a.* Toutes les contributions paroissiales ou autres contributions locales dues par le failli à la date de l'ordonnance de séquestre et échues dans les douze mois antérieurs ; les contributions indirectes, impôts foncier et sur le revenu (*assessed taxes, land tax, property or income tax*) qui lui ont été imposés jusqu'au 5 avril précédant la date de l'ordonnance de séquestre et qui ne dépassent pas l'imposition d'une année ;

*b.* Tous les gages ou salaires d'un employé (*clerk*) ou d'un domestique (*servant*) dus à raison de services rendus au failli dans les quatre mois antérieurs à l'ordonnance de séquestre, pourvu qu'ils n'excèdent pas 5o livres [3] ;

*c.* Tous les gages d'un journalier (*labourer*) ou d'un ouvrier n'excédant pas 5o livres payables à temps ou à la pièce, dus à raison de services rendus au failli dans les quatre mois antérieurs à l'ordonnance de séquestre. Toutefois, si un ouvrier agricole est engagé moyennant une somme dont une partie est payable en bloc à la fin de l'année de son engagement, il sera préféré pour tout ou partie de cette somme que la Cour décidera lui être due aux termes du contrat en proportion du temps de ses services jusqu'à la date de l'ordonnance de séquestre [4].

§ 2. Les créances précédentes viendront en concours et seront

---

[1] Voir, p. 138 et suiv., la traduction de l'Annexe II.

[2] L'énumération de l'article 4o n'est pas limitative ; il y a d'autres créances privilégiées. Voir art. 41, 42, 52, § 2, et 125, § 7.

[3] Sous l'empire de la loi de 1869, la limite de 5o livres n'existait pas ; mais le délai était de deux mois seulement.

[4] Cette disposition a été ajoutée à l'article 4o, § 1, c, par une loi du 25 juin 1886 (49 et 5o Vict., ch. xxviii).

payées intégralement, à moins que l'actif du failli ne soit pas suffisant. Dans ce cas, ces créances seront réduites proportionnellement.

§ 3. Dans le cas où il s'agit d'associés, les biens sociaux seront
appliqués en premier lieu au payement de leurs dettes sociales; les
biens de chaque associé le seront en premier lieu au payement de
ses dettes personnelles. S'il reste un excédent sur les biens personnels, il sera joint aux biens sociaux. S'il y a un excédent sur les
biens sociaux, il sera joint à titre de biens personnels aux biens
de chacun en proportion du droit de chaque associé dans les
biens sociaux [1].

§ 4. Sauf les dispositions de la présente loi, toutes les dettes
admises à la faillite seront payées *pari passu* [2].

§ 5. S'il y a un excédent après le payement des dettes précédentes, il sera employé à payer les intérêts des dettes admises à la
faillite à partir de la date de l'ordonnance de séquestre à raison
de 4 p. 100 par an [3].

§ 6. Les dispositions de cet article ne portent en rien atteinte à
l'article 5 de la loi 28 et 29 Vict., chap. LXXXVI, ayant pour objet la
modification de la loi sur les sociétés [4], ni aux dispositions de la
loi de 1875 sur les sociétés de secours mutuels [5].

---

[1] Voir, sur les autres questions concernant le cas de faillite d'un associé,
art. 59 et Annexe I, art. 13.

[2] Il y a pourtant une exception qui
se trouve réservée en vertu de l'article 152
ci-après. D'après la loi du 18 août 1882
(45 et 46 Vict., ch. LXXV), unifiant et
améliorant la législation relative aux
biens des femmes mariées (art. 3), «toute
somme d'argent ou tous autres biens
prêtés ou confiés par la femme à son mari
pour être employés dans un commerce
ou dans un emploi exercé par lui seront
traités, en cas de faillite, comme appartenant à l'actif du mari, sous réserve du
droit de sa femme à une quote-part dans
la répartition, *après* que tous les autres
créanciers à titre onéreux auront été
remplis de leurs droits».

[3] En vertu de l'article 65 ci-après,
s'il reste encore un excédent, il est remis
au failli lui-même.

L'article 40, § 6, concerne les intérêts
dus pour le temps postérieur à l'ordonnance de séquestre. Pour les intérêts dus
pour le temps antérieur, il faut se référer à l'article 20 de l'Annexe II (p. 141).

[4-5] La première loi citée décide que

Art. 41, § 1. Quand, lors de la formation de la demande en déclaration de faillite, une personne est en apprentissage chez le failli, soit comme ouvrier, soit comme employé, la déclaration de faillite, si l'avis en est donné par écrit au syndic par le failli ou l'apprenti ou l'employé, entraîne la dissolution de l'acte d'apprentissage ou des conventions concernant l'employé. Si quelque somme a été payée par l'apprenti ou l'employé ou en son nom au failli à titre de rémunération, le syndic peut, sur la demande de l'apprenti ou de l'employé ou d'une autre personne ou en son nom, rembourser la partie de cette somme qui lui semble raisonnable sur l'actif du failli, sauf appel à la Cour. Il y a lieu de tenir compte de la somme payée au failli et du temps pendant lequel l'apprenti ou l'employé a été à son service avant la déclaration de faillite ainsi que des autres circonstances de l'espèce.

§ 2. Le syndic, si cela lui paraît avantageux, peut, sur la demande faite au failli par l'apprenti ou l'employé ou par une personne agissant au nom de l'apprenti ou de l'employé, au lieu de se prévaloir des dispositions du paragraphe précédent, transmettre à une autre personne le contrat d'apprentissage ou les conventions intervenues entre l'employé ou l'apprenti et le failli.

Art. 42, § 1. Le bailleur ou toute autre personne à qui un loyer est dû par le failli, peut à tout moment, soit avant, soit après le commencement de la faillite, saisir les biens ou effets du failli pour le loyer à lui dû [1]. Toutefois, si la saisie est faite après le commencement de la faillite [2], elle ne produira ses effets que pour le loyer d'une année antérieure à la déclaration de faillite. Mais le propriétaire ou toute autre personne à qui le loyer est dû par le failli, pourra se faire admettre à la faillite pour le surplus.

celui qui prête de l'argent à une société n'est pas un associé. La seconde loi reconnaît un droit de préférence à l'administrateur d'une société de secours mutuels en cas d'insolvabilité d'un employé de cette société.

[1] Dérogation à l'article 9, § 1.

[2] Voir l'article 43.

§ 2. Pour l'application du présent article, l'expression « déclaration de faillite » sera considérée comme comprenant l'ordonnance relative à l'administration des biens d'un débiteur dont les dettes n'excèdent pas 50 livres [1] ou d'une personne morte insolvable [2].

DES BIENS POUVANT SERVIR AU PAYEMENT DES DETTES.

(*Property available for Payment of Debts.*)

ART. 43. La faillite du débiteur, qu'elle soit déclarée sur sa propre demande ou sur celle d'un créancier ou de plusieurs, aura un effet rétroactif, elle sera considérée comme commençant à l'époque à laquelle a été fait l'acte susceptible d'entraîner la faillite qui a donné lieu à l'ordonnance de séquestre [3]. S'il est prouvé que le failli a commis plusieurs actes de cette nature, la faillite sera réputée commencer rétroactivement à l'époque à laquelle a été fait le premier de ces actes dans les trois mois ayant précédé la demande en déclaration de faillite [4]. Mais ni cette demande, ni l'ordonnance de séquestre, ni la déclaration de faillite ne seront nulles à raison de ce qu'un acte susceptible d'entraîner la faillite est antérieur à la créance du créancier demandeur.

ART. 44 [5]. L'actif du failli, partageable entre ses créanciers et qualifié dans la présente loi d'actif du failli (*property of the bankrupt*), ne comprendra pas les biens suivants :

§ 1. Les biens détenus par le failli comme *trustee* d'une autre personne;

§ 2. Les instruments de son commerce (s'il y en a), ses vête-

----

[1] Voir art. 122. — [2] Voir art. 125.

[3] Il faut combiner, avec l'article 43, les articles 45, 46 et 49.

[4] D'après l'article 11 de la loi de 1869, l'effet rétroactif remontait dans le passé à douze mois à partir de la déclaration de faillite.

[5] Reproduction de l'article 15 de la loi de 1869, avec quelques modifications résultant du § 2 de l'article 44.

ments, son lit, ceux de sa femme et de ses enfants, pour une valeur totale n'excédant pas en tout 20 livres [1].

Mais cet actif comprendra les biens suivants :

1. Tous les biens appartenant au failli au commencement de la faillite ou qui peuvent lui être acquis ou dévolus avant sa décharge;

2. Les facultés légales ou les actions concernant des biens que le failli aurait pu exercer à son profit au commencement de la faillite ou avant sa décharge. Est excepté le droit de présentation à un bénéfice ecclésiastique vacant;

3. Tous les biens se trouvant en la possession ou à la disposition du failli dans son commerce ou ses affaires du consentement et de la permission du propriétaire véritable de ces biens dans des circonstances telles que le failli est réputé en avoir la propriété [2]. Toutefois, on ne comprend pas sous le nom de biens dans le sens du présent article les choses incorporelles, sauf les créances du failli se rattachant à ses affaires.

### DES EFFETS DE LA FAILLITE SUR LES ACTES ANTÉRIEURS.

*(Effect of Bankruptcy on antecedent Transactions.)*

ART. 45, § 1. Quand un créancier a pratiqué une saisie sur les biens meubles ou immeubles du débiteur ou a formé une saisie-arrêt sur une de ses créances, il n'a pas le droit de retenir le bénéfice de la saisie à l'encontre du syndic de la faillite du débiteur, à moins qu'il n'ait fait complètement la saisie avant que l'ordonnance de séquestre ait été rendue, et avant qu'il ait eu connaissance soit de la formation d'une demande de déclaration de

---

[1] Cf. art. 122, § 4, ci-après. — [2] Cet article consacre la théorie dite de la propriété présumée (*reputed ownership*) et l'étend même aux non-commerçants. Voir *Introduction*, page XL.

faillite par le débiteur ou contre lui, soit de l'accomplissement par le débiteur d'un acte susceptible d'entraîner la faillite.

§ 2. Au point de vue de la présente loi, la saisie d'un bien mobilier est considérée comme complète quand il y a prise de possession (*seizure*) et vente de celui-ci ; la saisie-arrêt est réputée telle quand il y a payement de la dette ; celle d'un immeuble quand il y a prise de possession (*seizure*) ou, dans le cas où il s'agit d'un droit reconnu en équité (*equitable interest*), quand il y a désignation d'un séquestre.

ART. 46, § 1. Lorsque les biens du débiteur sont l'objet d'une voie d'exécution et qu'avant la vente avis est signifié au shériff qu'une ordonnance de séquestre a été rendue contre le débiteur, le shériff doit, s'il en est requis, délivrer les biens au séquestre officiel ou au syndic. Les frais de la saisie sont supportés sur les biens ainsi délivrés ; le séquestre officiel ou le syndic peut en vendre une partie jusqu'à due concurrence pour satisfaire à cette charge.

§ 2. Lorsque les biens d'un débiteur sont vendus après une saisie pratiquée en vertu d'un jugement pour une somme excédant 20 livres, le shériff doit déduire les frais de saisie du produit de la vente et conserver l'excédent pendant quinze jours. Si, dans ce délai, avis lui est signifié d'une demande en déclaration de faillite formée contre le débiteur ou par lui et si le débiteur est, en conséquence, déclaré en faillite, le shériff doit remettre l'excédent du prix sur les frais au syndic qui peut le retenir même à l'encontre du créancier qui a pratiqué la voie d'exécution. Mais, dans tout autre cas, le shériff doit faire de cet excédent ce qu'il en eût pu faire si la formation d'une demande en déclaration de faillite ne lui avait pas été signifiée.

§ 3. La voie d'exécution pratiquée au moyen de la saisie et de la vente des biens du débiteur n'est pas nulle par cela seul qu'elle constitue un acte susceptible d'entraîner la faillite et celui qui de bonne foi s'est rendu acquéreur lors de la vente faite par le shériff peut dans tout cas opposer son titre au syndic.

Art. 47, § 1[1]. Tous actes d'aliénation qui ne sont pas faits avant le mariage et en sa faveur ou qui n'ont pas lieu au profit d'un acquéreur de bonne foi et pour un équivalent suffisant (*for valuable consideration*), tous actes d'aliénation qui ne sont pas faits au profit de la femme ou des enfants de l'aliénateur et qui ne portent pas sur des biens acquis à l'aliénateur en vertu du mariage comme ayant cause de sa femme, seront annulés à l'encontre du syndic, si l'aliénateur est déclaré en faillite dans les deux ans qui suivent l'acte. Ils le seront aussi dans le cas où l'aliénateur sera déclaré en faillite dans les dix ans de leur date, si les parties intéressées ne peuvent pas prouver que l'aliénateur était, lors de l'acte, en état de payer toutes ses dettes sans les biens compris dans l'acte d'alié-nation et que le droit de l'aliénateur sur le bien aliéné est passé, en exécution de cet acte, au *trustee*.

§ 2. Toute obligation par acte sous sceau (*covenant*) ou contrat fait en faveur du mariage, obligation portant dessaisissement à une époque future au profit de la femme ou des enfants du dispo-sant d'argent ou de biens n'appartenant pas à celui-ci lors du mariage et sur lesquels il n'aurait aucun droit même éventuel à cette date, sera nulle à l'encontre du syndic, si le disposant est déclaré en faillite, avant que la propriété ait été transmise, et s'il ne s'agit pas de biens ou d'argent appartenant à sa femme ou lui revenant de son chef.

§ 3. Le mot aliénation (*settlement*) comprend, pour l'applica-tion du présent article, toute cession ou tout transfert de biens.

---

[1] L'article 47 reproduit l'article 91 de la loi de 1869, avec cette importante différence que l'article 47 s'applique même aux non-commerçants.



IMPRIMERIE NATIONALE.

Art. 48, § 1. Tout acte d'aliénation, toute constitution d'un droit réel, tout payement fait, toute obligation contractée, tout procès intenté par une personne insolvable ou qu'elle a laissé instruire contre elle, en faveur d'un créancier ou d'une personne agissant pour lui, dans le but de donner à ce créancier une préférence sur les autres, sera présumé fait ou intenté ou subi en fraude des créanciers et sera nul à l'égard du syndic, si le débiteur est déclaré en faillite en vertu d'une demande en déclaration de faillite formée dans les trois mois qui suivent la date où il a fait un de ces actes [1].

§ 2. Le présent article ne porte point atteinte aux droits des personnes ayant contracté de bonne foi et pour un juste équivalent avec un créancier du failli [2].

Art. 49 [3]. Sauf ce qui est dit dans les dispositions précédentes de la présente loi relativement à l'effet de la faillite sur les voies d'exécution ou sur la saisie-arrêt et à la nullité de certains actes d'aliénation ou de tous actes ayant pour objet d'avantager certains créanciers en cas de faillite, il n'y a point lieu d'annuler :

*a.* Les payements faits par le failli à un de ses créanciers ;

*b.* Les payements ou délivrances faits au failli ;

*c.* Les aliénations faites par le failli pour un juste équivalent ;

*d.* Les contrats, opérations, transactions faits par le failli ou avec lui moyennant un juste équivalent.

Il en sera ainsi sous la condition :

---

[1] Il y a là une reproduction de l'article 92 de la loi de 1869, avec cette différence que cette loi s'attachait à la date de la déclaration de faillite.

[2] La loi de 1869 (art. 92) protégeait le créancier de bonne foi lui-même ; la loi nouvelle ne s'est préoccupée que de ceux qui ont traité avec un créancier et a protégé ceux-ci, à l'exclusion du premier.

[3] Le but de l'article 49 est de protéger les personnes de bonne foi.

1. Que les payements, délivrances, aliénations, contrats, opérations et transactions, selon les cas, auront eu lieu avant la date de l'ordonnance de séquestre;

2. Que la personne (autre que le débiteur) à qui, par qui ou avec qui le payement, la délivrance, l'aliénation, le contrat, l'opération ou la transaction a été faite, exécutée ou passée, n'avait pas, lorsqu'une de ces opérations a été faite, connaissance d'un acte susceptible d'entraîner la faillite accompli antérieurement.

## DE LA RÉALISATION DES BIENS DU FAILLI.
### (*Realisation of Property.*)

Art. 50, § 1. Le syndic doit, aussitôt que possible, prendre possession des actes sous sceau, livres et documents du failli et de tous ses autres effets susceptibles d'être l'objet d'une délivrance de la main à la main [1].

§ 2. Le syndic, pour acquérir ou retenir la possession des biens du failli, sera dans la même situation qu'un administrateur de ces biens nommé par la Haute Cour, et la Cour pourra, sur sa demande, donner effet aux actes faits en conséquence par lui.

§ 3. Si parmi les biens du failli il y a des valeurs mobilières, des parts de navire, des actions ou tous autres biens pouvant former l'objet d'un transfert sur les registres d'une société, d'une administration ou d'une personne, le syndic peut exercer le droit de transférer la propriété avec la même étendue que le failli l'aurait pu faire s'il n'avait pas été déclaré en faillite.

§ 4. Quand parmi les biens du failli il y a un *copyhold* [2] ou une

---

[1] D'après l'article 349 du règlement fait pour l'exécution de la loi, personne ne peut avoir le droit de retenir les livres à l'encontre du séquestre officiel ou du syndic.

[2] On désigne sous le nom de *copyhold* des terres dépendant d'un manoir; le titre du possesseur consiste dans une copie du registre sur lequel on inscrit toutes les opérations concernant le ma-

tenure coutumière [1] ou d'autres biens analogues dont la transmission suppose une rétrocession (*surrender*) et un envoi en possession (*admittance* [2]), le syndic n'est pas obligé de se faire envoyer en possession, mais il peut appliquer les biens à tous les usages auxquels il les destine, comme s'il pouvait être envoyé en possession et y avait été envoyé, et toute personne déléguée par le syndic sera admise à la possession ou investie de ces biens.

§ 5. Quand les biens du failli comprennent des choses incorporelles (*things in action*), le syndic est considéré comme en ayant été investi [3].

§ 6. Tout caissier ou autre employé, tout banquier ou mandataire du failli doit payer ou délivrer au syndic toutes les espèces ou les valeurs en sa possession ou en son pouvoir qu'il n'est pas autorisé légalement à retenir à l'encontre du failli ou du syndic. Autrement ces personnes sont coupables d'offense envers la Cour et sont punies en conséquence sur la demande du syndic.

Art. 51. Toute personne agissant en vertu d'un ordre de la Cour peut saisir toute portion de l'actif du failli se trouvant en la garde ou possession soit du failli, soit d'une autre personne. Dans

---

noir dont relève le bien. — Voir, sur les *copyhold*, Glasson, *Histoire du droit et des institutions de l'Angleterre*, t. VI, p. 321 et suiv.; E. Lehr, *Éléments de droit civil anglais*, p. 212 et suiv. Voir la note suivante.

[1] On désigne sous le nom de *customary tenure* une espèce spéciale de *copyhold*. Voir les ouvrages cités à la note précédente.

[2] En théorie, le tenancier, dans le *copyhold*, est un tenancier *at will*, c'est-à-dire que sa tenure est révocable au gré du seigneur. En fait, les *copyholders* ont

peu à peu acquis une tenure aussi stable et aussi sûre que celle des francs tenanciers (*freeholders*). Quand un *copyholder* veut aliéner sa terre, il doit la rétrocéder (*surrender*) au seigneur et celui-ci admet l'acquéreur désigné en son lieu et place (*admittance*), puis l'envoie en possession. Anciennement le seigneur pouvait refuser l'envoi en possession (*admittance*); aujourd'hui il l'accorde nécessairement.

[3] Voir art. 57 et 83, sur le pouvoir du syndic d'agir pour le recouvrement des choses incorporelles.

le but de pratiquer cette saisie, cette personne peut faire ouvrir toute maison, construction, appartement du failli où il est réputé se trouver ou avoir placé un de ses biens. Lorsque la Cour estime qu'il y a raison de croire que les biens du failli se trouvent cachés dans une maison ou dans un lieu ne lui appartenant pas, elle peut, si elle le juge convenable, délivrer un ordre de recherche (*search warrant*) à tout constable ou officier de la Cour qui peut l'exécuter conformément à sa teneur.

Art. 52. [Cet article est relatif au cas où le failli est un membre du clergé, titulaire d'un bénéfice ecclésiastique. Il détermine les effets de la faillite quant aux revenus de ce bénéfice.]

Art. 53, § 1. Quand le failli est un officier de l'armée ou de la marine, ou un officier ou fonctionnaire de la Couronne, ou une personne employée à un titre quelconque dans le service civil de la Couronne, le syndic reçoit, pour en faire la répartition entre les créanciers, la portion du traitement ou du salaire que fixera la Cour, sur la demande du syndic et du consentement du chef du département auquel ressortit le failli. Avant de rendre une décision en vertu de la présente disposition, la Cour doit donner au chef de ce département les indications relatives au montant, à l'époque et au mode des payements à faire au syndic et obtenir de lui son consentement par écrit à ces conditions [1] [2].

§ 2. Quand le failli reçoit un salaire ou une rémunération d'une autre espèce ou a droit à une pension ou à une indemnité assurée par le Trésor, la Cour, sur la demande du syndic, peut de temps en temps prendre les décisions qui lui paraissent convenables pour les payements à faire au syndic.

[1] L'article 80 du Règlement prescrit d'adresser au chef du département intéressé, par l'intermédiaire du *registrar*, une copie du projet de décision. Il est sursis à cette décision jusqu'à ce que le consentement par écrit de ce fonctionnaire ait été obtenu.

[2] L'article 53, § 1, revient à une règle consacrée par la loi sur les faillites de 1861 et abandonnée en 1873.

§ 3. Les dispositions du présent article ne suppriment ni ne restreignent le pouvoir du chef d'une administration publique de révoquer le failli et de le déclarer déchu de sa pension[1].

Art. 54, § 1. Jusqu'à la nomination d'un syndic, le séquestre officiel joue le rôle de syndic au point de vue de l'application de la présente loi[2]. Aussitôt après la déclaration de faillite, l'actif du failli passe au syndic[3].

§ 2. Lors de la nomination d'un syndic, l'actif du failli lui est immédiatement transmis.

§ 3. L'actif du failli passe d'un syndic à l'autre; chacun en demeure investi pendant la durée de ses fonctions, sans qu'il soit besoin d'une convention spéciale, d'une cession ou d'un transport de propriété. Sous le nom de syndic il faut comprendre le séquestre officiel quand il remplit les fonctions de syndic.

§ 4. L'acte constatant la nomination du syndic doit, au point de vue de toutes les lois en vigueur dans l'Empire britannique exigeant l'enregistrement ou la transcription des cessions ou transports de propriété, être considéré comme une cession ou un acte de transmission de propriété et il peut être enregistré ou transcrit à ce titre.

Art. 55, § 1. Lorsque parmi les biens du failli se trouvent des fonds de terre ou des tenures grevés de charges, ou des actions ou des parts dans des sociétés, des créances sans valeur ou d'autres

---

[1] D'après l'article 81 du Règlement, le *registrar* doit remettre au syndic une copie de la décision revêtue du sceau de la Cour et le syndic doit la communiquer au chef de l'administration qui a à faire le payement; celui-ci la contresigne.

[2] D'après la loi de 1869 (art. 17), c'était le *registrar* qui remplissait ce rôle avant la nomination du syndic.

Les articles 70, § 1, et 84, § 4, indiquent d'autres cas dans lesquels le séquestre officiel joue le rôle de syndic.

[3] Voir l'article 54, § 2, dernière phrase.

biens qui ne peuvent pas être vendus ou ne peuvent l'être que difficilement à raison de ce que leur possesseur est tenu d'accomplir un acte onéreux ou de payer une somme d'argent, le syndic peut, sous les conditions déterminées par le présent article, dans les trois mois qui suivent la première nomination d'un syndic, renoncer à la propriété (*disclaim the property*) par une déclaration écrite. Il a ce droit, quand même il a cherché à opérer la vente ou a pris possession du bien dont il s'agit ou a fait quelque acte de propriétaire.

Toutefois, si l'existence d'un bien de cette nature ne parvient pas à la connaissance du syndic dans le mois de sa nomination, il peut faire la renonciation dans les deux mois qui suivent le jour où il en a connaissance [1].

§ 2. La renonciation fait cesser, à partir de sa date, les droits et les obligations du failli, les droits et les charges afférents aux biens auxquels elle s'applique; elle libère aussi le syndic de toute obligation personnelle relativement à ces biens à partir de la date à laquelle ces biens lui ont été transmis. Mais la renonciation n'affecte pas les droits ou les obligations d'autres personnes, sauf dans la mesure nécessaire pour libérer le failli, ses biens et le syndic.

§ 3. Le syndic n'a pas le droit de renoncer à une tenure à bail (*lease*) sans l'autorisation de la Cour, sauf dans les cas déterminés par le règlement à rendre pour l'exécution de la présente loi [2]. La

---

[1] La Cour peut prolonger, mais non abréger les délais fixés par la loi. Voir art. 105, § 4.

[2] D'après l'article 320 du règlement fait pour l'exécution de la loi, la renonciation sans l'autorisation de la Cour est admise dans les cas suivants, pourvu que le failli n'ait ni sous-loué ni cédé son droit au bail, ni constitué une hypothèque sur ce droit :

a. Quand le loyer ou la redevance est inférieur à 20 livres sterling ;

b. Quand l'actif est administré conformément aux dispositions de l'article 221 de la loi de 1883 ;

c. Quand le syndic ayant notifié au

Cour, avant d'accorder ou en accordant une autorisation de ce genre, peut exiger que des avis soient donnés aux personnes intéressées, fixer les termes et conditions de son autorisation, édicter des prescriptions spéciales relativement aux meubles placés par le tenancier sur le fonds (*fixtures*), aux améliorations par lui faites et aux autres objets concernant la tenure à bail.

§ 4. Le syndic n'aura plus le droit de renoncer à la propriété d'un bien en vertu des dispositions du présent article quand une personne intéressée l'aura requis par écrit de déclarer s'il veut ou non exercer ce droit et que, dans un délai de vingt-huit jours après la réception de cette demande ou dans le délai plus long fixé par la Cour, le syndic aura refusé ou négligé de répondre. Quand il s'agira d'un contrat, si, après l'expiration de ce délai, le syndic n'a pas déclaré y renoncer, il sera réputé l'avoir accepté.

§ 5. La Cour peut, sur la demande d'une personne ayant droit à l'encontre du syndic au bénéfice d'un contrat conclu avec le failli ou soumise aux charges en dérivant, rendre une décision rescindant le contrat et condamnant, pour la non-exécution du contrat, à tels dommages-intérêts qui lui semblent justes. La créance des dommages-intérêts est admissible à la faillite.

§ 6. La Cour, sur la demande d'une personne qui invoque un droit sur un bien auquel il a été renoncé, ou sur la demande d'une personne dont la créance relative à un bien auquel il a été renoncé n'a pas été déclarée éteinte par la présente loi, peut, après avoir entendu telles personnes qu'elle juge convenable, rendre une ordonnance à l'effet de transmettre ou de délivrer un bien à une personne qui y a droit, ou à laquelle il lui semble juste que ce

---

bailleur son intention de faire une renonciation, celui-ci n'a pas répondu dans la huitaine en donnant avis au syndic qu'il demande que la question soit portée devant la Cour.

bien doit être délivré à titre d'indemnité pour la créance sus-mentionnée, ou encore à un *trustee* en son lieu et place, et dans les conditions que la Cour juge convenables. Lorsqu'une telle ordonnance est rendue, le bien y mentionné passe, conformément aux termes de l'ordonnance, à la personne désignée, sans qu'il soit besoin d'aucun transfert ni cession à cet effet.

Mais la Cour ne peut pas, si le bien auquel il a été renoncé a la nature d'une tenure à bail (*leasehold*), opérer une transmission à une personne invoquant ses droits de sous-locataire (*under-lessee*) ou de créancier hypothécaire (*mortgagee by demise*) du failli, sans soumettre cette personne aux obligations auxquelles, à la date de la présentation de la demande de faillite, le failli était soumis, quant au bien, en vertu du bail. Tout créancier hypothécaire ou sous-locataire qui refuse d'accepter les conditions de l'ordonnance de transmission doit être exclu de tout droit et de toute garantie sur le bien. Lorsque, parmi les personnes agissant contre le failli, il n'y en a aucune qui veuille accepter les conditions de l'ordonnance, la Cour aura la faculté de transmettre le droit du failli sur le bien à une autre personne qui sera obligée, ou personnellement ou comme représentant, seule ou conjointement avec le failli, d'exécuter le contrat du locataire libre et affranchi de tout droit ou charge que le failli aurait pu consentir sur le bien.

§ 7. Toute personne lésée par suite d'une renonciation (*disclaimer*) faite en vertu du présent article, doit être considérée comme créancier de la faillite jusqu'à concurrence des dommages-intérêts auxquels elle a droit; sa créance est admise, en conséquence, à la faillite.

Art. 56. Sous les conditions fixées par la présente loi, le syndic peut faire tous les actes suivants ou quelques-uns d'eux :

1. Vendre tout ou partie des biens du failli (y compris le fonds

de commerce du failli, s'il y a lieu, et les créances du failli échues ou à échoir), aux enchères ou à l'amiable, à une personne ou à une société, en totalité ou en partie [1];

2. Donner quittance de toute somme reçue par lui. Cette quittance déchargera celui qui aura payé de toute responsabilité quant à l'emploi de la somme payée;

3. Établir toutes les créances du failli, les faire colloquer, réclamer et toucher des dividendes pour toutes les créances du failli;

4. Exercer tous les pouvoirs conférés par la présente loi au syndic, signer toute procuration, acte sous sceau et autre acte dans le but d'appliquer les dispositions de la présente loi;

5. Agir, relativement aux biens à l'égard desquels le failli a la qualité de *tenant in tail* (grevé de substitution), comme l'aurait pu faire le failli lui-même et les articles 56 à 73, 3 et 4 Guillaume IV, chapitre LXXIV, sont applicables en matière de faillite comme si ces dispositions étaient reproduites dans cette loi et déclarées formellement applicables.

Art. 57. Le syndic peut faire, avec l'autorisation du comité de surveillance (*committee of inspection*) tous les actes suivants ou quelques-uns d'eux [2]:

1. Continuer les affaires du failli autant que cela peut être nécessaire pour une liquidation avantageuse [3];

[1] Il ne paraît s'agir ici que de ventes au comptant (*ready-money sales*), car il est parlé des ventes à crédit dans l'article 57, § 4.

[2] La loi nouvelle restreint les pouvoirs du syndic et étend, par cela même, ceux du comité de surveillance. Ainsi, d'après la loi de 1869 (art. 27), l'autorisation du comité de surveillance n'était pas requise pour les actes indiqués dans l'article 57, § 1, 2 et 4.

D'après l'article 22, § 9, de la loi nouvelle, le *Board of Trade*, quand un comité de surveillance n'a pas été nommé, en remplit les fonctions. D'après l'article 337 du Règlement, le *Board of Trade* est représenté à cet égard par le séquestre officiel (*official receiver*).

[3] L'article 308 du Règlement est relatif au cas où le syndic a été autorisé à continuer les affaires du failli. Il est ainsi conçu : « Quand le syndic

2. Intenter toute action ou introduire toute procédure légale concernant l'actif du failli ou y défendre [1];

3. Recourir à un *solicitor* ou à un autre agent pour suivre toute procédure ou faire toute opération autorisée par le comité de surveillance [2];

4. Accepter à titre d'équivalent d'un bien du failli vendu une somme d'argent payable à terme, sous les conditions à apprécier par le comité de surveillance, notamment en ce qui concerne les garanties à fournir par l'acheteur [3];

5. Hypothéquer (*mortgage*) ou engager (*pledge*) une partie des biens du failli, afin de se procurer l'argent nécessaire au payement de ses dettes;

6. Remettre le jugement de toute contestation à des arbitres, transiger sur toutes dettes, réclamations, obligations échues ou à terme, certaines ou conditionnelles, liquides ou non liquides, existantes ou dont l'existence est supposée entre le failli et toute personne obligée envers lui, contre les sommes dont le montant et l'échéance sont fixés par la convention;

7. Faire toute transaction ou conclure tout arrangement paraissant avantageux avec des créanciers ou des personnes prétendant être créanciers, relativement à des créances admissibles à la faillite;

8. Faire toute transaction ou conclure tout arrangement pa-

---

continue les affaires du failli, il doit tenir un compte distinct pour elles, et porter chaque semaine, sur le livre de caisse, le montant des recettes et des dépenses y afférentes. — Le compte de ces affaires doit, au moins une fois par mois, être vérifié par un *affidavit*. Le compte doit être soumis par le syndic au comité de surveillance, s'il y en a un, ou à un membre de ce comité désigné par lui à cet effet, qui l'examine et le certifie. »

Le Règlement général contient, dans les articles 286 à 288, des dispositions sur le livre de caisse à tenir.

[1] Voir art. 83 et 91.

[2] Voir art. 73, S 3.

[3] Voir, pour les ventes au comptant, art. 56, S 1.

raissant avantageux relativement à des réclamations concernant les biens du failli formées par le syndic ou contre lui;

9. Partager en nature entre les créanciers, d'après leur valeur estimative, tous les biens qui, à raison soit de leur nature spéciale, soit d'autres circonstances particulières, ne peuvent pas être vendus promptement et avantageusement [1].

L'autorisation donnée dans les buts indiqués par le présent article ne doit pas être une autorisation générale (*general permission*) de faire tous les actes ou quelques-uns des actes ci-dessus mentionnés, mais être une autorisation de faire tel acte spécial ou tels actes spéciaux pour lesquels l'autorisation est requise dans tel ou tel cas déterminé [2].

### DE LA DISTRIBUTION DE L'ACTIF.
*(Distribution of Property.)*

Art. 58, § 1. Après avoir opéré la déduction des sommes nécessaires pour acquitter les frais d'administration et autres, le syndic devra, avec toute la célérité convenable, fixer et distribuer les dividendes entre les créanciers ayant fait la preuve de leurs créances [3].

§ 2. Le premier dividende, s'il y en a un, sera fixé et distribué dans les quatre mois après la première assemblée des créanciers, à moins que le syndic ne prouve au comité de surveillance qu'il y a une raison suffisante pour remettre la distribution à une date ultérieure [4].

---

[1] Il faut ajouter à cette énumération la disposition de l'article 64.

[2] L'article 27 de la loi de 1869 déclarait expressément, au contraire, que l'autorisation pouvait être générale, c'est-à-dire s'appliquer à tous les actes ou à quelques-uns des actes pour lesquels le syndic devait être autorisé.

[3-4] L'article 41 de la loi de 1869 se bornait à décider que le syndic devait déclarer la distribution d'un dividende aux époques fixées par le comité de surveillance, et que, s'il n'en déclarait pas dans les six mois, il devait convoquer une assemblée de créanciers et expliquer la raison du retard. On a trouvé ces dispositions insuffisantes.

Les articles 232 à 234 du Règle-

§ 3. Les dividendes suivants, à défaut de suffisantes raisons du contraire, seront fixés et distribués à des intervalles ne dépassant pas six mois.

§ 4. Avant de fixer un dividende, le syndic doit faire insérer un avis indiquant son intention dans la *Gazette de Londres* et avertir individuellement chaque créancier qui, mentionné au bilan, n'a pas fait preuve de sa créance.

§ 5. Lorsque le syndic a déclaré qu'il y a lieu à distribution d'un dividende, il doit adresser à chaque créancier qui a établi sa créance, un avis indiquant le montant de ce dividende, l'époque

ment contiennent les dispositions suivantes sur les dividendes : Deux mois au plus avant la fixation d'un dividende, le syndic doit donner un avis de son intention au *Board of Trade* (pour que cet avis soit inséré immédiatement dans la *Gazette de Londres*) et aux créanciers mentionnés dans le bilan et qui n'ont pas encore produit. Cet avis doit indiquer la date extrême jusqu'à laquelle ils peuvent encore produire. Ils doivent avoir au moins quinze jours pour le faire, à compter de la date de cet avis. Le syndic doit, aussitôt après l'expiration de ce délai, examiner les titres et admettre ou rejeter par écrit la créance, puis en donner avis au créancier intéressé. La décision du syndic rejetant une production est soumise à l'appel. Cet appel doit être formé et avis doit en être donné au syndic dans les huit jours de la décision attaquée. Le syndic doit conserver de quoi payer la créance et les frais probables de l'appel pour le cas d'admission de la créance. Le délai de huit jours peut être pro-

longé par la Cour. A défaut de formation de l'appel dans le délai, le syndic doit exclure la créance rejetée de toute participation à la distribution des dividendes. Aussitôt après l'expiration du délai donné pour interjeter appel de la décision du syndic, celui-ci doit fixer le dividende; il en donne avis au *Board of Trade* (afin qu'une insertion soit faite dans la *Gazette de Londres*) et à chaque créancier dont la production a été admise avec un état indiquant la situation de l'actif du failli. Toute lettre de change, tout billet à ordre ou tout autre effet négociable doit être présenté au syndic avant le payement d'un dividende; le montant de la somme payée doit être inscrit au dos de l'effet. Du reste, la Cour peut dispenser de la représentation d'un effet de commerce. Il en est spécialement ainsi lorsqu'il a été perdu (voir l'article 70 de la loi de 1882 sur les lettres de change). Le montant du dividende peut, sur la demande d'un créancier, lui être transmis par la poste à ses risques.

et le mode du payement ainsi qu'un état dressé en la forme prescrite constatant la situation de l'actif.

Art. 59, § 1. Lorsqu'un associé est déclaré en faillite, le créancier envers lequel le failli est obligé avec les autres associés ou quelques-uns d'eux, ne peut recevoir un dividende sur les biens personnels du failli jusqu'à ce que les créanciers personnels aient reçu le montant intégral de leurs créances respectives [1].

§ 2. Quand l'administration du syndic s'applique à la fois à des biens communs et aux biens personnels d'un associé, les distributions de dividendes afférentes à l'une et à l'autre masses doivent être déclarées ensemble, à moins que le contraire ne soit ordonné par la Cour sur la demande d'une personne intéressée. Les frais concernant ces distributions de dividendes doivent être répartis proportionnellement entre les deux masses, en tenant compte de ce qui a été fait pour chacune d'elles et du bénéfice recueilli par chacune.

Art. 60. Pour calculer et distribuer un dividende, le syndic doit tenir compte de l'existence de créances admissibles à la faillite constatées par les déclarations du failli ou autrement appartenant à des personnes dont la résidence est si éloignée du lieu où le syndic exerce ses fonctions que, d'après l'état ordinaire des communications, elles n'ont pas eu le temps suffisant pour présenter leurs preuves ou pour établir l'existence de leurs créances, si elle est contestée. Il en sera de même pour les créances admissibles à la faillite formant l'objet de réclamations dont le montant n'est pas encore déterminé. Le syndic doit aussi tenir compte des réclama-

---

[1] Voir art. 40, § 3, de la loi; art. 13 de l'Annexe I. — D'après l'article 128 du Règlement, si les biens communs ne suffisent pas à payer les frais, le séquestre officiel ou le syndic peut les faire payer, dans la proportion qu'il détermine, sur les biens personnels des associés et à l'inverse.

tions pendantes et des frais nécessaires soit pour l'administration de la faillite, soit pour tout autre objet.

Sous les restrictions précédentes, le syndic doit distribuer à titre de dividende toutes les sommes disponibles se trouvant entre ses mains.

Art. 61. Tout créancier, qui n'a pas prouvé sa créance avant la fixation d'un ou plusieurs dividendes, aura le droit de se faire payer sur les espèces se trouvant entre les mains du syndic, le dividende ou les dividendes qu'il a manqué de recevoir avant que ces espèces servent à payer de nouveaux dividendes; mais il ne pourra critiquer la distribution de dividendes fixés avant qu'il ait été admis à la faillite sous le prétexte qu'il n'y a pas participé.

Art. 62. Quand tous les biens du failli ou, tout au moins, les biens que, dans l'opinion commune du syndic et dans celle du comité de surveillance[1], l'on peut réaliser sans prolonger inutilement la durée des fonctions du syndic, auront été vendus, le syndic annoncera la distribution d'un dernier dividende. Mais avant de le faire, il donnera avis de la manière prescrite aux personnes prétendant être créanciers et dont les réclamations lui ont été notifiées et n'ont pas été justifiées à la satisfaction du syndic, que, si elles n'établissent pas leurs prétentions devant la Cour dans un délai déterminé par l'avis, il procédera à la distribution d'un dernier dividende, sans avoir égard à leurs réclamations. Après l'expiration du délai ainsi fixé, ou si la Cour, sur la demande du réclamant, lui accorde un supplément de délai, après l'expiration de ce délai supplémentaire, l'actif du failli sera réparti entre les créanciers qui auront prouvé leurs créances, sans avoir égard aux réclamations des autres personnes.

[1] A défaut de comité de surveillance, le *Board of Trade* paraît devoir en prendre la place. Voir art. 22, § 9, de la loi.

Art. 63. Aucune action ne peut être intentée contre le syndic en payement de dividende. Mais, si le syndic refuse de payer un dividende, la Cour peut, lorsqu'elle le juge convenable, lui ordonner de le payer et même de payer de son propre argent les intérêts de ce dividende pendant le temps où il l'a retenu et de rembourser les frais de la demande.

Art. 64, § 1. Le syndic, avec l'autorisation du comité de surveillance, peut charger le failli soit de surveiller l'administration de ses biens ou d'une partie de ses biens, soit de continuer son commerce au profit de ses créanciers et à tous autres égards de l'aider dans l'administration de l'actif de la manière et dans les termes fixés par le syndic.

§ 2. Le syndic peut, de temps en temps, avec la permission du comité de surveillance, faire au failli des allocations sur son actif pour son entretien et pour celui de sa famille ou à raison des services qu'il rend en liquidant ses affaires. Ces allocations peuvent être réduites par la Cour [1].

Art. 65. Le failli aura droit à l'excédent restant après le payement intégral [2] de ses créanciers en capital et intérêts [3], conformément aux dispositions de la présente loi et après l'acquittement des frais, charges et dépenses des procédures.

## TITRE QUATRIÈME.

DES SÉQUESTRES OFFICIELS ET DES FONCTIONNAIRES DU *BOARD OF TRADE*.

(*Official Receiver and Staff of Board of Trade.*)

Art. 66, § 1. Le *Board of Trade* pourra, à toute époque après

[1] L'article 3a5 du Règlement consacre des principes semblables pour le temps intermédiaire entre la nomination du séquestre et la déclaration de faillite.

[2] Cf. art. 36.

[3] Voir ci-dessus art. 4o, § 5.

la mise en vigueur de la présente loi et de temps à autre, nommer des personnes chargées d'être séquestres officiels (*official receivers*) des biens des débiteurs. Ces séquestres agiront sous l'autorité et la direction du *Board of Trade;* mais ils seront aussi fonctionnaires de la cour à laquelle ils seront respectivement attachés [1].

§ 2. Le nombre des séquestres officiels à nommer et le ressort qui leur sera assigné seront fixés par le *Board of Trade* d'accord avec la Trésorerie (*Treasury*). Un seul séquestre officiel sera nommé pour chaque ressort, à moins que le *Board of Trade*, d'accord avec la Trésorerie, n'en ait autrement disposé; mais une même personne pourra avec le consentement de la Trésorerie être nommée aux fonctions de séquestre officiel pour plus d'un district.

§ 3. Quand il y aura plus d'un séquestre officiel attaché à la Cour, celui des séquestres désigné par la Cour pour une faillite remplira les fonctions pour tous les actes de cette faillite. La Cour répartira de la manière prescrite [2] les fonctions de séquestre officiel des différentes faillites entre les différents séquestres.

Aᴿᴛ. 67, § 1. Le *Board of Trade* a la faculté de décider de temps à autre que certains de ses fonctionnaires pourront remplacer le séquestre officiel durant quelque vacance temporaire ou pendant l'absence temporaire d'un séquestre officiel causée par la maladie ou par un autre motif.

---

[1] Avis de la nomination d'un séquestre officiel doit être donné à la Cour (art. 321, Règlement). Le *Board of Trade* peut révoquer les séquestres officiels. Avis de la révocation est donné au *registrar* de la cour à laquelle le séquestre était attaché. Lorsqu'une révocation a lieu, lorsqu'un séquestre officiel meurt ou résigne ses fonctions, tous ses droits et pouvoirs passent de plein droit au nouveau séquestre officiel institué par le *Board of Trade* (art. 322, Règlement). — Voir, sur la rémunération due au séquestre officiel, l'article 128 de la loi.

[2] D'après l'article 323 du Règlement, les séquestres officiels sont appelés à remplir leurs fonctions à tour de rôle, dans l'ordre alphabétique de leurs noms. La Cour peut déroger à cette règle.

Il peut être nommé un suppléant ou adjoint aux séquestres (*assistant receiver*) (art. 329, Règlement).



IMPRIMERIE NATIONALE.

§ 2. Le *Board of Trade* peut, sur la demande d'un séquestre officiel, à toute époque, désigner une personne apte à remplir ces fonctions pour remplacer le séquestre et pour agir à sa place pendant un délai de deux mois au plus. Les conditions de cette délégation et le montant de la rémunération à payer au délégué seront fixés, comme il sera prescrit [1].

Art. 68, § 1. Les obligations du séquestre officiel seront relatives à la fois à la conduite personnelle du débiteur et à l'administration de ses biens [2].

§ 2. Un séquestre officiel peut, à l'occasion des *affidavit*, des demandes et autres procédures introduites en vertu de la présente loi, recevoir des prestations de serment (*administer oaths*) [3].

§ 3. Toutes les expressions se référant au syndic, à moins que le contraire ne résulte d'un texte légal, comprennent le séquestre officiel agissant comme syndic.

§ 4. Le syndic fournira au séquestre officiel telles informations, lui donnera telles facilités pour examiner les livres du failli et ses actes et généralement lui donnera telle aide qu'il sera utile pour le mettre à même de remplir les obligations que la présente loi impose au séquestre officiel [4].

Art. 69. En ce qui concerne la personne du débiteur, les obligations du séquestre officiel sont les suivantes :

[1] D'après l'article 321 du Règlement, avis de la délégation est donné par lettre à la Cour; la lettre indique sa durée. Le délégué a tous les droits et pouvoirs du séquestre officiel et est tenu des mêmes obligations. L'article 328 du Règlement dispose que le *Board of Trade* détermine quels sont les actes que le séquestre officiel doit faire en personne et ceux qui peuvent être faits par ses clercs ou par d'autres personnes à son service.

[2] Les fonctions du séquestre officiel ont de l'analogie avec celles du juge-commissaire du Code de commerce français.

[3] Voir art. 168 sur le sens du mot anglais *oath*, dans cette loi.

[4] Le *Board of Trade* peut révoquer un syndic (art. 86, § 2, de la loi). Le séquestre officiel peut demander à la Cour d'ordonner au syndic de faire ce dont il est requis. Voir art. 102, § 5.

§ 1. Il examinera la conduite du débiteur et fera à la Cour un rapport sur le point de savoir s'il y a raison de croire que le débiteur a commis un délit tombant sous le coup de la loi de 1869 sur les débiteurs (*Debtors Act*) ou d'une loi la modifiant, ou de la présente loi, ou un délit autorisant la Cour à refuser, à suspendre ou à subordonner à des conditions spéciales l'ordre de décharge[1].

§ 2. Il fera sur la conduite du débiteur tels autres rapports que le *Board of Trade* ordonnera.

§ 3. Il prendra telle part qu'ordonnera le *Board of Trade* à l'interrogatoire public du débiteur.

§ 4. Il prendra telle part qu'ordonnera le *Board of Trade* et donnera son aide à la poursuite de tout débiteur ayant commis un acte frauduleux[2].

Art. 70, § 1. En ce qui concerne les biens du débiteur, les obligations du séquestre officiel seront les suivantes :

*a.* En attendant la nomination d'un syndic, il agira comme séquestre provisoire de l'actif du débiteur et, à défaut d'administrateur spécial (*special manager*), il en remplira les fonctions[3];

*b.* Il autorisera l'administrateur spécial (*special manager*) à emprunter ou à faire des avances, quand cela paraîtra nécessaire dans l'intérêt des créanciers;

*c.* Il convoquera et présidera la première assemblée des créanciers[4];

---

[1] L'article 324 du Règlement contient les dispositions suivantes : Aussitôt que le séquestre officiel reçoit avis de sa désignation pour le patrimoine d'un débiteur, il doit remettre à ce débiteur une copie des instructions relatives à la confection de son bilan. Le séquestre officiel ou une personne déléguée par lui doit avoir une entrevue avec le débiteur, dans le but d'examiner ses affaires et de déterminer si ses biens doivent être administrés conformément à l'article 121 de la présente loi. (Voir p. 99.) Le débiteur est tenu d'être présent dans les lieux et aux époques fixés par le séquestre officiel. Voir art. 24, § 2, et art. 102, § 5, de la loi.

[2] Voir art. 164 de la loi.

[3] Voir art. 12 de la loi.

[4] Voir Annexe I, art. 2 (p. 133).

*d.* Il délivrera des formules de procuration pour les assemblées des créanciers [1];

*e.* Il fera un rapport à l'assemblée des créanciers sur les propositions du débiteur relatives au mode de liquidation de ses affaires;

*f.* Il publiera l'ordonnance de séquestre, donnera avis de la date de la première assemblée des créanciers, de la date de l'interrogatoire public du débiteur et fera toutes les autres publications nécessaires;

*g.* Il agira comme syndic quand une vacance se produira [2].

§ 2. Au point de vue de ses obligations comme administrateur provisoire ou spécial, le séquestre officiel aura les mêmes pouvoirs que s'il était un administrateur nommé par la Haute Cour. Mais il doit, autant que possible, consulter les désirs des créanciers quant à l'administration de l'actif du débiteur. Dans ce but, il peut, s'il le trouve bon, convoquer des assemblées de créanciers et doit, à moins que le *Board of Trade* n'en ordonne autrement, faire les dépenses dans les limites de ce qui est nécessaire pour conserver les biens du débiteur ou pour vendre les choses sujettes à détérioration [3].

Si le débiteur ne peut dresser lui-même son bilan, le séquestre officiel peut, sous les conditions prescrites et aux frais de l'actif de la faillite, employer une ou plusieurs personnes pour l'aider à dresser le bilan [4].

§ 3. Tout séquestre officiel rendra compte au *Board of Trade*, payera toutes sommes et agira à l'égard des valeurs mobilières (*securities*) de la manière que prescrira de temps à autre le *Board of Trade* [5].

---

[1] Voir Annexe I, art. 16 (p. 136).

[2] Voir art. 54 et art. 82, § 4, de la loi.

[3] Le séquestre officiel ne doit pas faire de dépenses sans l'ordre formel du *Board of Trade*, quand le débiteur n'a pas de biens pouvant servir au payement de ses dettes.

[4] Le séquestre officiel doit en donner immédiatement avis au *Board of Trade*, en lui indiquant la rémunération allouée à ces personnes.

[5] Quand un concordat ou un arrangement est admis par les créanciers et approuvé par la Cour, le séquestre officiel

Art. 71. Le *Board of Trade* pourra à tout moment, après la mise en vigueur de la présente loi, et de temps à autre, sous l'approbation de la Trésorerie, nommer des fonctionnaires supplémentaires à côté des séquestres officiels, des employés et serviteurs, en tant que cela sera utile pour l'exécution de la loi. Il pourra aussi révoquer les personnes ainsi nommées [1].

## TITRE CINQUIÈME.

### DES SYNDICS [2].

(*Trustees in Bankruptcy.*)

---

#### DE LA RÉMUNÉRATION DU SYNDIC.
(*Remuneration of Trustee.*)

Art. 72, § 1. Si les créanciers nomment un syndic, ils fixent son salaire par une délibération ordinaire, à moins qu'ils n'en laissent la fixation au comité de surveillance. Ce salaire consiste dans une commission ou un tant pour cent (*percentage*). Une portion de ce salaire est payable sur le montant du prix des biens vendus, après déduction des sommes payées aux créanciers garantis sur le produit des biens qui leur sont affectés. Une autre portion de ce salaire est payable sur le montant des sommes distribuées à titre de dividende [3].

§ 2. Si un quart en nombre ou en sommes des créanciers est

---

rend compte au débiteur ou au liquidateur, s'il en est nommé un. Si le débiteur est déclaré en faillite, le compte du séquestre est rendu au syndic. Lorsque le débiteur ou le failli n'est pas satisfait du compte, il en réfère au *Board of Trade.*

[1] Voir, sur la rémunération de ces fonctionnaires, l'article 128 de la loi.

En exécution de l'article 71, il a été créé une Direction des faillites (*Bank-*

*ruptcy department*) au *Board of Trade.* Les bureaux se trouvent dans la *Great George street Westminster.* Le chef de cette direction est l'*Inspector general in Bankruptcy.*

[2] En vertu de l'article 18, § 12, les dispositions de ce titre s'appliquent aux administrateurs quand il y a un concordat ou un arrangement.

[3] D'après l'article 305 du Règlement, la décision de l'assemblée des créanciers

d'un avis opposé à la délibération ou si le failli démontre au *Board of Trade* que le salaire est excessif, le *Board of Trade* en fixera le montant.

§ 3. La délibération déterminera quelles dépenses seront payées sur la rémunération du syndic; l'actif du failli ne supportera aucune de ces dépenses, dont le payement ne sera pas dû non plus par les créanciers.

§ 4. Si les créanciers ne fixent point la rémunération des syndics, ceux-ci peuvent prélever sur l'actif de la faillite tous les frais et dépenses relatifs à la procédure de la faillite, dans la mesure fixée par le fonctionnaire chargé de la taxe.

§ 5. Le syndic ne doit dans aucun cas accepter du failli ou d'un *solicitor*, commissaire-priseur ou autre personne employée dans la faillite, un don, un salaire, ou autre rémunération ou avantage en sus du salaire fixé par l'assemblée des créanciers et payable sur l'actif. Il ne doit pas renoncer à une portion quelconque du salaire qu'il a reçu comme séquestre, administrateur spécial ou syndic, au profit du failli, d'un *solicitor* ou d'une autre personne employée dans la faillite [1].

**DES FRAIS.**

(*Costs.*)

ART. 73, § 1. Si le syndic ou un administrateur spécial reçoit à ce titre un salaire pour ses services, rien ne lui sera alloué dans son compte pour les actes accomplis par d'autres personnes et ren-

---

ou du comité de surveillance doit faire nécessairement la distinction entre le droit dû au syndic sur le prix des biens vendus et le droit dû au syndic sur les dividendes distribués. Ces deux droits peuvent ne pas être de la même quotité; le Règlement de 1883 (art. 224) avait décidé le contraire.

[1] Cette disposition a pour but de faire disparaître les graves abus qui se sont produits sous l'empire de la loi de 1869. Il n'y a pas de peine spéciale frappant le syndic qui y contrevient, mais il peut être révoqué par l'assemblée des créanciers ou par le *Board of Trade*, conformément aux articles 86, 89, 90 et 91.

trant dans ses obligations ordinaires d'après la présente loi ou d'après le règlement fait pour son exécution.

§ 2. Si le syndic est un *solicitor*, il peut convenir que la rémunération qui lui est payée comme syndic s'appliquera à tous les services qu'il rendra dans l'exercice de sa profession [1].

§ 3. Toute note de frais et tout compte des *solicitors*, des administrateurs, des commissaires-priseurs, des courtiers et des autres personnes qui ne sont pas syndics, doivent être taxés par le fonctionnaire désigné. Aucun payement y afférent ne doit être admis dans les comptes du syndic, sans qu'il soit prouvé que la taxe a été opérée. Avant d'approuver les notes de frais et les comptes, le fonctionnaire taxateur devra examiner si le recours à ces *solicitors* ou à ces autres personnes a bien été autorisé pour les affaires spéciales auxquelles les comptes sont relatifs [2].

§ 4. Chacune de ces personnes, sur la requête des syndics (qui leur est adressée un temps suffisant avant la fixation d'un dividende), remettra les notes de frais et les comptes au fonctionnaire taxateur. Si cette remise n'est pas faite dans les huit jours après la réception de la requête, ou dans le délai plus long fixé par la Cour, le syndic fixera le dividende et le distribuera, sans tenir compte des réclamations qui seront frappées de déchéance aussi bien contre le syndic personnellement que contre l'actif de la faillite [3].

RECETTES, PAYEMENTS, COMPTES, VÉRIFICATION DES COMPTES.

(*Receipts, Payments, Accounts, Audit.*)

Art. 74, § 1. Un compte, désigné sous le nom de compte des faillites (*bankruptcy estates account*) sera ouvert au *Board of Trade*

---

[1] Voir, pour l'emploi d'un *solicitor*, l'article 57 de la loi.

[2] Le *Board of Trade* a arrêté une sorte de tarif de frais (*scale of costs*). Lorsque l'actif n'excède pas 300 livres sterling, les frais sont réduits; ils ne sont que des trois quarts des frais ordinaires.

[3] Voir art. 112 et suiv. du règlement fait pour l'exécution de la loi.

par la Banque d'Angleterre et toute somme reçue par le *Board of Trade* à l'occasion de faillites régies par la présente loi, sera portée à ce compte.

§ 2. Le compte du Trésorier des faillites (*Accountant in bankruptcy*) à la Banque d'Angleterre sera transféré au compte des faillites [1].

§ 3. Tout syndic devra, de la manière et aux époques fixées par le *Board of Trade* d'accord avec la Trésorerie, payer les sommes reçues par lui au compte des faillites à la Banque d'Angleterre. Le *Board of Trade* lui délivrera une quittance pour les sommes ainsi payées.

§ 4. S'il paraît au comité de surveillance que, soit pour continuer les affaires du failli, soit pour obtenir des avances, soit à raison du solde probable en espèces, soit pour toute autre cause démontrée au *Board of Trade*, il serait avantageux pour les créanciers que le syndic eût un compte avec une banque locale, le *Board of Trade*, sur la demande du comité de surveillance, autorisera le syndic à se faire ouvrir un compte à une banque locale désignée par ce comité.

Ce compte doit être ouvert et tenu par le syndic au nom de la faillite. Tous intérêts produits par ce compte doivent être considérés comme une partie de l'actif du failli.

Le syndic doit faire les payements et les recettes par l'intermédiaire de cette banque dans les formes prescrites [2].

§ 5. Sous la réserve des dispositions du Règlement général relatives aux petites faillites régies par le titre VII de la présente loi, lorsqu'un débiteur a, à la date de l'ordonnance de séquestre,

---

[1] Voir art. 153.

[2] D'après l'article 340 du Règlement, le syndic doit faire porter immédiatement, au crédit de ce compte, les sommes qu'il reçoit. Quant aux payements, ils doivent être faits au moyen de chèques à ordre portant le nom de la faillite et signés du syndic ainsi que d'une personne désignée à cet effet par le comité de surveillance.

un compte dans une banque, ce compte ne doit être supprimé qu'après l'expiration d'un délai de huit jours depuis le jour fixé pour la première assemblée des créanciers, à moins que le *Board of Trade,* par mesure de sûreté ou pour toute autre cause suffisante, n'ordonne la suppression de ce compte[1].

§ 6. Si un syndic retient pendant plus de dix jours une somme dépassant 5o livres ou celle que le *Board of Trade* l'a spécialement autorisé à conserver, il est tenu de payer 20 p. 100 par an de la somme indûment conservée, à moins qu'il ne justifie d'une cause légitime au *Board of Trade.* Il n'aura droit à aucun salaire, sera révoqué de ses fonctions par le *Board of Trade* et devra payer toutes les dépenses occasionnées par sa faute.

§ 7. Tout payement à faire sur des sommes portées au crédit du *Board of Trade* dans le compte des faillites sera opéré par la Banque d'Angleterre de la manière prescrite[2].

Art. 75. Le syndic d'une faillite ou l'administrateur nommé à la suite d'un concordat ou d'un arrangement ne payera pas les sommes reçues par lui comme syndic à son compte particulier de banque[3].

Art. 76, § 1. Si le solde porté au crédit du compte des faillites excède les sommes qui, dans l'opinion du *Board of Trade,* sont actuellement nécessaires pour l'administration des faillites, le *Board of Trade* le fera savoir à la Trésorerie. Tout l'excédent ou une portion de l'excédent sera remis à la Trésorerie, porté au compte qu'elle déterminera, placé par elle en tout ou en partie en fonds d'État.

---

[1] L'article 273, § 6, du Règlement prescrit de faire, pour les petites faillites, tous les payements à la Banque d'Angleterre et les recettes par son intermédiaire.

[2] Le Règlement (art. 340) décide que les payements doivent être faits à l'aide de chèques à ordre tirés par les fonctionnaires déterminés par le *Board of Trade.*

[3] Voir, sur le droit de révoquer le syndic, qui peut servir de sanction à cette disposition, l'article 86 de la loi.

§ 2. Si une partie des sommes ainsi placées sont, dans l'opinion du *Board of Trade*, nécessaires pour l'administration des faillites, le *Board of Trade* en préviendra la Trésorerie qui versera les sommes requises au crédit du compte des faillites après avoir fait vendre une partie desdits fonds d'État.

§ 3. Les revenus de ces fonds seront payés au compte déterminé par la Trésorerie et il sera tenu compte de ces revenus pour la fixation des droits à percevoir à l'occasion des procédures de faillite [1].

Art. 77. La Trésorerie, en vertu de décisions du Parlement, laissera prélever au *Board of Trade*, sur les recettes diverses (taxes, droits de timbre, revenus de fonds placés), les sommes pouvant être nécessaires pour supporter les charges évaluées par le *Board of Trade* pour les salaires et les dépenses à payer en vertu de la présente loi.

Art. 78, § 1. Tout syndic devra, aux époques qui pourront être prescrites, et deux fois par an au moins durant ses fonctions, envoyer au *Board of Trade*, ou aux personnes qu'il désignera, un compte des recettes et des dépenses.

§ 2. Les comptes seront dressés dans la forme prescrite, faits en double et certifiés par une déclaration du syndic [2].

§ 3. Le *Board of Trade* devra faire examiner ces comptes. Dans ce but, le syndic fournira au *Board of Trade* les pièces et lui donnera les renseignements que le *Board of Trade* réclamera. Le *Board of Trade* pourra à toute époque requérir la production des livres et des comptes tenus par le syndic et les examiner [3].

---

[1] Voir art. 128 de la loi.

[2-3] Les articles 289 et suivants du Règlement sont relatifs aux comptes à fournir par le syndic au *Board of Trade*. Voici le résumé de ces dispositions : Tout syndic doit, six mois après l'ordonnance de séquestre et ensuite tous les six mois, transmettre au *Board of Trade* une double copie de la partie de son livre de caisse afférente à la période

§ 4. Après que le compte aura été examiné, l'une des copies sera déposée et conservée au *Board of Trade;* l'autre sera déposée à la Cour. Les deux copies seront tenues à la disposition de chaque créancier, du failli et de toute personne intéressée [1].

ART. 79. Le syndic devra, quand il en sera requis par un créancier, et à la charge par ce créancier d'acquitter la taxe prescrite, fournir et transmettre à ce créancier par la poste une liste des créanciers indiquant le montant de la créance de chacun [2].

ART. 80. Le syndic tiendra, de la manière prescrite, les livres nécessaires; il y inscrira de temps en temps les opérations qu'il fait et les décisions des assemblées de créanciers et il fera toutes

précédente. Il doit y joindre les pièces nécessaires et des copies des certificats du comité de surveillance constatant que ce comité a examiné les comptes. Il doit aussi adresser, avec les premiers comptes, un résumé du bilan du débiteur fait dans les formes prescrites par le *Board of Trade;* ce résumé indiquera à l'encre rouge les sommes réalisées et distribuées et les causes qui empêchent la réalisation de certains biens. Quand l'actif entier sera réalisé, le syndic enverra immédiatement, même avant l'expiration du délai de six mois, ses comptes au *Board of Trade.* Quand le compte du syndic a été examiné, le *Board of Trade* doit délivrer un certificat constatant son exactitude et transmettre une des deux copies du compte avec ce certificat au *registrar* de la Cour, qui le joint aux autres pièces concernant la procédure de faillite. Quand un syndic, depuis la date de sa nomination ou depuis celle du dernier examen de ses comptes, n'a ni reçu ni payé au-

cune somme sur l'actif du débiteur, il doit transmettre au *Board of Trade* un certificat attestant qu'il n'y a eu ni recettes ni dépenses. Quand il s'agit d'associés en nom collectif, des comptes distincts doivent être tenus pour la société et pour chacun des associés.

Les articles 287 et 288 du Règlement sont relatifs à l'examen à faire par le comité de surveillance. Le syndic doit soumettre à ce comité le livre de caisse, le *record book* (voir la note 1 de la page 76) et les autres livres exigés au moins une fois tous les trois mois. Le comité examine les livres et constate l'examen qu'il en a fait.

[1] Le droit à payer pour obtenir les copies est de 3 d. par page de 72 mots (art. 314, Règlement).

[2] Si le syndic refuse, le créancier peut adresser une demande à la Cour ou au *Board of Trade.* Voir art. 89 à 91 et 102, al. 5, de la loi. — Voir, pour le droit à payer, la note précédente.

les autres mentions prescrites. Tout créancier du failli pourra, sous le contrôle de la Cour, examiner ces livres par lui-même ou par un mandataire [1].

Art. 81, § 1. Tout syndic transmettra de temps à autre comme il sera prescrit, et au moins une fois par an durant la faillite, au *Board of Trade* un état indiquant les opérations de la faillite au moment de sa confection [2]. Cet état contiendra les détails prescrits et sera dressé dans la forme prescrite.

§ 2. Le *Board of Trade* fera examiner l'état qui lui sera ainsi adressé. Il appellera le syndic à rendre compte de toute faute, négligence ou omission résultant de cet état ou de ses comptes ou autrement et lui fera réparer toute perte causée par là à l'actif du failli.

### DE LA DÉCHARGE DU SYNDIC.

#### (*Release of Trustee.*)

Art. 82, § 1. Lorsque le syndic a réalisé tous les biens du failli

---

[1] Le Règlement (art. 28, 286 et 308) détermine les livres qui doivent être tenus. D'après ces dispositions, le séquestre officiel, jusqu'à la nomination d'un syndic, et ensuite le syndic doit tenir un livre appelé *record book*. On y inscrit toutes les opérations, toutes les décisions et actes des assemblées de créanciers, du comité de surveillance, on y fait toutes les mentions nécessaires pour donner une idée exacte de l'administration de l'actif. Mais on ne porte pas sur ce livre les documents de nature confidentielle, tels que les avis d'un conseil, et ces documents ne peuvent être communiqués qu'aux membres du comité de surveillance. Le séquestre officiel, et après lui le syndic, doit tenir un livre de caisse (*cash book*); en se conformant aux formes prescrites par le *Board of Trade*, il doit y faire figurer les recettes et les payements opérés chaque jour. Quand le syndic continue les affaires du failli, il doit tenir un compte spécial pour son commerce, et faire figurer, sur le livre de caisse, le total des recettes et des dépenses de chaque semaine. Le compte du commerce sera certifié, au moins une fois chaque mois, par un *affidavit*, et sera soumis au comité de surveillance ou à l'un de ses membres, pour qu'il l'examine.

[2] D'après l'article 217 du Règlement de 1883, l'état dont il s'agit devait être remis dans le courant du mois de janvier.

ou ceux qu'il peut réaliser dans son opinion sans prolonger inutilement la durée de ses fonctions et a distribué un dividende final, ou lorsqu'il a cessé d'agir par suite de l'homologation d'un concordat, ou lorsqu'il a résigné ses fonctions ou a été révoqué, le *Board of Trade,* sur sa demande, fera préparer un rapport sur les comptes du syndic. Le *Board of Trade,* en prenant en considération le rapport dressé conformément à ses prescriptions et les objections faites par des créanciers ou tout autre personne intéressée relativement à la décharge du syndic, lui délivrera ou lui refusera sa décharge [1]. La décision du *Board of Trade* sera sujette à appel devant la Haute Cour [2].

§ 2. En refusant au syndic de lui accorder sa décharge, la Cour, sur la demande d'un créancier ou de toute personne intéressée, pourra faire supporter au syndic les conséquences de tout acte ou de toute omission contraire à son devoir.

§ 3. La décision du *Board of Trade* portant décharge du syndic fera cesser la responsabilité de celui-ci quant aux actes qu'il aura accomplis ou aux négligences qu'il aura commises dans l'administration des affaires du failli en sa qualité de syndic. Cette décision pourra être rétractée sur la preuve qu'elle a été obtenue par fraude ou par suppression ou par dissimulation d'un fait matériel.

§ 4. Lorsque le syndic n'aura pas résigné antérieurement ses

----

[1] Suivant l'article 309 du Règlement, le syndic qui veut obtenir sa décharge, doit donner avis de son intention à tous les créanciers vérifiés ainsi qu'au débiteur et adresser avec cet avis un résumé de ses recettes et de ses dépenses. L'avis n'est envoyé qu'au débiteur quand les fonctions du syndic cessent par suite de l'adoption d'un concordat en vertu de l'article 20 de la loi.

D'après la loi de 1869, la décharge était accordée par la Cour, et le syndic devait convoquer une assemblée de créanciers, qui appréciait sa demande. La loi nouvelle n'exige pas la convocation de cette assemblée.

[2] Voir, sur les délais d'appel, l'article 239. La décision du *Board of Trade* accordant au syndic sa décharge doit être publiée dans la *Gazette officielle de Londres.*

fonctions ou n'aura pas été révoqué, sa décharge aura le même effet qu'une révocation, et le séquestre officiel deviendra syndic[1].

### DU NOM OFFICIEL.
#### ( *Official Name.* )

ART. 83. Le syndic agira et sera actionné sous le nom officiel de « syndic de l'actif de.. N. N... failli.. (*the trustee of the property of...... a bankrupt*). Sous ce nom, dans toutes les parties des possessions britanniques ou ailleurs, il pourra se mettre en possession de tous les biens, contracter, agir comme demandeur ou défendeur, contracter des engagements liant lui ou ceux qui lui succéderont dans le syndicat et faire tous les autres actes nécessaires ou utiles dans l'exercice de ses fonctions[2].

### DE LA NOMINATION ET DE LA RÉVOCATION DU SYNDIC.
#### ( *Appointment and Removal.* )

ART. 84, § 1. Les créanciers pourront, s'ils le jugent convenable, nommer plusieurs personnes aux fonctions de syndic. Quand il y aura plusieurs syndics, les créanciers déclareront si les actes exigés par la loi ou autorisés devront être faits par tous, par l'un quelconque d'entre eux ou par plusieurs. Ces personnes doivent être considérées comme comprises par la loi dans celles de ses dispositions où il est parlé *du syndic;* elles seront saisies en commun des biens du failli.

§ 2. Les créanciers pourront aussi désigner des personnes chargées des fonctions de syndic, pour le cas où une ou plusieurs des

---

[1] Le syndic qui veut donner sa démission, doit convoquer une assemblée de créanciers qui examine si elle sera acceptée ou non. La convocation doit être faite huit jours au moins avant la réunion (art. 304, Règlement). Avis de cette convocation doit être donné au séquestre officiel, à raison de ce qu'en cas de vacance dans le syndicat, il agit comme syndic.

[2] Voir, sur les actes pour lesquels le syndic doit avoir l'autorisation du comité de surveillance, l'article 57 de la loi.

personnes nommées en première ligne refuseraient ces fonctions ou ne donneraient pas les garanties exigées ou ne seraient pas admises par le *Board of Trade.*

Art. 85. Lorsqu'une ordonnance de séquestre sera rendue contre le syndic, il devra quitter ses fonctions [1].

Art. 86, § 1. Les créanciers pourront, par une délibération ordinaire prise dans une assemblée spécialement convoquée à cet effet par un avis donné huit jours à l'avance, révoquer le syndic nommé par eux et désigner dans la même assemblée ou dans une assemblée subséquente une autre personne chargée de remplir les fonctions de syndic, comme cela est prescrit pour le cas où une vacance se produit [2].

§ 2. Si le *Board of Trade* est d'avis qu'un syndic nommé par les créanciers est coupable d'une faute ou a manqué de remplir les obligations que lui impose la présente loi, le *Board of Trade* peut le révoquer [3]. Mais, si les créanciers désapprouvent la révocation par une délibération ordinaire, le syndic ou les créanciers peuvent interjeter appel devant la Haute Cour.

Art. 87, § 1. Si une vacance vient à se produire dans le syndi-

[1] L'article 83, al. 5, de la loi de 1869 attachait cet effet à la déclaration de faillite.

[2] La loi de 1869 exigeait, pour la révocation du syndic, une délibération extraordinaire. Aux termes de l'article 311 du Règlement, quand un quart des créanciers en valeur demande qu'une assemblée soit réunie pour statuer sur la révocation du syndic, elle est convoquée par un membre du comité de surveillance ou par le séquestre officiel,

après le dépôt d'une somme suffisante pour couvrir les frais de cette convocation.

[3] La loi de 1869 attribuait à la *Court of bankruptcy* le pouvoir de révoquer le syndic. — Lorsque le *Board of Trade* révoque un syndic, avis de sa décision doit être immédiatement transmis au *registrar* de la Cour, qui en donne avis au séquestre officiel. Le *Board of Trade* doit, en outre, faire insérer sa décision dans la *Gazette officielle.*

cat, les créanciers désigneront en assemblée générale une personne qui la remplira. On suivra les mêmes règles que lors de la première nomination d'un syndic [1].

§ 2. Le séquestre officiel, sur la réquisition de tout créancier, convoquera une assemblée qui aura à pourvoir à la vacance.

§ 3. Si, dans le délai de trois semaines après qu'une vacance se sera produite, les créanciers ne désignent pas une personne pour remplir la vacance, le séquestre officiel fera à ce sujet un rapport au *Board of Trade* qui pourra nommer un syndic. Mais, dans ce cas, les créanciers ou le comité de surveillance auront le même pouvoir de nommer un syndic que lors de la première nomination.

§ 4. Pendant la durée de toute vacance dans le syndicat, le séquestre officiel agira comme syndic [2].

### DU DROIT DE VOTE DU SYNDIC.
#### (*Voting Powers of Trustee.*)

Art. 88. Le vote du syndic, ou de son associé, de son employé ou de son *solicitor,* ou du clerc de son *solicitor,* soit comme créancier, soit comme mandataire d'un créancier, ne sera pas compté dans la majorité requise pour les délibérations, quand il s'agira de fixer le salaire du syndic ou de juger sa conduite [3].

### DE LA SURVEILLANCE EXERCÉE SUR LE SYNDIC.
#### (*Control over Trustee.*)

Art. 89, § 1. Sous les conditions déterminées par la présente loi, le syndic, dans l'administration des biens du failli et dans la répartition de l'actif entre les créanciers, aura égard aux décisions prises par les créanciers en assemblée générale ou à celles du

---

[1] Voir art. 21 de la loi. — [2] Cf. art. 70, § 1, *g*, 54, § 1, 82, § 4. — [3] Voir art. 26 de l'Annexe I (p. 137).

comité de surveillance. En cas de contradiction, les décisions de l'assemblée des créanciers l'emporteront [1].

§ 2. Le syndic peut de temps à autre convoquer des assemblées générales de créanciers afin de connaître leurs désirs. Il doit en convoquer aux époques fixées soit par une délibération des créanciers prise lors de la nomination du syndic ou à une autre époque, soit sur la demande faite par écrit par un quart des créanciers en sommes [2].

§ 3. Le syndic peut s'adresser à la Cour dans les conditions prescrites pour avoir les instructions nécessaires en toute matière se rattachant à la faillite [3].

§ 4. Sous les conditions déterminées par la présente loi, le syndic a toute liberté pour l'administration de l'actif et pour les répartitions à faire entre les créanciers [4].

ART. 90. Si le failli ou un créancier ou toute autre personne est lésé par un acte ou par une décision du syndic, il peut en appeler à la Cour. Celle-ci peut confirmer, révoquer ou modifier cet acte ou cette décision et ordonner ce qui lui paraît convenable.

ART. 91, § 1. Le *Board of Trade* prendra connaissance de la conduite des syndics. Si un syndic n'a pas rempli fidèlement ses obligations et n'a pas observé toutes les conditions qui lui sont imposées par la loi, par le règlement fait pour l'exécution de la présente loi ou par d'autres dispositions, pour l'accomplissement de ses obligations ou s'il y a une réclamation adressée par un

---

[1] Quand le *Board of Trade* remplit les fonctions du comité de surveillance (art. 22, § 9), les décisions de l'assemblée des créanciers ont aussi la prépondérance.

[2] Voir art. 5 de l'Annexe I (page 136).

[3] En cas de conflit, les décisions de la Cour doivent l'emporter sur les résolutions des créanciers. Pour chaque demande adressée à la Cour, il y a à payer un droit de 5 sh.

[4] Voir art. 57 de la loi.



IMPRIMERIE NATIONALE.

créancier au *Board of Trade,* celui-ci examinera l'affaire et agira conformément à ce qui lui semblera utile.

§ 2. Le *Board of Trade* peut à tout moment requérir d'un syndic des renseignements sur la faillite et, s'il le juge convenable, demander à la Cour d'interroger sous serment le syndic ou toute autre personne sur les faits concernant la faillite.

§ 3. Le *Board of Trade* peut faire opérer sur place un examen des livres et pièces du syndic.

## TITRE SIXIÈME.

### DE LA CONSTITUTION ET DES POUVOIRS DE LA COUR. — DE LA PROCÉDURE.

(*Constitution, Procedure and Powers of Court.*)

---

### DE LA JURIDICTION.

(*Jurisdiction.*)

Art. 92, § 1. Les cours ayant compétence en matière de faillite seront la Haute Cour (*High Court*) et les cours de comté (*county courts*)[1].

§ 2. Mais le Lord Chancelier pourra de temps à autre, par un ordre signé de lui, enlever à des cours de comté cette compétence; il rattachera alors en tout ou en partie le ressort de ces cours de comté soit à la Haute Cour, soit à une ou plusieurs autres cours de comté. Il pourra révoquer ces arrêtés ou les modifier. Le Lord Chancelier pourra, de la même manière et sous les mêmes conditions, distraire le ressort d'une cour de comté en tout ou en partie du ressort de la Haute Cour.

§ 3. Le terme *district* (ressort) employé dans la présente loi à propos d'une cour de comté, signifie le ressort de cette cour au point de vue de sa compétence en matière de faillite.

[1] Voir ci-après note 1 de la page 83.

§ 4. Toute cour de comté qui n'aura pas, lors de la mise en vigueur de la présente loi, compétence en matière de faillite, continuera à être privée de cette compétence jusqu'à ce que le Lord Chancelier en ordonne autrement.

§ 5. Des sessions périodiques consacrées aux affaires de faillite seront tenues par les cours de comté ayant compétence en cette matière aux époques fixées pour chaque cour par le Lord Chancelier [1].

Art. 93, § 1. A partir de la mise en vigueur de la présente loi, la Cour des faillites (*Bankruptcy Court*) de Londres sera réunie à la Cour suprême de justice (*Supreme Court of judicature*) dont elle formera une branche, et la compétence de la Cour des faillites de Londres (*London Bankruptcy Court*) sera transférée à la Haute Cour [2].

§ 2. Pour cette réunion et toutes les conséquences principales ou accessoires devant en résulter, la loi de 1873 sur la Cour suprême de justice, avec les modifications y apportées par des lois postérieures, produira ses effets, sous la réserve des dispositions de la présente loi, comme si la réunion avait été opérée

[1] L'article 98 du Règlement dispose que les cours de comté ayant compétence en matière de faillite tiendront leurs sessions dans les villes où elles les tiennent pour les affaires ordinaires, en vertu de la loi de 1846 sur les cours de comté et des lois postérieures qui l'ont modifiée. L'article 99 décide que, sauf décisions contraires du Lord Chancelier ou du juge de comté, chaque cour tiendra ses sessions, pour les affaires de faillite, aux mêmes époques que pour les autres affaires.

[2] La loi de 1873 sur l'établissement d'une cour suprême de justice (art. 3 et 16) avait décidé que la Cour des faillites de Londres (*London Court of Bankruptcy*) serait réunie à la Cour suprême de justice qui serait investie de sa juridiction. Mais la loi du 11 août 1875 (art. 9) a abrogé ces dispositions. L'article 93 de la loi de 1883 en revient, au contraire, à la loi de 1873.

Les *registrars* et les autres fonctionnaires de la Cour des faillites de Londres sont ainsi devenus fonctionnaires de la Cour suprême de justice et sont régis par la loi du 15 août 1879 (42 et 43 Vict., ch. lxxv). Voir *Annuaire de législation étrangère* de 1880, p. 7.

par la loi de 1873 elle-même. Toutefois les expressions déterminant la date de la mise en vigueur de cette dernière loi devront être entendues comme se référant à celle de la mise en vigueur de la présente loi[1] et, sauf ce qui est dit précédemment, la présente loi et les lois ci-dessus mentionnées devront être lues et interprétées comme formant une loi unique.

Art. 94, § 1. Sous la réserve des règlements et décisions rendues pour la transmission de compétence conformément à la loi de 1873 sur la Cour suprême de justice et aux lois la modifiant :

*a.* Toutes les affaires pendantes devant la Cour des faillites de Londres lors de la mise en vigueur de la présente loi ;

*b.* Toutes les affaires qui eussent été de la compétence exclusive de la Cour des faillites de Londres, si la présente loi n'avait pas été faite ;

*c.* Toutes les affaires pour lesquelles la compétence est attribuée à la Haute Cour par la présente loi, seront attribuées à la section de la Haute Cour, que de temps à autre le Lord Chancelier déterminera.

§ 2. Toutes ces affaires, sous la réserve faite ci-dessus, seront ordinairement examinées et jugées par un des juges de la Haute Cour ou sous sa direction. Le Lord Chancelier désignera dans ce but, un juge de temps à autre [2].

§ 3. Toutefois, en cas de vacance ou pendant la maladie du juge ainsi désigné ou durant son absence ou en cas de tout autre empêchement légitime, ces affaires ou une partie d'entre elles seront examinées et jugées par un juge de la Haute Cour nommé à cet effet par le Lord Chancelier ou sous la direction de ce juge.

----

[1] Voir art. 1.

[2] Des décisions ( *orders* ) du Lord Chancelier, en date du 1er janvier 1884, ont désigné la section du Banc de la Reine de la Haute Cour de justice pour s'occuper des affaires de faillite et nommé comme juge M. Cave.

§ 4. Dans les conditions déterminées par la présente loi, les fonctionnaires, les employés et les serviteurs qui seront, lors de la mise en vigueur de la présente loi, attachés à la Cour des faillites de Londres ainsi que leurs successeurs seront fonctionnaires de la Cour suprême de justice et attachés à la Haute Cour.

§ 5. Sauf ce qui sera dit dans le Règlement général, toutes pièces concernant des affaires de faillites seront intitulées : en faillite (*in Bankruptcy*).

Art. 95, § 1. Si le débiteur contre lequel ou par lequel une demande en déclaration de faillite a été présentée, a résidé ou a fait ses affaires dans le ressort de Londres tel qu'il est, au point de vue des faillites, défini par la présente loi, pendant la majeure partie des six mois antérieurs à la formation de cette demande ou pendant une partie de ces six mois qui, dans le cas de séjour dans plusieurs ressorts, est plus longue que le séjour dans un autre ressort, ou si le débiteur ne réside pas en Angleterre, ou si le créancier demandeur ne peut indiquer avec certitude la résidence du débiteur, la demande sera portée devant la Haute Cour [1].

§ 2. Dans tout autre cas, la demande sera portée devant la cour de comté dans le ressort de laquelle le débiteur a résidé ou a fait ses affaires pendant la plus grande partie des six mois qui ont précédé la demande.

---

[1] Si le débiteur a, dans la plus grande partie du délai des six mois antérieurs à la formation de la demande de faillite, exercé sa profession dans le ressort d'une cour et résidé dans le ressort d'une autre cour, la première est compétente (art. 145, Règlement).

Sous l'empire de la loi de 1869 (art. 59), on s'attachait au lieu de la résidence ou de l'exploitation commerciale du débiteur au moment de la formation de la demande en déclaration de faillite. Des abus étaient possibles. En changeant de résidence, un débiteur pouvait transporter le siège de sa faillite future dans un lieu éloigné de la résidence de la plupart de ses créanciers. L'article 95, § 2, a pour but d'empêcher ces abus.

§ 3. Les dispositions du présent article n'entraîneront pas la nullité de la procédure suivie devant une cour incompétente.

Art. 96. Pour l'application de la présente loi, le ressort de Londres, au point de vue des faillites, comprendra la Cité de Londres et ses dépendances (*liberties*), toute autre partie de la métropole et tous autres lieux situés dans le district d'une cour de comté mentionnée comme cour métropolitaine de comté dans l'Annexe III [1].

Art. 97, § 1. Sous la réserve des dispositions de la présente loi, toute cour ayant une compétence propre en matière de faillite, aura une compétence s'étendant à l'Angleterre entière.

§ 2. Toute procédure en matière de faillite pourra à tout moment, quel que soit son état d'avancement, sur la demande d'une partie ou même en l'absence de toute demande, être transférée par l'autorité prescrite et de la manière déterminée, d'une cour à une autre. Cette autorité pourra aussi décider que la procédure sera retenue par la cour devant laquelle elle aura commencé, bien que ce ne fût pas celle devant laquelle elle aurait dû être portée [2].

§ 3. Si, dans une procédure de faillite, suivie devant une cour de comté, s'élève une question de droit sur laquelle toutes les parties ou l'une d'elles et le juge de la cour désirent avoir une décision en première instance de la Haute Cour, le juge constatera les faits dans la forme de conclusions spéciales (*of a special case*) pour obtenir l'opinion de la Haute Cour. Les faits ainsi constatés et les actes de la procédure ou quelques-uns de ces actes, selon

---

[1] Voir p. 143.

[2] D'après le Règlement de 1886, le juge de la Haute Cour peut à tout moment ordonner que la procédure sera transmise d'une cour de comté à la Haute Cour ou de la Haute Cour à une cour de comté. Une cour de comté peut aussi ordonner la transmission de la procédure à une autre cour de comté.

les circonstances, seront transmis à la Haute Cour, afin qu'elle rende une décision.

Art. 98. Sous la réserve des dispositions de la présente loi et du règlement à faire pour son exécution, le juge de la Haute Cour statuant en matière de faillite pourra exercer en tout ou en partie sa juridiction en chambre du conseil [1].

Art. 99, § 1. Les *registrars in bankruptcy* de la Haute Cour et les *registrars* des cours de comté ayant compétence en matière de faillite auront les pouvoirs et la compétence indiqués dans le présent article [2]. Tous ordres émanés de ces *registrars* dans l'exercice de leurs pouvoirs et dans les limites de cette compétence, tout acte fait par eux, seront réputés émaner de la Cour elle-même.

§ 2. Sous la réserve des restrictions apportées aux pouvoirs du

---

[1] L'article 6 du Règlement énumère les questions à juger en audience publique. Toutes autres questions peuvent être jugées en chambre du conseil (*in chambers*). D'après l'article 6, il doit être procédé en audience publique : *a.* à l'interrogatoire du débiteur; *b.* au jugement des demandes concernant l'homologation des concordats et arrangements; *c.* à celui des demandes de décharges ou en suppression d'incapacités; *d.* au jugement des appels des décisions du *Board of Trade* devant la Haute Cour; *e.* au jugement des demandes tendant à l'annulation des actes du débiteur; *f.* au jugement des demandes en condamnation d'une personne pour offense à la Cour; *g.* à l'examen des appels contre le rejet d'une demande d'admission à la faillite ou, au contraire, contre l'admission, s'il s'agit d'une somme excédant 200 livres sterling; *h.* à l'examen des demandes de formation d'un jury pour juger une question de fait et au jugement de cette question.

Sous la réserve des dispositions de la loi et du Règlement, l'affaire peut être transmise de la chambre du conseil à l'audience publique ou à l'inverse. Le juge (ou le *registrar*) peut le décider d'office et doit le décider sur la demande de tous les plaideurs (art. 9, Règlement).

[2] La loi de 1869 (art. 67), au lieu de faire une énumération comme la loi nouvelle (art. 99, § 2), donnait d'une façon générale au juge le droit de déléguer tous ses pouvoirs au *registrar*, à l'exception de celui de prononcer une condamnation pour offense envers la Cour.

*registrar* par le règlement à faire pour l'exécution de la présente loi, le *registrar* aura le pouvoir [1] :

*a.* De recevoir et d'examiner les demandes en déclaration de faillite, de rendre des ordonnances nommant des séquestres et de déclarer la faillite ;

*b.* De procéder à l'interrogatoire public des débiteurs ;

*c.* De rendre des ordonnances de décharge, quand il n'y aura pas d'opposition ;

*d.* D'homologuer les concordats ou les arrangements, quand il n'a pas été formé d'opposition ;

*e.* De rendre des ordonnances provisoires (*interim orders*) dans tous les cas d'urgence ;

*f.* De rendre toute ordonnance ou d'exercer tout acte de juridiction qui, d'après le règlement général, est de nature à être rendu ou à être exercé en la chambre du conseil ;

*g.* De recevoir et d'adjuger toute demande non contestée ou formée par voie de requête (*ex parte*) ;

*h.* De citer à comparaître et d'interroger toute personne connue ou soupçonnée comme ayant en sa possession des objets appartenant au débiteur ou comme étant obligée envers lui, ou comme apte à donner des renseignements sur le débiteur, ses affaires et son actif.

§ 3. Les *registrars in bankruptcy* de la Haute Cour auront aussi le pouvoir de rendre des ordonnances de décharge, de délivrer des certificats destinés à faire cesser les incapacités du failli et d'homologuer les concordats et les arrangements [2].

---

[1] C'est au juge à déterminer les limites dans lesquelles le *registrar* peut exercer les pouvoirs que lui confère, en principe, l'article 99, § 2 (Règlement, art. 7).

[2] Les *registrars* (greffiers) de la Haute Cour ont ainsi des pouvoirs plus étendus que les *registrars* des cours de comté ; ils ont compétence dans les cas indiqués par l'article 99, § 3, alors même qu'il y a une opposition.

§ 4. Le *registrar* n'aura pas le pouvoir de prononcer une condamnation pour offense à la Cour [1].

§ 5. Le Lord Chancelier pourra de temps à autre décider qu'un *registrar* d'une cour de comté aura et exercera tous les pouvoirs d'un *registrar* de la Haute Cour en matière de faillite [2].

Art. 100. Les cours de comté, au point de vue de leur compétence en matière de faillite, auront, par addition à leurs pouvoirs ordinaires, tous les pouvoirs et toute la compétence de la Haute Cour. Les décisions des cours de comté seront exécutées de la manière prescrite [3].

Art. 101. Lorsque des sommes auront été reçues par un séquestre officiel ou par le *Board of Trade* et que la Cour décidera qu'une personne a le droit de les recevoir, le *Board of Trade* ordonnera que le payement soit fait à cette personne [4].

Art. 102, § 1. Sous la réserve des dispositions de la présente loi, toute cour ayant compétence en matière de faillite en vertu de cette loi, aura plein pouvoir de décider toutes les questions relatives aux droits de préférence et toutes autres questions de droit ou de fait nées à l'occasion d'une faillite dont connaît la Cour, ou toutes autres questions que la Cour jugera utile ou nécessaire de résoudre pour rendre complète justice ou arriver dans un cas de ce genre à une répartition complète de l'actif du failli.

Mais cette juridiction ne pourra être exercée par une cour de

[1] Il en était déjà ainsi d'après la loi de 1869. — Voir note 2 de la page 87.

[2] Voir note 2 de la page 88.

[3] Le *bailiff* des cours de comté et les fonctionnaires désignés par la Haute Cour sont chargés de la notification des décisions émanées soit des cours de comté, soit de la Haute Cour (Règlement, art. 91).

[4] Disposition nouvelle se rattachant au pouvoir donné au *Board of Trade* de recevoir les sommes provenant de l'actif du failli.

comté pour statuer sur une demande ne résultant pas de la faillite, et qui aurait pu antérieurement être portée devant la Haute Cour, à moins que les parties n'y consentent ou qu'il ne s'agisse pas, dans l'opinion du juge, d'une somme ou d'une valeur excédant 200 livres [1].

§ 2. Une cour ayant compétence en matière de faillite en vertu de la présente loi, ne pourra subir de restrictions dans l'exercice de ses pouvoirs par suite des décisions d'une autre cour. L'appel ne sera possible que dans les cas déterminés par la présente loi.

§ 3. Si, dans une procédure se rattachant à la faillite, s'élève une question de fait que l'une ou l'autre des parties désire soumettre à un jury et non à la Cour elle-même, ou si la Cour estime qu'une question de fait doit être résolue par un jury, la Cour peut, si elle le juge convenable, décider que le procès sera porté devant le jury. On appliquera alors les règles ordinaires relatives aux procès soumis au jury devant la Haute Cour ou devant la cour de comté [2].

§ 4. Quand une ordonnance de séquestre a été rendue par la Haute Cour en vertu de la présente loi, le juge qui l'a rendue a le pouvoir, s'il l'estime convenable, de décider, sans que le consentement des parties soit exigé, que la procédure sera transmise à un autre juge saisi d'une action intentée par le failli ou contre lui.

§ 5. Lorsqu'un syndic, un débiteur ou une autre personne n'obéit pas à un ordre ou à une instruction du *Board of Trade* ou d'un séquestre officiel ou d'un autre fonctionnaire du *Board of*

---

[1] L'article 102, § 1, dans ses deux premiers alinéas, a pour but de déterminer quelles sont les contestations pour lesquelles la cour qui a déclaré la faillite, est compétente. Beaucoup de difficultés s'étaient élevées à cet égard sous l'empire de la loi de 1869.

[2] La Cour a un pouvoir discrétionnaire quant au renvoi devant un jury. C'est le juge, et non le *registrar*, qui statue sur ce point. La décision détermine si l'affaire doit être portée devant un jury ordinaire ou devant un jury spécial.

*Trade,* la Cour peut, sur la demande du *Board of Trade* ou d'un séquestre officiel ou d'une autre personne dûment autorisée, ordonner à ces personnes de se conformer à cet ordre ou à cette instruction. La Cour peut aussi, si elle le juge convenable, prononcer immédiatement une condamnation à l'emprisonnement contre ces personnes. La présente disposition doit être considérée comme ajoutant aux droits et aux pouvoirs de la Cour, et non comme remplaçant ceux qui lui sont déjà conférés.

### DES DÉBITEURS CONDAMNÉS.
#### (*Judgment Debtors.*)

Art. 103, § 1. Le Lord Chancelier peut décider que la juridiction et la compétence relatives à l'application de l'article 5 du *Debtors Act* de 1869 [1] appartenant actuellement à la Haute Cour, appartiendront au juge chargé de connaître des faillites [2].

§ 2. Le Lord Chancelier peut décider de la même manière que tout ou partie de cette juridiction sera exercée par les *registrars* de la Haute Cour.

§ 3. Toute décision prise en vertu du présent article peut à tout moment être annulée ou modifiée de la même manière.

§ 4. Toute cour de comté, dans le ressort de laquelle se trouve ou réside un débiteur, aura compétence en vertu de l'article 5 du *Debtors Act* de 1869, quoique le montant de la dette formant l'objet de la condamnation dépasse 50 livres [3].

---

[1] L'article 5 du *Debtors Act* est la disposition qui admet que le débiteur contre lequel a été rendu un jugement et qui ne l'exécute pas en payant sa dette, peut être condamné à un emprisonnement n'excédant pas six semaines, alors qu'il est constant qu'il avait de quoi s'acquitter. — Voir p. 149 et suiv.

[2] Une décision du Lord Chancelier datée du 1er janvier 1884 a appliqué cette disposition.

[3] D'après le *Debtors Act* de 1869, les cours de comté ne pouvaient prononcer un emprisonnement contre un débiteur à raison du défaut d'exécution du jugement rendu par une cour supérieure qu'autant qu'il ne s'agissait pas d'une somme excédant 50 livres sterling.

§ 5. Quand, en vertu de l'article 5 du *Debtors Act* de 1869, un créancier ayant obtenu un jugement, forme une demande en condamnation du débiteur à la prison, la Cour saisie peut, si elle le juge convenable, ne pas prononcer la condamnation et, au lieu de cela, du consentement du créancier et moyennant le payement fait par lui des droits fixés, rendre une ordonnance de séquestre contre le débiteur. Dans ce cas, le débiteur doit être considéré comme ayant commis un acte susceptible d'entraîner la faillite à la date de cette ordonnance [1].

§ 6. Des règles seront édictées pour l'application des dispositions du *Debtors Act* de 1869 [2].

DES APPELS.

(*Appeals.*)

ART. 104, § 1. Toute cour ayant compétence en matière de faillite en vertu de la présente loi peut reviser, annuler ou modifier toute décision rendue par elle.

§ 2, *a.* En matière de faillite, toute personne intéressée pourra former appel d'une décision d'une cour de comté devant la chambre de la Haute Cour de justice à laquelle appartient le juge chargé de connaître des faillites à l'époque de l'appel. La décision de la chambre sera définitive, à moins que cette chambre ou la Cour d'appel n'autorise l'appel devant la Cour d'appel de Sa Majesté, qui, en ce cas, statuera définitivement [3].

Cette restriction est supprimée, de telle sorte que la contrainte par corps se trouve rétablie même pour des dettes excédant 5o livres sterling, quand il est reconnu que le débiteur aurait la possibilité de payer.

[1] Dans ce cas, il n'y a pas de demande formelle de déclaration de faillite. On ne peut cependant pas dire qu'il y a déclaration de faillite d'office, par cela même que le consentement du créancier est exigé, pour que la faillite soit déclarée.

[2] Art. 365 et suiv. du Règlement général de 1883.

[3] La disposition de l'article 104,

*b.* L'appel des décisions de la Haute Cour sera porté devant la Cour d'appel de Sa Majesté.

*c.* L'appel d'une décision de la Cour d'appel de Sa Majesté sera porté, mais seulement avec l'assentiment de la Cour d'appel de Sa Majesté, devant la Chambre des Lords.

*d.* L'appel ne sera admis que conformément aux règles générales en vigueur en matière d'appel.

DE LA PROCÉDURE.

(*Procedure.*)

Art. 105, § 1. Sous réserve des dispositions de la présente loi et du règlement général fait pour son exécution, les dépens relatifs à toute procédure portée devant la Cour en exécution de la présente loi, seront alloués librement par la Cour. Cependant, dans le cas où une question de fait sera décidée par un jury, les dépens seront supportés par la partie qui succombe, à moins que, sur une demande faite à l'audience et dûment justifiée, le juge n'en décide autrement.

§ 2. La Cour peut à tout moment suspendre la procédure sous les conditions qui lui paraissent convenables.

§ 3. La Cour peut à tout moment modifier toute procédure écrite faite sous l'empire de la présente loi dans les termes qu'elle fixera.

§ 4. Dans les cas où soit la présente loi, soit le règlement fait pour son exécution, fixe un temps limité pour faire un acte, la Cour peut augmenter ce délai par une décision prise pendant sa durée ou après son expiration, dans les termes que la Cour juge convenables [1].

§ 2, *a*, ci-dessus traduite a remplacé, en vertu d'une loi du 28 avril 1884 (47 Vict., ch. ix), la disposition de l'article 104, § 2, *a*, de la loi primitive. Cet article admettait que l'appel était formé devant la Cour d'appel de Sa Majesté. Il s'agit de la Cour d'appel créée par la loi du 5 août 1873 (36 et 37 Vict., chap. lxvi).

[1] L'article 261 du Règlement autorise la Cour à abréger ou à prolonger les dé-

§ 5. Sous réserve des règles à insérer dans le règlement fait pour l'exécution de la présente loi, la Cour peut, en toute matière, recourir en tout ou en partie à la preuve par témoins ou par interrogatoires écrits, ou à un *affidavit,* ou à une commission rogatoire [1].

§ 6. Lorsqu'il s'agit de l'homologation d'un concordat ou d'un arrangement conclu par des codébiteurs, la Cour peut, si elle le juge convenable, et sur le rapport favorable du séquestre officiel, dispenser de l'interrogatoire public un de ces codébiteurs, quand il est empêché, par suite de maladie ou d'absence, d'être présent à cet interrogatoire.

Art. 106. Lorsque deux ou plusieurs demandes en déclaration de faillite sont formées contre le même débiteur ou contre plusieurs codébiteurs, la Cour peut réunir toutes les procédures ou seulement quelques-unes dans les conditions qui lui paraissent convenables [2].

lais fixés par lui ; mais il n'y a pas un pouvoir semblable d'abréviation pour les délais fixés par la loi.

[1] Il n'y a pas de règles spéciales relatives au pouvoir de la Cour de recourir à une comparution personnelle des parties. Il y en a, au contraire, pour les *affidavits,* pour les dépositions de 'témoins, pour les interrogatoires.

Les dispositions concernant les *affidavits* se trouvent dans les articles 47 à 58 du Règlement; les articles 61 à 65 sont relatifs au témoignage; les articles 66 à 71 aux interrogatoires.

*Affidavits.* — Les frais afférents aux *affidavits* inutiles sont supportés par la personne qui les a produits. Tout *affidavit* doit être conçu à la première personne et divisé en paragraphes numérotés et consacrés autant que possible chacun à un objet distinct. Il n'y aura pas de frais alloués pour un *affidavit* ou une partie d'*affidavit* non conforme à ces règles. Tout *affidavit* doit indiquer la résidence de la personne qui le dépose. Dans un *affidavit* fait par deux ou plusieurs personnes, les noms de toutes les personnes doivent être indiqués dans le procès-verbal constatant le serment prêté (*jurat*). Toutefois, si le même officier public reçoit l'*affidavit* de plusieurs personnes en même temps, il suffit d'indiquer que le serment a été fait par toutes les personnes susnommées. La Cour peut ordonner de supprimer d'un *affidavit* toute mention de nature à faire scandale. La Cour peut admettre des *affidavits* irréguliers.

[2] Reproduction de l'article 80, alinéa 2, de la loi de 1869. Voir art. 112 (p. 96).

Art. 107. Si le demandeur en déclaration de faillite ne procède pas sur sa demande avec la diligence nécessaire, la Cour peut lui subroger comme demandeur tout autre créancier envers lequel le débiteur a une dette du montant exigé par la présente loi pour qu'un créancier se porte demandeur en déclaration de faillite [1].

Art. 108. Si un débiteur, par lequel ou contre lequel une demande en déclaration de faillite a été formée, vient à mourir, la procédure continue comme s'il vivait encore, à moins que la Cour n'en décide autrement [2].

Art. 109. La Cour peut à tout moment, pour une cause légitime, arrêter la procédure commencée sur une demande en déclaration de faillite, soit d'une façon définitive, soit pour un temps limité, dans les termes et sous les conditions que la Cour juge convenables.

Art. 110. Tout créancier dont la créance est suffisante pour lui donner le droit de former une demande en déclaration de faillite contre tous les associés pourra en former une ou contre un ou contre plusieurs d'entre eux seulement [3].

Art. 111. Lorsque la demande est formée contre plusieurs personnes, la Cour peut la rejeter à l'égard de l'une ou de plusieurs d'entre elles, sans préjudice des effets de cette demande contre les autres.

---

[1] Reproduction de l'article 80, alinéa 4, de la loi de 1869.

[2] Sous l'empire de la loi de 1869 (art. 80, alinéa 9), la continuation de la procédure ne pouvait être demandée qu'autant que la mort du débiteur était postérieure à la déclaration de faillite. La loi de 1883 étend ici la compétence de la juridiction chargée de connaître des faillites, conformément à l'article 125 (p. 106).

[3] Voir ci-après art. 115 (p. 96).

Art. 112. Dans le cas où une ordonnance de séquestre a été rendue sur une demande en déclaration de faillite formée par ou contre un membre d'une société (*partnership*), toute autre demande formée par ou contre un membre de la même société doit être remise ou transmise à la cour devant laquelle est portée déjà la première demande. A moins que la Cour n'en ordonne autrement, le même séquestre et le même syndic est désigné que lors de la première demande. La Cour donne telles instructions que bon lui semble pour la réunion des procédures relatives à chacune des demandes [1].

Art. 113. Lorsqu'un membre d'une société (*partnership*) est déclaré en faillite [2], la Cour peut autoriser le syndic à introduire et à poursuivre toute action au nom du syndic et de l'associé du failli. Toute remise faite par cet associé d'une dette ou toute renonciation à une demande à laquelle l'action se rapporte seront nulles, mais avis de la requête en autorisation d'introduire l'action sera donné à cet associé et il pourra s'y opposer. Sur sa demande, la Cour, si elle le juge convenable, peut décider que cet associé recevra sa part dans les produits de l'action et, s'il ne réclame pas cette part, il sera indemnisé des frais de la manière que la Cour ordonnera.

Art. 114. Lorsque le failli a contracté conjointement avec une ou plusieurs personnes, cette personne ou ces personnes peuvent agir ou être actionnées sans le failli.

Art. 115. Deux ou plusieurs personnes associées ou des per-

---

[1] Voir art. 106. — L'article 112 reproduit l'article 102 de la loi de 1869 avec les modifications indispensables dans les termes.

[2] Cette disposition s'applique à la déclaration de faillite, non à l'ordonnance de séquestre.

sonnes faisant des opérations sous une raison sociale (*partnership name*) peuvent agir ou être actionnées sous la raison sociale (*firm*) en vertu de la présente loi. Mais, dans ce cas, la Cour peut, sur la demande de toute personne intéressée, ordonner que les noms de tous les associés soient révélés et que la vérification en soit faite au moyen du serment ou de toute autre manière que la Cour déterminera [1].

**DES FONCTIONNAIRES.**

(*Officers.*)

**Art. 116, § 1.** Le *registrar* ou tout autre fonctionnaire attaché à une cour ayant compétence en matière de faillite ne sera pas, durant ses fonctions, éligible à la Chambre des communes et ne pourra siéger comme membre de cette Chambre.

[1] Il s'agit ici des sociétés appelées simplement *partnerships* qui correspondent à peu près aux sociétés en nom collectif du continent. Elles ne forment pas des personnes civiles. Aussi, pendant longtemps toutes les fois qu'une société de ce genre avait un procès les noms de tous les associés devaient figurer dans les actes de la procédure et ces actes devaient être signifiés à chacun. Mais, depuis quelques années, pour éviter les complications et les frais, sans donner à ces sociétés le bénéfice de la personnalité réservée aux sociétés soit autorisées par une loi ou par lettres patentes royales, soit enregistrées conformément à la loi de 1862, il a été admis qu'elles peuvent être représentées par une ou plusieurs personnes sans que les noms des associés apparaissent.

Les articles 259 à 264 du Règlement contiennent les dispositions suivantes qui se rattachent à l'article 115. Toutes les notifications à faire à la personne, le sont valablement au siège principal de la société à l'un des associés ou à toute autre personne chargée de la gestion de la société. Quand il y a lieu de déclarer que la société ne peut pas payer ses dettes ou de la faire déclarer en faillite, la demande doit être accompagnée d'un *affidavit* émanant d'au moins un des associés, indiquant les noms des autres, et montrant que tous ont été d'avis de déposer la déclaration ou la demande. Une ordonnance de séquestre rendue contre une raison sociale produit les mêmes effets que des ordonnances de ce genre rendues contre chacun des associés. Il y a lieu de dresser un bilan pour les affaires sociales et un bilan pour les affaires de chaque associé. La faillite ne peut jamais être prononcée contre la raison sociale, elle l'est contre chacun des associés individuellement. Voir aussi art. 148 de la loi (p. 118).



IMPRIMERIE NATIONALE.

§ 2. Un *registrar,* un séquestre officiel ou tout autre fonctionnaire attaché à une cour ne pourra, pendant la durée de ses
fonctions, directement ou indirectement, par lui-même, par un de
ses employés, par un de ses coassociés agir comme *solicitor* dans
une procédure de faillite ou dans une poursuite exercée contre un
débiteur par ordre de la Cour. S'il le fait, il pourra être destitué.

Toutefois, les dispositions de cet article ne porteront pas
atteinte au droit de tout *registrar* ou fonctionnaire nommé avant
la mise en vigueur de la présente loi d'agir comme *solicitor* par
lui-même, par un employé ou par un coassocié, dans les limites
fixées par l'article 69 de la loi sur les faillites de 1869 [1].

### DES DÉCISIONS ET MANDATS DE LA COUR.
#### (*Orders and Warrants of Court.*)

Art. 117. Toute décision rendue par une cour ayant compétence en matière de faillite en Angleterre en vertu de la présente
loi, recevra force exécutoire en Écosse et en Irlande par les cours
de ces parties du Royaume-Uni ayant compétence en matière
de faillite, de la même manière à tous égards que si elles émanaient de la cour chargée de lui donner force exécutoire. De
même, toute décision rendue par une juridiction d'Écosse compétente en matière de faillite sera rendue exécutoire en Angleterre et
en Irlande et toute décision rendue en Irlande sera rendue exécutoire en Angleterre et en Écosse par les cours ayant compétence
en matière de faillite dans chaque partie du Royaume-Uni, comme
si la décision émanait de la juridiction saisie.

Art. 118. La Haute Cour, les cours de comté, les cours ayant
compétence en matière de faillite en Écosse et en Irlande et toute
cour anglaise ayant ailleurs cette compétence, ainsi que les fonc-

---

[1] La loi de 1869 n'édictait de pro-
hibition que pour la cour auprès de
laquelle le *registrar* ou le fonctionnaire
exerçait ces fonctions.

tionnaires de ces cours, doivent se prêter réciproquement aide et assistance dans toutes les questions de faillite. Toute décision d'une de ces cours requérant l'assistance d'une autre, doit être considérée comme donnant à celle-ci le pouvoir d'exercer, pour les questions indiquées, tous les droits que chacune de ces cours pourrait exercer dans les limites de sa compétence.

ART. 119, § 1. Tout mandat (*warrant*) d'une cour ayant compétence en matière de faillite en Angleterre sera rendue exécutoire en Écosse, en Irlande, dans l'île de Man, dans les îles de la Manche et dans les autres possessions de Sa Majesté, de la même manière qu'une décision d'un juge de paix rendue contre une personne pour une violation criminelle des lois de l'Angleterre, d'après les lois votées par le Parlement.

§ 2. Une ordonnance de recherche (*search warrant*), rendue par une cour ayant compétence en matière de faillite, dans le but d'arriver à la découverte de biens appartenant au débiteur, peut être exécutée de la manière prescrite ou conformément aux règles applicables au *search warrant* concernant des biens qu'on suppose avoir été volés.

ART. 120. Quand la Cour condamne une personne à l'emprisonnement, cette personne peut être placée dans la prison que détermine la Cour. Le geôlier qui refuse de recevoir le condamné, encourra une amende de 100 livres sterling au plus.

## TITRE VII.

### DES PETITES FAILLITES [1].

### (*Small Bankruptcies.*)

ART. 121. Lorsqu'une demande en déclaration de faillite est formée par un débiteur ou contre lui, si la Cour constate par un

[1] Les dispositions de ce titre sont entièrement nouvelles. Elles ont pour but, en

*affidavit* ou d'une autre manière que l'actif du failli ne dépassera pas vraisemblablement une valeur de 300 livres sterling ou si le séquestre officiel indique cette circonstance dans son rapport à la Cour, celle-ci peut ordonner que les biens du failli seront soumis à une administration sommaire. Par suite, les dispositions de la présente loi subiront les modifications suivantes :

§ 1. Si le débiteur est déclaré en faillite, le séquestre officiel sera syndic.

§ 2. Il n'y aura point de comité de surveillance, mais le séquestre pourra, avec l'autorisation du *Board of Trade,* faire tous les actes que peut faire le syndic avec l'autorisation du comité de surveillance.

§ 3. Toutes autres modifications de ce genre pourront être apportées aux dispositions de la présente loi par le règlement fait pour son exécution, dans le but de diminuer les frais et de simplifier la procédure. Mais il ne sera point permis, en vertu de cet article, de modifier les dispositions de la présente loi concernant l'interrogatoire ou la décharge du débiteur [1].

Toutefois, les créanciers pourront à tout moment, par une délibération spéciale, décider qu'une autre personne que le séquestre officiel sera désignée comme syndic et, par suite, la procédure de la faillite sera suivie comme s'il n'avait pas été décidé que l'actif du failli serait soumis à une administration sommaire [2].

---

simplifiant la procédure pour les faillites de peu d'importance, de diminuer les frais et d'obtenir une liquidation plus rapide.

[1]-[2] Les articles 272 et 273 du Règlement général sont relatifs aux petites faillites. L'article 273 énumère les dérogations autres que celles indiquées dans l'article 121 de la loi qui sont apportées, pour ces faillites, aux dispositions de la loi. Les principales sont les suivantes :

Un seul avis des différents actes de procédure doit être inséré dans un journal local. La convocation d'un jury ne peut avoir lieu ; toutes les questions de droit et de fait sont résolues par la Cour. Si le séquestre officiel prouve à la Cour soit que le débiteur s'est caché, soit qu'il n'a pas l'intention de présenter une proposition de concordat ou d'arrangement, soit que cette proposition n'est pas

Art. 122, § 1. Lorsqu'un jugement a été rendu contre un débiteur par une cour de comté, si le débiteur ne peut payer immédiatement le montant de la condamnation et s'il allègue que le chiffre total de ses dettes, y compris celle à raison de laquelle le jugement a été rendu, ne dépasse pas 5o livres sterling, la Cour de comté peut rendre une ordonnance prescrivant les mesures nécessaires à l'administration des biens du débiteur; elle peut décider qu'il payera ses dettes par parties ou autrement et soit en totalité, soit jusqu'à concurrence de ce qui, à raison des circonstances, paraîtra possible à la Cour. Elle prendra telles mesures qui lui paraîtront convenables quant aux bénéfices et aux revenus futurs du débiteur.

§ 2. L'ordonnance ne sera pas nulle à raison de ce qu'il sera constaté postérieurement que le montant des dettes excède 5o livres sterling, mais dans ce cas la Cour peut révoquer son ordonnance.

§ 3. Si, d'après l'opinion de la cour qui a rendu le jugement de condamnation, il y a inconvénient à ce que l'administration de l'actif du débiteur lui soit confiée à elle-même, elle délivrera un certificat constatant le jugement; il sera transmis à la cour de comté dans le ressort de laquelle le débiteur ou la majorité des créanciers réside. Dans ce cas, cette dernière cour aura tous les

avantageuse pour les créanciers, la Cour peut déclarer immédiatement la faillite. Elle a le même pouvoir lorsque, avant la clôture de l'interrogatoire public du débiteur, elle estime qu'à raison de sa conduite, un concordat ou un arrangement ne devrait pas être homologué par elle. — L'appel des décisions de la Cour n'est admis qu'avec sa permission. — Tous les payements, à moins que le *Board of Trade* n'en ordonne autrement, doivent être faits à la Banque d'Angleterre ou par elle. — Il ne doit y avoir, en dehors de la réunion chargée de se prononcer sur les propositions de concordat ou d'arrangement, qu'une seule assemblée de créanciers, qui peut se tenir au jour même fixé pour l'interrogatoire public du débiteur ou un autre jour fixé par le séquestre officiel. — L'actif doit être réalisé avec la promptitude raisonnable et, s'il est possible, il ne doit y avoir qu'une seule distribution de dividendes.

pouvoirs qui lui appartiendraient en vertu du présent article si elle avait rendu le jugement.

§ 4. S'il paraît au *registrar* de la cour de comté que les biens du débiteur ont une valeur supérieure à 10 livres sterling, il doit, à la requête de tout créancier, sans avoir aucun droit à percevoir, ordonner la saisie des biens du débiteur. Mais ses meubles meublants, ses vêtements, son coucher et celui de sa famille, les instruments et ustensiles de son commerce échapperont à la saisie jusqu'à concurrence de 20 livres sterling[1].

§ 5. Lorsqu'une cour de comté a rendu l'ordonnance prévue par le présent article, aucun créancier n'a le droit de poursuivre le débiteur ou de saisir ses biens à raison des dettes déclarées par lui à la Cour, si ce n'est avec l'autorisation de la Cour et dans les limites fixées par elle. Toute cour de comté ou toute cour inférieure devant laquelle une procédure relative à l'une de ces dettes contre le débiteur est pendante doit, en recevant avis de l'ordonnance, arrêter la procédure, mais allouer les dépens qui pourront, sur la demande qui en sera faite, être ajoutés à la dette.

§ 6. Si le débiteur manque de payer une portion de ses dettes en conformité de l'ordonnance rendue par application du présent article, il devra, à moins que le contraire ne soit prouvé, être considéré comme ayant eu depuis la date de l'ordonnance le moyen de payer la somme qu'il n'a pas acquittée et comme ayant refusé ou négligé de la payer[2].

§ 7. L'ordonnance sera exécutée de la manière prescrite par le règlement à faire pour l'exécution de la présente loi.

[1] Voir dans l'article 44, alinéa 2, une disposition correspondante pour la faillite.

[2] D'après l'article 13 du règlement fait pour l'application de l'article 122 (voir la note suivante), la Cour rend sans frais un jugement ordonnant au débiteur de se présenter en personne devant elle (*judgment summons*), afin de prouver, s'il y a lieu, qu'il est dans l'impossibilité de payer. Si la Cour admet qu'il en est ainsi, l'exécution de l'ordonnance est suspendue pendant le temps où cette impossibilité subsiste.

§ 8. Les sommes payées en exécution de l'ordonnance serviront à acquitter d'abord les frais faits par le demandeur, ensuite les frais d'administration (qui ne devront pas excéder 10 p. 100 du montant total des dettes) et enfin elles seront employées au payement des dettes conformément à l'ordonnance.

§ 9. Avis de l'ordonnance doit être donné au *registrar* de la cour de comté, être affiché au greffe de la cour de comté dans le ressort de laquelle réside le débiteur et être envoyé à chaque créancier désigné par le débiteur ou dont le titre a été vérifié.

§ 10. Tout créancier, après avoir prouvé sa créance devant le *registrar*, doit être admis pour le montant de celle-ci sur la liste des créanciers.

§ 11. Tout créancier peut, de la manière prescrite, faire des objections soit contre les créances portées sur la liste, soit sur la manière dont il a été décidé que leur payement aurait lieu par portions.

§ 12. Toute personne qui, après la date de l'ordonnance, devient créancier du débiteur commun, doit, après qu'elle a prouvé sa créance devant le *registrar*, être portée comme créancier pour le montant de cette créance, mais elle ne peut réclamer aucun dividende jusqu'à ce que les créanciers portés sur la liste comme ayant des créances antérieures à la date de l'ordonnance aient été payés dans la mesure fixée par l'ordonnance.

§ 13. Quand les sommes reçues en vertu de l'ordonnance seront suffisantes pour payer chacun des créanciers inscrits sur la liste jusqu'à concurrence de la somme y indiquée ainsi que les frais de la demande et de l'administration, l'ordonnance cessera de produire ses effets et le débiteur sera déchargé de ses dettes à l'égard des créanciers portés sur la liste.

§ 14. Pour le calcul du salaire du *registrar*, tout créancier porté sur la liste, dont la créance n'a pas été constatée par jugement, doit être considéré comme un demandeur [1].

## TITRE VIII.

### DISPOSITIONS SUPPLÉMENTAIRES.

(*Supplemental Provisions.*)

———

#### DE L'APPLICATION DE LA LOI.

(*Application of Act.*)

**Art. 123.** Une ordonnance de séquestre ne peut être rendue

[1] Un règlement spécial comprenant dix-huit articles, a été fait pour l'exécution de l'article 122 de la loi. Voici le résumé des principales dispositions de ce règlement. — Un débiteur désirant obtenir un *administration Order* conformément à l'article 122 de la loi, doit déposer entre les mains du *registrar* de la Cour une requête. Quand le débiteur ne sait pas écrire, le *registrar* ou son clerc remplit pour le débiteur une formule de requête. Lorsque aussitôt après qu'un jugement a été rendu contre lui, un débiteur allègue qu'il est dans l'impossibilité de l'exécuter et que toutes ses dettes ne dépassent pas 5o livres sterling, l'exécution du jugement est suspendue pendant le temps fixé par la Cour, pour que le débiteur puisse déposer sa requête. Si le débiteur ne dépose pas sa demande dans le délai fixé, le demandeur peut, après en avoir donné avis au débiteur et au *registrar* de la Cour, réclamer à celui-ci un ordre de payement. Le *registrar* auquel a été déposée la requête tendant à l'application de l'article 122 de la loi, doit aussitôt que possible donner avis à tous les créanciers dont la liste a été fournie par le débiteur, du jour et de l'heure auxquels la demande du débiteur sera examinée. Cet avis est envoyé par la poste dix jours francs avant la date fixée pour cet examen. Il est adressé aussi au débiteur. Tout créancier auquel cet avis a été adressé et qui désire formuler quelque objection relativement à des dettes mentionnées par le débiteur, doit en avertir le *registrar*, le débiteur et les créanciers intéressés cinq jours francs avant le jour fixé pour l'examen de la demande, en indiquant les motifs de ses objections. L'avis est envoyé par la poste. Du reste, la Cour peut admettre les objections présentées par un créancier, sans qu'un avis préalable ait été donné. — Le débiteur doit, sauf décision contraire de la Cour, être présent lors de l'examen de sa demande. Tout créancier doit prouver sa créance. Toute créance portée sur la liste dressée par le débiteur doit être considérée comme prouvée, à moins d'objection faite par un créancier. — Pour déterminer si le débiteur devra payer ses dettes en entier ou n'aura à en acquitter

contre une société ou association enregistrée conformément à la loi sur les sociétés (*Companies Act*) de 1862 [1].

Art. 124. Si une personne jouissant des privilèges attachés à la qualité de membre du Parlement, accomplit un acte de nature à

qu'une portion, la Cour doit prendre en considération les circonstances dans lesquelles les dettes ont pris naissance; elle recherche spécialement si le débiteur a commis des actes frauduleux, s'il y a à lui reprocher de s'être livré à la paresse, au jeu, à l'intempérance, d'avoir été imprévoyant. — L'ordonnance rendue conformément à l'article 122 de la loi, doit être adressée par la poste au débiteur et avis doit en être donné aux créanciers. — Après que l'ordonnance a été rendue, les créanciers, qui ont reçu avis du jour où la demande serait examinée, ne peuvent faire d'objection contre les dettes portées sur la liste produite par le débiteur, ni contre la manière dont le payement doit être fait en vertu de la décision de la Cour, à moins qu'ils ne prouvent que l'avis ne leur a pas été remis et qu'ils n'ont pas connu d'une autre manière la procédure engagée. Aucune objection n'est admise deux mois après la date de l'ordonnance. — Tout créancier voulant prouver sa créance, conformément aux paragraphes 10 et 12 de l'article 122 de la loi, envoie sa demande faite par écrit au *registrar* qui en donne avis au débiteur. Si le débiteur ne formule aucune objection, la créance est considérée comme prouvée et elle est ajoutée à la liste des créances dressée par le débiteur. Dans le cas contraire, le *registrar* fixe un jour pour l'examen de l'objection proposée et en donne avis aux deux parties. — La Cour ou la majorité des créanciers peut désigner une personne chargée de procéder à l'exécution de l'ordonnance. Cette personne, qui peut toujours être révoquée par la Cour, prend toutes les mesures nécessaires pour assurer l'exécution de l'ordonnance. En cas de négligence ou s'il y a urgence, ces mesures peuvent être prises par chaque créancier. — La Cour peut suspendre l'exécution de son ordonnance à tout moment ou en modifier les dispositions relatives au payement et au montant des acomptes. Mais elle ne peut ni modifier, ni écarter les termes d'un arrangement conclu entre le débiteur et ses créanciers, à moins que cet arrangement n'ait été obtenu au moyen de manœuvres frauduleuses ou que le montant des dettes ne dépasse 50 livres sterling.

[1] L'ordonnance de séquestre est un préalable nécessaire à la déclaration de faillite. Par suite, il résulte de l'article 123, qui se borne à confirmer les règles du droit antérieur, que les sociétés soumises à la loi de 1862 ne peuvent pas être déclarées en faillite et qu'ainsi le *Bankruptcy Act* ne les concerne pas. Ce qui remplace pour ces sociétés la faillite, c'est la liquidation. Cette liquidation est réglée principalement par le *Companies Act* de 1862 (art. 74 à 173). Les dispo-

entraîner la faillite, il est procédé conformément aux dispositions de la présente loi, de la même manière que si elle ne jouissait pas de ces privilèges [1].

Art. 125, § 1. Tout créancier d'un débiteur décédé dont la créance eût été suffisante pour lui permettre de former contre ce débiteur une demande en déclaration de faillite [2], si celui-ci vivait, peut présenter dans les formes prescrites une demande tendant à obtenir une ordonnance prescrivant d'administrer les biens du débiteur décédé, conformément à la loi sur les faillites [3].

§ 2. Après que l'avis prescrit a été donné à la personne représentant le débiteur décédé, la Cour peut, de la manière prescrite, sur la preuve de la créance du demandeur, soit ordonner que les règles de la faillite seront appliquées aux biens du débiteur décédé, à moins que la Cour n'estime qu'il est probable que l'actif suffira à payer les dettes de ce débiteur, soit rejeter la demande avec ou sans dépens après examen (*upon cause*).

§ 3. Une ordonnance ne doit être rendue en vertu du présent article qu'après l'expiration d'un délai de deux mois, à partir de

sitions de la loi de 1862 relatives à la liquidation de ces sociétés sont traduites ci-après, p. 165 et suiv.

Si la loi sur les faillites ne régit pas les sociétés soumises à la loi de 1862, elle s'applique, au contraire, aux simples *partnerships* que cette loi ne régit point et qui ne sont pas des personnes civiles (*Corporations*). Voir ci-dessus, notamment art. 115.

[1] Voir art. 32 et 33.

[2] Voir art. 6.

[3] Sous l'empire de la loi de 1869, une personne décédée ne pouvait pas être déclarée en faillite, bien que la faillite continuât malgré la mort du failli (voir plus haut, art. 108). On admettait cette solution en se fondant surtout sur ce que l'administration des successions est régie par des règles peu familières aux cours compétentes en matière de faillite. La loi sur l'organisation judiciaire (*Judicature Act* de 1875, art. 10) rendait applicables au patrimoine des personnes mortes insolvables un grand nombre de dispositions de la loi sur les faillites. La loi nouvelle a généralisé le principe posé par la loi de 1875, en adoptant le système consacré par la loi écossaise sur les faillites de 1856.

la date de la délivrance des lettres d'administration [1], à moins que la personne représentant le débiteur défunt n'y consente, ou que le demandeur ne prouve que le débiteur a commis un acte susceptible d'entraîner la faillite dans les trois mois qui ont précédé son décès.

§ 4. Une demande tendant à ce que le patrimoine du défunt soit administré conformément aux dispositions du présent article ne doit pas être présentée à la Cour, après qu'une procédure relative à l'administration de la succession a été introduite devant une autre cour de justice.

Mais cette dernière cour pourra, dans ce cas, sur la demande d'un créancier et sur la preuve de l'insuffisance de l'actif pour acquitter les dettes, transmettre la procédure à la cour compétente en matière de faillite. Celle-ci peut alors rendre de la manière prescrite une ordonnance relative à l'administration des biens du débiteur décédé. Les mêmes conséquences se produiront que si l'ordonnance était rendue sur la demande d'un créancier.

§ 5. En vertu de l'ordonnance de la Cour relative à l'administration des biens d'une personne décédée, l'actif du débiteur est transmis au séquestre officiel de la Cour comme syndic (*trustee*). Il doit immédiatement procéder à la réalisation des biens qui le composent et à la distribution du prix en provenant, conformément aux dispositions de la présente loi.

§ 6. Sous les modifications mentionnées ci-après, toutes les

[1] Dans le droit anglais, l'héritier n'est pas saisi de plein droit des meubles de la succession. L'administration en est donnée soit à l'exécuteur testamentaire, soit à une personne obtenant de la justice une sorte d'envoi en possession par des *lettres d'administration* (*letters of administration*). — Cette personne est avant tout l'héritier. Si l'héritier ne le demande point, comme cela doit se présenter souvent en cas d'insolvabilité du défunt, les créanciers peuvent faire nommer un administrateur.

dispositions du titre III de la présente loi concernant l'administration des biens des faillis, en tant que cela sera possible, s'appliqueront à l'ordonnance dont il s'agit comme elles s'appliquent au jugement déclaratif de faillite[1].

§ 7. Le séquestre officiel doit tenir compte des demandes faites par le représentant légal du défunt pour le remboursement des frais funéraires et des dépenses relatives au testament. Ces dépenses seront privilégiées et seront payées intégralement de préférence à toutes autres[2].

§ 8. Si, après le payement de toutes les dettes du débiteur décédé et de tous les frais d'administration prévus par la présente loi, il reste un excédent entre les mains du séquestre officiel, cet excédent est remis au représentant légal du débiteur ou est employé de toute autre manière prescrite.

§ 9. L'avis donné au représentant légal d'un débiteur décédé pour le prévenir qu'une demande a été formée par un créancier conformément aux dispositions du présent article, équivaudra, quand elle sera suivie d'une ordonnance conforme, à un avis d'un acte susceptible d'entraîner la faillite. En conséquence après la date de cet avis, aucun acte translatif de propriété ou aucun payement fait par le représentant du débiteur, ne le déchargera à l'égard du séquestre officiel. Sous réserve des règles posées ci-dessus, les dispositions du présent article ne peuvent pas avoir pour effet de rendre nuls les payements ou les autres actes faits de bonne

---

[1] Le titre III visé par l'article 125, § 6, confère certains pouvoirs au comité de surveillance que l'assemblée des créanciers peut nommer. Les règles relatives à la nomination de ce comité se trouvent dans le titre I que l'article 125 ne mentionne aucunement. On peut penser que le législateur de 1883 n'a pas entendu qu'il y eût un comité de surveillance lorsque le patrimoine d'une personne décédée est administré et liquidé d'après les règles de la faillite, de telle sorte qu'en cette matière, le séquestre officiel n'agit que sous l'autorité du *Board of Trade*.

[2] Il y a là une addition aux privilèges admis en cas de faillite.

foi par le représentant légal du défunt avant la date de l'ordonnance relative à l'administration des biens de la succession.

§ 10. A moins que le contraire ne résulte du texte, le mot « Cour » (*Court*), dans le présent article, signifie la cour dans le ressort de laquelle le débiteur a eu sa résidence ou le siège de ses affaires pendant la plus grande partie du délai de six mois qui a précédé son décès. Sous le nom de créanciers il faut entendre le créancier ou les créanciers ayant, d'après la présente loi, le droit de former une demande en déclaration de faillite [1].

§ 11. Des dispositions réglementaires pourront être rendues pour l'application des dispositions du présent article. Elles le seront dans la même forme et auront les mêmes effets que celles qui seront rendues pour la faillite.

Art. 126. Une personne, qui n'a pas la qualité de commerçant dans le sens de la loi de 1861 sur la faillite, ne peut être déclarée en faillite à raison de dettes contractées avant la mise en vigueur de cette loi [2].

DES RÈGLEMENTS GÉNÉRAUX.
( *General Rules.* )

Art. 127, § 1. Le Lord Chancelier pourra, de temps à autre, avec l'assentiment du président du *Board of Trade,* faire des règle-

---

[1] Voir art. 6.

[2] L'article 126 contient une disposition transitoire semblable à celle de l'article 119 de la loi de 1869. Elle se rattache à l'ancienne règle d'après laquelle, avant la loi de 1861, les commerçants seuls pouvaient être déclarés en faillite. Comme cela a été dit plus haut (note 3 de la page 2), la loi de 1861 puis celle de 1869, en étendant la faillite aux non-commerçants, avaient sous divers rapports établi des différences entre la faillite des commerçants et celle des non-commerçants. Aussi ces deux lois, dans un appendice, contenaient une énumération des différentes professions qu'elles considéraient comme commerciales ( *Description of Traders* ).

ments généraux (*general rules*) pour l'exécution de la présente loi, les abroger ou les modifier[1].

§ 2. Les règlements ainsi faits en vertu des dispositions précédentes, devront être déposés au Parlement dans les trois semaines de leur confection, si le Parlement est alors en session et, si le Parlement n'est pas en session, dans les trois semaines qui suivront le commencement de la session prochaine. Ils seront obligatoires pour les Cours et auront les mêmes effets que si les dispositions y contenues se trouvaient dans la présente loi.

§ 3. Les règlements nécessaires pour l'exécution de la présente loi pourront être faits à toute époque après sa mise en vigueur.

§ 4. Ils ne devront pas étendre la compétence de la Cour[2].

§ 5. Après la mise en vigueur de la présente loi, aucun règlement général fait en vertu du présent article ne sera exécuté qu'un mois après qu'il aura été rendu et publié.

### DES DROITS DE TIMBRE, SALAIRES, FRAIS, ETC.
#### (*Fees, Salaries, Expenditure and Returns.*)

ART. 128, § 1. Le Lord Chancelier, avec l'approbation de la Trésorerie, pourra de temps à autre fixer un tarif pour les droits de timbre à percevoir à raison des actes de procédure auxquels

---

[1] Il a été fait, à la date du 1ᵉʳ décembre 1883, un règlement général qui comprend 270 articles et est accompagné de nombreuses formules d'actes (*forms*). Ce règlement a été modifié par des règlements subséquents qui ont été codifiés dans un règlement de 1886. Ce sont les dispositions de ce dernier règlement que nous visons souvent en note. — Il a été fait aussi, en 1883, un règlement spécial pour l'application de l'article 122. (Voir ci-dessus, p. 104, en note.)

[2] Cette disposition a été insérée dans la loi sur la demande des membres écossais de la Chambre des communes qui redoutaient que le règlement ne rendît certaines dispositions de la loi applicables hors de l'Angleterre et ne modifiât notamment l'article 6, § 1, *d*, concernant la nécessité du domicile du débiteur en Angleterre.

donnera lieu la présente loi [1]. La Trésorerie déterminera par qui et comment ces droits seront perçus et sur quel compte ils seront imputés. Le *Board of Trade*, d'accord avec la Trésorerie, décidera si une rémunération sera due aux fonctionnaires attachés au *Board of Trade* pour leurs fonctions exercées en vertu de la présente loi et quel en sera le montant. La rémunération pourra être modifiée, diminuée ou augmentée [2].

§ 2. Le présent article entrera immédiatement en vigueur.

Art. 129, § 1. Le Lord Chancelier, d'accord avec la Trésorerie, décidera si une rémunération sera due aux personnes autres que les fonctionnaires du *Board of Trade* exerçant des fonctions en vertu de la présente loi et en fixera le montant qui pourra être modifié, augmenté ou diminué.

§ 2. Le présent article entrera immédiatement en vigueur.

Art. 130, § 1. La Trésorerie fera chaque année préparer et présentera aux deux Chambres du Parlement pour l'année expirant le 31 mars [3] un compte indiquant les recettes et les dépenses faites durant cette année pour les procédures de faillite commencées sous l'empire de la présente loi ou des lois antérieures. L'article 28 de la loi de 1875 sur la Cour suprême de justice s'applique à ce compte [4].

§ 2. Les comptes du *Board of Trade* présentés en vertu de la présente loi seront examinés de la manière prescrite par la Trésorerie. Pour le dépôt du compte à faire au Parlement, le *Board of*

---

[1]-[2] Ces droits sont fixés par un tarif du 15 juin 1885.

[3] En Angleterre, l'année financière commence le 1er avril.

[4] D'après l'article 28 de la loi de 1875 visée dans l'article 130, chaque année, la Trésorerie doit faire préparer le compte des recettes et des dépenses de la Cour suprême de justice. Le compte est arrêté au 31 mars et communiqué aux deux Chambres du Parlement, soit dans le mois si le Parlement est en session, soit dans le mois qui suit sa réunion.

*Trade* fera les rapports et donnera les renseignements que la Trésorerie aura à déterminer.

Art. 131. Les *registrars* et les autres fonctionnaires des cours compétentes en matière de faillite feront au *Board of Trade* des rapports sur les affaires soumises à leurs cours respectives et à leurs bureaux[1]. La forme de ces rapports et les époques auxquelles il y aura lieu de les présenter seront fixées. Le *Board of Trade* fera porter ces rapports sur des livres qui seront communiqués au public, conformément aux règles à édicter par le *Board of Trade*.

Le *Board of Trade* fera aussi dresser un rapport général annuel sur toutes les questions judiciaires et financières se rattachant à la présente loi. Il sera soumis aux deux Chambres du Parlement [2].

DE LA PREUVE.

(*Evidence.*)

Art. 132, § 1. Une copie de la *Gazette de Londres*, contenant un avis y inséré en vertu de la présente loi, fera preuve des faits constatés dans cet avis.

[3] Les articles 282 à 284 du Règlement contiennent des dispositions relatives aux livres que doivent tenir les *registrars* et aux rapports à faire par eux. Ils prescrivent aux *registrars* de donner avis immédiat au *Board of Trade* des ordonnances de séquestre, des déclarations de faillite, des ordonnances concernant l'interrogatoire public du débiteur, des ordonnances rendues en vertu des articles 121 et 125 de la loi, des homologations de concordat ou d'arrangement conclu entre les débiteurs et leurs créanciers, des annulations de concordat, d'arrangements de déclarations de faillite, des ordonnances prononçant la décharge du failli.

Les *registrars* doivent tenir des livres dont le Règlement détermine les formes. Les *registrars* doivent transmettre les extraits de leurs livres réclamés par le *Board of Trade* et lui donner telles informations ou lui faire tels rapports qu'il demande.

[2] Cette disposition a été appliquée dès le 31 mars 1884. Les rapports ainsi dressés font connaître les résultats de l'application de la loi. Voir l'*Introduction* placée en tête de ce volume.

§ 2. La production d'une copie de la *Gazette de Londres* contenant avis d'une ordonnance de séquestre ou d'une déclaration de faillite fera preuve complète, dans toutes les procédures, de l'existence de l'ordonnance ou de la déclaration de faillite et de la date de celle-ci [1].

Art. 133, § 1. L'original du procès-verbal d'une réunion de créanciers, signé dans la même séance ou dans la séance suivante par une personne se désignant comme président ou paraissant avoir cette qualité, fera preuve par elle seule.

§ 2. Jusqu'à preuve du contraire, toute réunion de créanciers, dont le procès-verbal a été signé par le président, sera réputée avoir été convoquée et tenue régulièrement; toutes les résolutions qui y auront été prises et les actes qui y auront été faits, seront présumés l'avoir été régulièrement [2].

Art. 134. Toute demande ou copie d'une demande en déclaration de faillite, toute ordonnance ou copie d'une ordonnance ou d'un certificat émanant d'une cour ayant compétence en matière de faillite, tout acte ou copie d'un acte, *affidavit* ou document fait ou employé dans le cours de la procédure de faillite ou d'une autre procédure suivie en vertu de la présente loi, feront preuve dans toutes les procédures, pourvu qu'ils soient revêtus du sceau d'une cour compétente en matière de faillite ou qu'ils soient signés par un juge de cette cour ou certifiés comme une copie exacte par un *registrar*.

Art. 135. Sous la réserve des dispositions à insérer dans le règlement général à faire pour l'exécution de la loi, tout *affidavit*

---

[1] Les avis à publier dans la *Gazette de Londres* y sont insérés par les soins du *Board of Trade* (art. 208, Règlement). — Comparer sur les insertions à faire, art. 13, 20, § 2, et 35, § 3, de la loi.

[2] Voir sur la convocation et la tenue des assemblées de créanciers, l'Annexe I, ci-après, p. 133 et suiv.

dont il est fait usage devant une cour compétente en matière de faillite, peut être certifié sous la foi du serment prêté devant une personne autorisée à recevoir les serments prêtés à la Haute Cour ou devant la Cour de chancellerie du comté palatin de Lancastre (*Court of Chancery of the county palatine of Lancaster* [1]) ou devant un *registrar* d'une cour compétente en matière de faillite ou devant un autre fonctionnaire de cette cour autorisé à cet effet par la Cour. Quand il s'agit d'une personne résidant en Écosse ou en Irlande, le serment est prêté devant un juge ordinaire (*judge ordinary*), magistrat (*magistrate*) ou juge de paix. Quand il s'agit d'une personne se trouvant hors du royaume de Grande-Bretagne et d'Irlande, il l'est devant un juge de paix ou toute autre personne compétente pour recevoir le serment dans le pays où elle réside. Un ambassadeur anglais, un consul anglais ou un notaire doit certifier que cette personne est juge de paix ou a l'une des qualités susdites.

Art. 136. En cas de mort du débiteur ou de sa femme ou d'un témoin dont le témoignage a été reçu par une cour dans une procédure engagée conformément à la présente loi, la déposition de la personne décédée, revêtue du sceau de la Cour ou une copie revêtue de ce sceau fera preuve pour les faits y indiqués.

Art. 137. Toute cour ayant compétence en matière de faillite en vertu de la présente loi, doit avoir un sceau indiquant la Cour de la manière prescrite par le Lord Chancelier. Les juges seront tenus de prendre connaissance de ce sceau et de la signature du juge ou du *registrar* de cette cour, dans toutes les affaires pendantes devant eux.

---

[1] On appelait comtés palatins les comtés dont le seigneur avait autrefois des droits royaux, spécialement le droit de justice. Trois de ces comtés, ceux de Chester, de Durham et de Lancastre existent encore, mais ils ont été depuis longtemps réunis à la Couronne et sont assimilés presque complètement aux autres comtés. La Cour du comté de Lancastre est l'ancienne juridiction de ce comté.

Art. 138. Le certificat du *Board of Trade* constatant qu'une personne a été nommée syndic, fera preuve complète de sa nomination [1].

Art. 139. Quand, en vertu de la présente loi, l'appel est admis devant la Haute Cour contre les décisions du *Board of Trade* ou du séquestre officiel, il doit être formé dans un délai de vingt et un jours à partir de la date à laquelle ces décisions ont été prononcées ou prises [2].

Art. 140, § 1. Tous documents constituant en apparence des ordonnances ou des certificats rendus ou délivrés par le *Board of Trade,* quand ils sont revêtus du sceau du *Board of Trade* et signés par un secrétaire ou un secrétaire adjoint du *Board of Trade* ou par toute autre personne dûment autorisée par le président du *Board of Trade,* sont présumés, sans autre preuve, être des ordonnances ou des certificats de cette nature, sauf preuve du contraire.

§ 2. Tout certificat signé par le président du *Board of Trade* constatant qu'un acte est une ordonnance ou un certificat émanant du *Board of Trade,* prouve complètement l'exactitude du fait ainsi attesté.

DES DÉLAIS.

( *Time.* )

Art. 141, § 1. Toutes les fois que la présente loi fixe un délai limité à partir d'une date ou d'un événement pour faire un acte ou engager une procédure, cette date même ou le jour où s'est accompli cet événement, ne doit pas être compris dans le délai qui ne commence que le jour suivant. L'acte doit être fait ou la procédure doit être engagée au plus tard le dernier jour du délai

---

[1] Voir art. 21, § 2.

[2] Voir ci-dessus, p. 93, art. 105, § 4, sur le pouvoir de la Cour de prolonger les délais fixés par la loi.

ainsi calculé. Si le dernier jour est un dimanche, le jour de Noël, le vendredi saint, le lundi ou le mardi de la semaine de Pâques ou un jour de jeûne, de pénitence ou d'actions de grâces publiques ou un jour où la Cour ne siège pas, l'acte sera fait, la procédure sera engagée en temps utile le lendemain, si c'est un jour ouvrable [1].

§ 2. Toutes les fois que la présente loi prescrit de faire un acte ou d'engager une procédure à jour fixe, si ce jour se trouve être l'un de ceux indiqués dans le présent article, cet acte sera fait, cette procédure sera engagée en temps utile le jour suivant, si ce n'est pas un des jours fériés mentionnés dans le présent article.

### DES AVIS.
#### (*Notices.*)

Art. 142. Tous avis et autres documents pour la signification desquels aucune forme spéciale n'est prescrite, peuvent être envoyés par la poste au moyen d'une lettre affranchie, à la dernière adresse connue du destinataire [2].

### DES VICES DE FORMES.
#### (*Formal Defec!s.*)

Art. 143, § 1. Aucune procédure en matière de faillite ne sera annulée par suite d'un défaut de forme ou d'une irrégularité, à moins que la cour devant laquelle la procédure est attaquée ne soit d'avis que le vice de forme ou l'irrégularité a causé un préjudice réel et que ce préjudice ne peut être réparé par une décision de la Cour [3].

[1] L'article 4 du Règlement applique les dispositions de l'article 141 de la loi aux délais fixés par le Règlement.

Ces dispositions signifient, en définitive, simplement que le *dies a quo* n'est pas compris dans le calcul des délais (*dies a quo non computatur in termino.*)

[2] D'après l'article 92 du Règlement, la lettre d'envoi doit être recommandée (*registered*).

[3] Voir ci-dessus, p. 93, art. 105, § 3. — L'article 350 du Règlement consacre

§ 2. Aucun défaut ou irrégularité dans la nomination ou l'é-
lection d'un séquestre officiel, d'un syndic ou d'un membre d'un
comité de surveillance ne vicie les actes faits par lui de bonne foi.

### DU DROIT DE TIMBRE.
#### (*Stamp Duty.*)

ART. 144. Tous actes exclusivement relatifs aux biens mobiliers
ou immobiliers du failli ou à des droits qui lui appartiennent et qui
doivent revenir au failli ou au syndic, seront exemptés du droit de
timbre. Il en sera de même pour toute procuration, assignation,
ordonnance, certificat, *affidavit*, obligation par acte sous sceau ou
autre acte ou écrit concernant exclusivement les mêmes biens ou
la procédure de la faillite. Cela ne met pas obstacle à la perception des droits établis par la présente loi.

### DES EXÉCUTIONS.

ART. 145. Quand le *sheriff* vend des biens d'un débiteur par
suite d'une saisie pour une somme excédant 20 livres sterling (y
compris les frais légaux accessoires), la vente, à moins que la
Cour n'en ordonne autrement, doit être faite aux enchères et non
à l'amiable. L'annonce de cette vente doit être faite par le *sheriff*
pendant trois jours avant le jour où elle doit avoir lieu.

ART. 146, § 1. Le *sheriff* ne doit pas en vertu d'un *Writ of elegit*
délivrer les biens mobiliers d'un débiteur. La saisie par voie de
*Writ of elegit* ne sera pas applicable aux biens mobiliers [1].

§ 2. Il ne pourra plus être délivré de *Writ of levari facias* [2] dans
aucune procédure civile.

---

la même règle que l'article 143, § 1, pour
les irrégularités tenant à l'inobservation
des dispositions mêmes du Règlement.

[1] Le *Writ of elegit* était une procédure de saisie mobilière.

[2] Ancienne procédure de saisie mobilière devenue hors d'usage. — La seule
procédure de saisie qui subsiste pour les
meubles corporels est le *Writ of fieri
facias.*

### DU TRUSTEE DÉCLARÉ EN FAILLITE.
#### (*Bankrupt Trustee.*)

Art. 147. Quand le failli est un *trustee* dans les termes du *Trustee Act* de 1850, l'article 32 de cette loi a pour effet de permettre la nomination d'un nouveau *trustee* à la place du failli (ayant résigné ses fonctions volontairement ou non), s'il paraît utile qu'il en soit ainsi. Toutes les dispositions de la loi de 1850[1] et de toutes autres lois relatives à ce point s'appliquent en conséquence.

### DES PERSONNES CIVILES, ETC.
#### (*Corporations, etc.*)

Art. 148. Pour l'application de toutes les dispositions de la présente loi, une personne civile (*corporation*) peut agir par l'entremise de ses employés à ce dûment autorisés usant du sceau de cette personne civile, une société peut agir par l'entremise d'un de ses membres[2] et un fou par celle de son conseil (*committee*) ou de son *curator bonis*.

### DE L'INTERPRÉTATION DES LOIS ANTÉRIEURES, ETC.
#### (*Construction of former Acts, etc.*)

Art. 149, § 1. Lorsque mention est faite dans une loi quelconque, dans un acte ou dans une procédure antérieure à la présente loi d'un acte introductif de la procédure en matière de faillite désigné sous le nom de *Commission of Bankruptcy* (nomination d'un commissaire chargé de connaître de la faillite) ou de *Fiat in Bankruptcy* (ordre de commencer la procédure de faillite), l'interprétation de cette mention, pour ce qui concerne la procédure engagée en vertu d'une demande en déclaration de faillite, se fera comme si cet acte avait été accompli lors de l'introduction de cette demande.

---

[1] 13 et 14 Vict., ch. LX, art. 32. — [2] Voir art. 115 de la loi.

§ 2. Quand, dans une loi ou dans un écrit, la loi de 1869 sur la faillite est visée, le texte de la loi ou l'écrit doit être entendu comme s'il visait les dispositions correspondantes de la présente loi.

Art. 150. Sauf les restrictions y indiquées, les dispositions de la présente loi concernant les moyens de faire valoir des droits sur l'actif du débiteur, les créances privilégiées, les effets du concordat ou de l'arrangement et ceux de la décharge, seront obligatoires pour la Couronne [1].

Art. 151. Aucune disposition de la présente loi, aucune modification de compétence en résultant, ne supprimera ou ne modifiera le droit de plaider acquis à une personne lors de la mise en vigueur de la loi nouvelle. Les *solicitors* ou autres personnes ayant eu le droit de plaider devant le *Chief Judge in Bankruptcy* auront le même droit en matière de faillite à l'égard de la Haute Cour.

Art. 152. La présente loi ne modifie en rien les dispositions de la loi de 1882 sur les biens des femmes mariées (*Married Women's Property Act, 1882*) [2].

---

[1] Voir art. 40 de la loi. — L'article 150 est une disposition nouvelle. Il avait été décidé, sous l'empire de la loi de 1869, que les dispositions de cette loi ne mentionnant pas la Couronne, n'étaient pas obligatoires pour elle.

[2] Cette loi est traduite dans l'*Annuaire de la législation étrangère* de 1883 (p. 329 et suiv.). Elle contient quelques dispositions qui visent expressément la faillite. D'après l'article 1, § 5, de cette loi, « toute femme mariée exerçant un commerce séparément de son mari, est soumise aux lois sur la faillite en ce qui concerne ses biens séparés ». L'article 3 de cette même loi ne fait, en cas de faillite du mari, passer la femme qui lui a prêté de l'argent qu'après les autres créanciers. — Voir ci-dessus, p. 44, art. 40, § 4.

DISPOSITIONS TRANSITOIRES [1].

( *Transitory Provisions.* )

Art. 153, § 1. Le *comptroller in Bankruptcy* [2], ses employés, clercs et serviteurs ne seront pas attachés à la Haute Cour, mais devront à tous égards agir sous la direction du *Board of Trade*.

§ 2. L'*official assignee* existant actuellement, l'*assignee* provisoire et officiel de l'actif des débiteurs insolvables [3], et le séquestre de l'*Insolvent Debtors' Court* [4], avec leurs employés, les *solicitors* officiels et le *messenger in Bankruptcy* [5] avec les employés, l'*accountant in Bankruptcy* avec ses employés, et tous autres employés et clercs de la Cour des faillites de Londres pourront, sur la décision du Lord Chancelier prise d'accord avec le *Board of Trade*, être désignés à tout moment pour devenir fonctionnaires du *Board of Trade*. Toutefois le *Board of Trade*, de concert avec le Lord Chancelier, pourra à toute époque transporter ces fonctionnaires et clercs du *Board of Trade* à la Haute Cour.

§ 3. Sous la réserve des dispositions de la présente loi, ces personnes exerceront leurs fonctions au même titre, dans les mêmes termes et conditions qu'avant la présente loi. Elles auront les mêmes droits quant à leurs rémunérations et à leurs pensions. Leurs obligations seront aussi analogues à celles dont elles étaient

[1] Il s'agit surtout dans ces dispositions de la situation faite aux fonctionnaires et employés nommés en vertu de la loi de 1869, pour des faillites ouvertes sous l'empire de cette loi.

[2] Le *comptroller in Bankruptcy* dont la nomination appartenait au Lord Chancelier, était un fonctionnaire chargé de recevoir les comptes des syndics de faillite et d'exercer sur eux une certaine surveillance. — En vertu d'une décision du président du *Board of Trade*, datée du 2 janvier 1884, les fonctions du *comptroller in Bankruptcy* appartiennent au *Board of Trade*, et sont exercées par un fonctionnaire de cette administration.

[3-4] Anciens fonctionnaires de la Cour des faillites.

[5] On appelait ainsi sous l'empire de la loi de 1869 des *sheriffs*, au nombre de quatre, attachés à la Cour des faillites.

tenues antérieurement; le *Board of Trade* décidera à cet égard,
sauf les modifications consenties par les intéressés.

§ 4. A l'occasion de toute vacance se produisant dans les fonctions des personnes qui viennent d'être désignées, le *Board
of Trade* peut, avec l'approbation de la Trésorerie, prendre toute
décision, soit pour la suppression d'une fonction, soit pour son
maintien avec des modifications. Le *Board of Trade* peut nommer
une personne pour remplir les obligations conservées et la personne ainsi nommée aura les pouvoirs et les droits de celle qui
remplissait la fonction lors de la mise en vigueur de la présente
loi. Tous les biens, droits et objets appartenant à un tel fonctionnaire, au moment où les vacances se sont produites, seront transmis à la personne ainsi nommée. En cas de vacance, ces nomi-
nations seront faites et ces transmissions auront lieu toutes les
fois que l'occasion l'exigera. Les personnes nommées de cette façon seront fonctionnaires du *Board of Trade*, et elles agiront à tous
égards sous les ordres du *Board of Trade*.

§ 5. Le *Board of Trade* peut, avec l'approbation du Lord Chancelier, décider de temps à autre que des charges ou fonctions
n'ayant pas un caractère judiciaire et relatives à des procédures
de faillite ou d'insolvabilité ou à d'autres procédures ouvertes sous
l'empire de lois antérieures à la loi de 1869 sur la faillite et
qui, au moment de la mise en vigueur de la présente loi, étaient
exercées par des *registrars* des cours de comté, seront dévolues
au séquestre officiel et exercées par lui. Par suite, tous les pouvoirs et tous les droits du *registrar,* tous les biens, droits et effets
lui appartenant, seront transmis au séquestre officiel.

Art. 154, § 1. Si le Lord Chancelier est d'avis qu'une fonction
se rattachant à la Cour des faillites de Londres lors de la mise en
vigueur de la présente loi est inutile, il peut, d'accord avec la
Trésorerie, supprimer cette fonction, à quelque époque que ce soit.

§ 2. La Trésorerie peut, sur la demande de toute personne dont la fonction ou l'emploi est supprimé en vertu des dispositions de la présente loi ou sous son empire, lors de la mise en vigueur de cette loi ou postérieurement, examiner s'il y a lieu d'accorder au demandeur une compensation, et quelle doit être cette compensation, en tenant compte des conditions de l'institution du fonctionnaire dont il s'agit, de la nature de ses fonctions ou de son emploi et de la durée de ses services. Quand le droit à une compensation sera établi, la Trésorerie accordera sur les fonds votés par le Parlement, une compensation par voie d'annuités ou autrement, selon les circonstances.

§ 3. Le *Board of Trade* peut, sous les mêmes conditions et dans les mêmes termes, supprimer les fonctions mentionnées dans l'article précédent.

Art. 155, § 1. Le Lord Chancelier ou le *Board of Trade* pourra, à tout moment, après la mise en vigueur de la présente loi, nommer toute personne dont la fonction sera supprimée, à une autre fonction que, dans l'opinion du Lord Chancelier ou du *Board of Trade*, elle sera apte à remplir. La personne ainsi nommée devra, pendant qu'elle remplira sa fonction nouvelle, recevoir une rémunération annuelle qui, avec la compensation accordée pour la perte de la fonction supprimée, ne sera pas inférieure au traitement qui était afférent à cette fonction.

§ 2. Quand, après la mise en vigueur de la présente loi, un fonctionnaire sera maintenu dans l'exercice de quelques-unes de ses fonctions concernant la faillite ou l'insolvabilité, d'après les dispositions des lois antérieures, le Lord Chancelier ou, selon les circonstances, le *Board of Trade* pourra ordonner que ce fonctionnaire, outre les fonctions qu'il remplit déjà, devra remplir des fonctions analogues sous l'empire de la loi nouvelle, sans avoir pour cela droit à une rémunération supplémentaire.

Art. 156. Toute personne nommée sous l'empire de la présente loi à une fonction ou à un emploi, doit être choisie en premier lieu parmi les personnes (s'il y en a) dont la fonction ou l'emploi est supprimé par la présente loi, à moins que dans l'opinion du Lord Chancelier ou du *Board of Trade*, selon que le droit de nomination appartient à l'un ou à l'autre, aucune de ces personnes ne soit apte à remplir les fonctions ou à occuper l'emploi dont il s'agit. La personne ainsi nommée devra, pendant la durée de ses nouvelles fonctions, avoir droit à un traitement qui avec l'indemnité qui, s'il y a lieu, lui est attribuée pour les fonctions supprimées, ne sera pas inférieur au traitement qui était attaché à celles-ci.

Art. 157. Quand une personne à laquelle une pension annuelle sera accordée à titre d'indemnité sous l'empire de la présente loi, acceptera une fonction publique, elle ne recevra, tant qu'elle conservera cette fonction, sur l'annuité de la pension qu'une somme qui, avec le traitement afférent à la fonction, ne dépassera pas la rémunération attachée à la fonction supprimée. Si la rémunération de la fonction nouvelle est égale ou supérieure à celle qui était attachée à l'ancienne fonction, le service de la pension sera suspendu pendant tout le temps que la personne dont il s'agit recevra son traitement.

Art. 158. Les *registrars*, clercs et autres personnes exerçant leurs fonctions au moment de la mise en vigueur de la présente loi et qui y seront maintenues, devront, quand elles les cesseront, recevoir la pension de retraite (*superannuation*) à laquelle elles auraient eu droit si la présente loi n'avait pas été faite et si elles avaient continué à exercer leurs fonctions sous l'empire des lois actuelles.

Art. 159. Si, dans une liquidation amiable commencée sous

l'empire de la loi sur les faillites de 1869, et en cours lors de la mise en vigueur de la présente loi, il n'y a pas de liquidateur (*trustee*) par suite de mort ou d'autre cause, un des séquestres officiels désignés à cet effet par le *Board of Trade* sera liquidateur. En conséquence, les biens du débiteur seront transmis à ce liquidateur. Mais cette disposition ne porte pas atteinte au droit des créanciers de nommer un nouveau liquidateur de la manière fixée par la loi sur la faillite de 1869 ou par le règlement fait pour son exécution. Par suite de cette nomination les biens du débiteur passeront au nouveau liquidateur.

Les dispositions de la présente loi relatives aux obligations, à la responsabilité et aux comptes à rendre par le syndic s'appliquent autant que possible au liquidateur agissant en vertu du présent article.

Art. 160. Quand il s'agira d'une faillite ou d'une liquidation amiable soumise à la loi de 1869 sur la faillite clôturée ou à clôturer dans l'avenir, tous les biens du failli ou du débiteur dont le syndic aura été saisi, et qui n'auront pas été réalisés et dont le prix n'aura pas été distribué seront transmis à la personne désignée à cet effet par le *Board of Trade* [1]. Elle pourra faire rentrer les fonds, réaliser et distribuer l'actif autant que possible de la même façon et avec les mêmes pouvoirs et les mêmes obligations que si la faillite ou la liquidation continuait et que si elle agissait comme syndic ou liquidateur.

Art. 161. Dans toute faillite soumise à la loi de 1869 et encore pendante lors de la mise en vigueur de la présente loi, où le *registrar* soit de la Cour des faillites de Londres, soit d'une cour de comté, remplit ou pourrait remplir le rôle de syndic [2] si la

[1] Une décision du *Board of Trade* du 1er janvier 1884 a décidé que le séquestre officiel de la Cour compétente aurait cette attribution.

[2] D'après la loi de 1869 sur la faillite et le règlement général fait pour son exécution, le *registrar* devenait syndic d'une faillite dans les cas suivants :

*a.* Quand, après la déclaration de faillite, il n'y avait pas de syndic

présente disposition n'existait pas, le séquestre officiel désigné à cet effet par le *Board of Trade* sera syndic à la place du *registrar* [1]. En conséquence, les biens du failli passeront au séquestre officiel.

DES FONDS OU DIVIDENDES NON RÉCLAMÉS.

(*Unclaimed Funds or Dividends.*)

ART. 162, § 1. Lorsque le syndic (qu'il y ait faillite, concordat ou arrangement conformément à la présente loi)[2] aura sous sa garde des dividendes qui n'auront pas été réclamés pendant plus de six mois, ou quand, après la distribution d'un dividende final, le syndic aura entre ses mains ou sous sa garde des sommes non réclamées ou non distribuées provenant des biens du débiteur, ces dividendes ou ces sommes devront être immédiatement payés au compte des faillites à la Banque d'Angleterre[3]. Le *Board of Trade* lui délivrera une quittance des sommes ainsi payées qui vaudra pour lui décharge.

§ 2, *a.* Quand, après la mise en vigueur de la présente loi, des fonds ou des dividendes non réclamés ou non distribués se trouvant entre les mains ou sous la garde d'un syndic ou d'une autre personne ayant le pouvoir de réunir, de recevoir ou de réclamer des fonds ou des dividendes, en vertu d'une des lois mentionnées dans l'Annexe IV[4], d'une demande en justice, d'une résolution, d'un acte sous sceau ou d'un autre acte fait sous l'empire de ces lois ou en vertu de leurs dispositions, y seront restés sans être réclamés ni distribués pendant six mois après le moment où

---

nommé. Il demeurait syndic jusqu'au jour où il en était nommé un;

*b.* Lorsque, par suite d'une cause quelconque, il n'y avait pas de syndic;

*c.* Quand le syndic était révoqué ou était lui-même déclaré en faillite.

[1] Le *Board of Trade* a, par une décision du 1ᵉʳ janvier 1884, désigné dans ce but le séquestre de la cour compétente.

[2-3] Voir art. 74 et 18, § 1 et 2.

[4] Voir p. 144.

ils pouvaient être réclamés ou répartis, et dans tous autres cas, pendant deux ans après la réception des fonds par cette personne, elle sera tenue de les payer au compte des faillites à la Banque d'Angleterre [1]. Le *Board of Trade* lui délivrera une quittance des sommes ainsi payées qui vaudra décharge.

*b.* Le *Board of Trade* peut à toute époque ordonner que ce syndic ou toute autre personne lui soumette un compte vérifié par un *affidavit* des sommes reçues ou payées par elle par suite d'une demande, d'une résolution, d'un acte sous sceau ou d'un autre acte de procédure de la nature de ceux mentionnés ci-dessus. Le *Board of Trade* peut faire procéder à l'examen du compte et mettre à exécution la décision prise.

*c.* Le *Board of Trade,* de concert avec la Trésorerie, peut de temps à autre désigner une personne chargée de recueillir et de faire rentrer les fonds ou dividendes non réclamés ou non distribués. Pour l'application de cette disposition, toute cour ayant compétence en matière de faillite aura et pourra exercer, sur la demande de la personne ainsi désignée ou du *Board of Trade,* tous les pouvoirs conférés par la présente loi pour la découverte et la réalisation des biens du débiteur. Les dispositions du titre I de la présente loi concernant ces points [2] seront applicables avec les modifications nécessaires, aux actes faits en vertu du présent article [3].

§ 3. Les dispositions du présent article, sauf les dérogations qui y sont expressément indiquées, n'enlèveront à aucune per-

---

[1] Aux termes de l'article 345 du Règlement, toute personne tenue en vertu de l'article 162 de la loi de payer au compte des faillites de la Banque d'Angleterre des fonds ou dividendes non réclamés, doit demander au *Board of Trade* un ordre de payement (*paying-in order*). Cet ordre vaut autorisation à la Banque d'Angleterre de recevoir le payement.

[2] Ce sont les articles 24 à 27 qui paraissent surtout visés ici.

[3] Cette disposition complète l'article 102, § 5, qui est aussi relatif aux cas où un syndic ne remplit pas toutes ses obligations.

sonne les droits différents ou plus étendus qui peuvent lui appartenir contre ce syndic ou cette personne[1].

§ 4. Toute personne prétendant avoir droit à des sommes portées au compte des faillites conformément au présent article, peut demander au *Board of Trade* d'être payée sur elles[2]. S'il est prouvé au *Board of Trade* que cette personne est créancière, il ordonne que la somme à elle due lui soit payée.

Toute personne ayant à se plaindre de la décision du *Board of Trade* sur cette question peut interjeter appel devant la Haute Cour[3].

§ 5. Le *Board of Trade* pourra à tout moment après la mise en vigueur de la présente loi faire ouvrir à la Banque d'Angleterre le compte désigné dans la présente loi sous le nom de compte des faillites (*Bankruptcy estates account*)[4].

### DES PEINES À APPLIQUER AUX DÉBITEURS COUPABLES DE FRAUDES.
#### (*Punishment of fraudulent Debtors.*)

Art. 163, § 1. Les articles 11 et 12 du *Debtors Act* de 1869 concernant la punition des débiteurs coupables de fraude et prononçant contre eux une peine à raison de la dissimulation de leurs biens, seront appliqués comme si aux mots : *en cas de formation d'une demande en déclaration de faillite contre lui,* ceux-ci étaient substitués : *en cas de formation d'une demande en déclaration de faillite par ou contre lui*[5].

§ 2. Les dispositions du *Debtors Act* de 1869, relatives aux délits commis par le failli, s'appliqueront à toute personne, com-

[1] Voir notamment l'article 63.

[2] Selon l'article 346 du Règlement, c'est le *Board of Trade* qui détermine les formes dans lesquelles cette demande doit être faite.

[3] Voir, pour les délais de l'appel, ci-dessus, art. 139 et note 2 de la page 115.

[4] Le compte a été ouvert dès le 27 août 1883.

[5] Voir la loi sur les débiteurs (*Debtors Act*), ci-après traduite, p. 149 et suiv.

merçante ou non, relativement à l'actif de laquelle a été rendue une ordonnance de séquestre. Le mot *failli* employé dans cette loi sera considéré comme comprenant la personne à l'égard de laquelle une ordonnance de séquestre est intervenue [1].

Art. 164. L'article 16 du *Debtors Act* de 1869 doit être entendu et avoir le même effet que si les expressions syndic d'une faillite (*a trustee in any bankruptcy*) comprenaient le séquestre officiel. Il s'appliquera aussi bien aux infractions tombant sous le coup de la présente loi qu'à celles prévues par le *Debtors Act* de 1869 [2].

Art. 165, § 1. Lorsque, dans l'opinion de la Cour, il y a raison de croire que le failli ou une autre personne s'est rendu coupable d'une infraction constituant un délit en matière de faillite, la Cour peut renvoyer le failli ou cette autre personne devant la juridiction compétente (*commit for trial*).

§ 2. En ce qui concerne ce renvoi, la Cour aura tous les pouvoirs d'un magistrat salarié (*stipendiary magistrate*) pour entendre des dépositions, pour obliger les témoins à comparaître, pour admettre l'accusé à fournir caution, etc.

Ce paragraphe ne doit pas être entendu comme dérogeant aux pouvoirs de la Haute Cour.

Art. 166. Quand la Cour ordonne la poursuite d'une personne à raison d'un délit prévu par le *Debtors Act* de 1869 ou par une loi le modifiant ou pour un délit se rattachant à une procédure de faillite, le *Director of public prosecution* doit introduire et exercer la poursuite [3].

---

<sup></sup>(1-2) Voir la loi sur les débiteurs (*Debtors Act*), ci-après traduite, p. 149 et suiv.

(3) Ce droit n'appartenait pas au Ministère public antérieurement. Il lui a été conféré pour faciliter les poursuites contre les débiteurs qui ont commis des actes frauduleux.

Il y a là une sorte d'application de l'idée d'après laquelle les questions concernant la faillite touchent dans une certaine mesure à l'intérêt public.

ART. 167. Quand un débiteur s'est rendu coupable d'un délit, des poursuites ne seront pas exclues contre lui à raison de ce qu'il aura obtenu sa décharge ou de ce qu'un concordat ou un arrangement aura été accepté ou homologué.

DÉFINITION DES TERMES.
(*Interpretation* [1].)

ART. 168. Dans cette loi, à moins que le texte n'exige une interprétation différente :

*The Court* (la Cour) indique la cour ayant compétence en matière de faillite en vertu de la présente loi [2].

*Affidavit* comprend les déclarations faites dans les formes légales, les affirmations et attestations sur l'honneur.

*Available act of bankruptcy* signifie tout acte susceptible d'entraîner la faillite, pouvant justifier une demande en déclaration de faillite, au moment de la présentation de la demande à la suite de laquelle a été rendue l'ordonnance de séquestre [3].

*Debt provable in bankruptcy* ou *provable debt* comprend toute dette ou obligation pouvant être admise à la faillite en vertu de la présente loi [4].

*Gazetted* signifie publié dans la *Gazette de Londres*.

*General rules* comprend même les formules [5].

*Goods* comprend tous les biens appelés *chattels personal* [6].

[1] La plupart des lois anglaises de quelque importance contiennent les définitions des termes techniques qu'elles emploient.

[2] Voir art. 92.

[3] L'article 4 de la loi énumère des actes pouvant entraîner la faillite et l'article 6, § 1, détermine à quelle époque ils doivent remonter.

[4] L'article 37, § 8, de la loi, indique d'une façon complète quelles sont ces dettes.

[5] Le Règlement de 1886 proprement dit est suivi de nombreuses formules (*forms*) ou modèles des divers actes auxquels une procédure de faillite peut donner lieu.

[6] On désigne sous cette dénomination, en général, les choses mobilières corporelles, tels que les meubles meu-



IMPRIMERIE NATIONALE.

*High Court* signifie la Haute Cour de justice de Sa Majesté.

*Local bank* signifie une banque située dans le ressort de la cour compétente ou dans le voisinage de ce ressort [1].

*Oath* comprend l'affirmation, la déclaration faite dans les formes légales et l'attestation sur l'honneur.

*Ordinary resolution* signifie une délibération prise par la majorité en sommes des créanciers présents ou dûment représentés ayant voté à une assemblée de créanciers [2].

*Person* comprend une réunion de personnes formant ou non une personne morale [3].

*Prescribed* veut dire prescrit par le règlement général à faire pour l'exécution de la présente loi.

*Property* comprend les espèces monnayées, les biens mobiliers, les choses incorporelles et toute sorte de biens réels ou personnels situés en Angleterre ou ailleurs [4]; également les créances, les servitudes et tout droit ou bénéfice présent ou futur, dévolu ou éventuel relatif aux biens ci-dessus mentionnés.

*Resolution* signifie une délibération ordinaire [5].

*Secured creditor* signifie une personne ayant un *mortgage* [6] ou un

blants, les bijoux, les animaux, etc., mais non les meubles incorporels tels que les droits d'auteur, les brevets d'invention, etc. Voir au mot *Chattel*, Sweet, *Law Dictionary*. Consult. Glasson, *Histoire du droit et des institutions de l'Angleterre*, t. VI, p. 315 et suiv.; Lehr, *Éléments de droit civil anglais*, page 131.

[1] Voir art. 74 de la loi.

[2] La même définition se trouvait dans l'article 16, § 7, de la loi de 1869. Il en résulte qu'à la différence de ce qui est admis en France, la majorité se compte en sommes et non par têtes dans les assemblées de créanciers.

[3] *A body of persons corporate or unincorporate.*

[4] Sous l'empire de la loi de 1869, il y avait incertitude sur le point de savoir si les immeubles situés dans les possessions anglaises, mais hors de l'Angleterre, passaient au syndic. La solution admise par la loi de 1883 est conforme au but de la législation sur la faillite.

Voir l'article 44 sur les biens divisibles entre les créanciers.

[5] Voir ci-dessus, art. 168, la définition de l'expression *ordinary resolution.*

[6] Le *mortgage* correspond à l'hypothèque du droit français.

privilège (*lien*) [1] sur un bien ou une partie d'un bien du débiteur, à titre de garantie de la dette du débiteur envers elle.

*Schedule* indique une annexe à la présente loi [2].

*Sheriff* désigne tout fonctionnaire chargé d'exécuter un ordre de justice ou tout autre acte de procédure [3].

*Special resolution* désigne une délibération prise par la majorité des créanciers en nombre et la majorité des trois quarts en sommes des créanciers présents ou dûment représentés à une assemblée de créanciers et ayant voté à cette assemblée [4].

*Treasury* signifie les commissaires du Trésor de Sa Majesté.

*Trustee* signifie le syndic de la faillite [5] [6].

§ 2. Les annexes à la présente loi seront considérées comme comprises dans la présente loi et produiront les mêmes effets que si elles y étaient insérées.

DE L'ABROGATION DES LOIS ANTÉRIEURES.

(*Repeal.*)

Art. 169, § 1. Les dispositions légales énumérées dans l'Annexe V seront abrogées à partir de la mise en vigueur de la présente loi dans la mesure qui y est déterminée [7].

§ 2. Cette abrogation n'affectera pas [8] :

[1] Voir Sweet, *Law Dictionary*, au mot *Lien*.

[2] Il y a cinq annexes à la loi. (Voir ci-après, p. 133 et suiv.)

[3] Voir art. 45, 46, 145 et 146 sur les *sheriffs* et leurs obligations.

[4] Cette définition est reproduite de la loi de 1869 (art. 16, § 8). Voir des cas où une *special resolution* est exigée dans l'article 18, § 1.

[5] Du reste, on trouve parfois dans la loi l'expression plus complète et plus précise de *trustee in bankruptcy*.

[6] D'autres définitions de termes se trouvent disséminées dans la loi. Voir pour les mots *acts of bankruptcy*, art. 4 ; *receiving order*, art. 5 ; *order of adjudication*, art. 18, § 12 ; *liability*, art. 37, § 8 ; *completion of execution*, art. 45, § 2 ; *settlement*, art. 47, § 3 ; *district*, art. 92, § 2.

[7] Voir Annexe V, page 14.

[8] Les restrictions mentionnées dans l'article 169 ont pour but d'assurer le respect du principe de la non-rétroactivité des lois.

*a.* Les actes faits ou subis avant la mise en vigueur de la présente loi sous l'empire des dispositions abrogées;

*b.* Les droits et privilèges acquis, les obligations imposées, les incapacités encourues sous l'empire des dispositions ainsi abrogées;

*c.* Les amendes, déchéances ou autres peines encourues ou à encourir à raison de la violation commise ou à commettre des dispositions ainsi abrogées;

*d.* L'introduction ou la continuation de toute procédure ou de tout autre mode de recouvrer un droit en vertu des dispositions ainsi abrogées ou de toutes autres, dans le but soit de constater l'existence d'une semblable obligation ou incapacité, soit de contraindre au payement d'une semblable amende ou de mettre à exécution la déchéance ou la peine susdite (*remedy*).

§ 2. Malgré l'abrogation prononcée par la présente loi, toute procédure engagée à la suite d'une demande en déclaration de faillite ou ayant suivi soit une liquidation amiable (*liquidation by arrangement*), soit un concordat sous l'empire de la loi de 1869 sur la faillite et encore pendante lors de la mise en vigueur de la présente loi, continuera, sauf en ce qui concerne les dispositions de la présente loi déclarées expressément applicables aux procédures non terminées. Sous cette exception, toutes les dispositions de la loi de 1869 s'appliqueront, comme si la présente loi n'avait pas été faite.

Art. 170. Après la mise en vigueur de la présente loi, aucun concordat, aucune liquidation amiable conclu en vertu des articles 125 et 126 de la loi sur les faillites de 1869 ne sera consenti ni admis sans l'homologation de la Cour ou du *registrar* ayant compétence en la matière. Cette homologation ne sera accordée que si le concordat ou la liquidation amiable semble à la Cour être raisonnable et avoir été calculé pour le profit de la masse des créanciers[1].

---

[1] Une loi du 16 septembre 1887 ayant pour titre *Bankruptcy* (*Discharge and Closure Act*), 1887 (50 et 51 Vict., ch. LXVI) est relative à diverses questions transitoires concernant les faillites antérieures à la loi de 1883.

# ANNEXES.

## Annexe I.

### ASSEMBLÉE DES CRÉANCIERS [1].

1. La première assemblée des créanciers doit être convoquée au plus tard quinze jours après la date de l'ordonnance de séquestre [2], à moins que la Cour n'estime pour quelque raison spéciale, qu'il est utile de convoquer l'assemblée à un jour ultérieur [3].

2. Le séquestre officiel convoquera l'assemblée en faisant insérer, dans la *Gazette officielle* et dans un journal local, la date et le lieu de sa réunion huit jours à l'avance [4].

3. Le séquestre officiel enverra aussitôt que possible à chaque créancier mentionné dans le bilan du débiteur, un avis indiquant la date et le lieu de la première assemblée des créanciers, accompagné d'un résumé du bilan du débiteur avec mention des causes de la suspension des payements et des ob-

[1] L'article 15, § 2, de la loi renvoie pour la convocation et pour la tenue de la première assemblée des créanciers et des autres assemblées aux règles contenues dans l'Annexe I. — De nombreux détails sur ces assemblées se trouvent dans les articles 249 à 257 du Règlement. — Les dispositions de ce règlement sont mentionnées ou analysées sous chacun des articles de l'Annexe I qu'ils développent et complètent.

[2] L'article 250 du Règlement donne au séquestre officiel le pouvoir de fixer le jour de la réunion de la première assemblée des créanciers; il doit en avertir le *Board of Trade*, qui fait insérer un avis de convocation dans la *Gazette*

*officielle*. Des avis individuels sont aussi adressés aux créanciers (art. 3 de l'Annexe I). Voir sur l'avis à donner au débiteur, la note 4 ci-après.

[3] Voir sur le pouvoir général appartenant à la Cour de prolonger les délais, art. 105 de la loi, p. 43.

[4] Le séquestre officiel doit donner, trois jours par avance, avis au débiteur des temps et lieu fixés pour la première assemblée des créanciers. Cet avis lui est remis personnellement ou adressé par lettre affranchie. Le débiteur est tenu d'assister à cette assemblée, alors même que l'avis ne lui a pas été envoyé ou qu'il ne l'a pas reçu (art. 249, Règlement). Voir art. 24, § 1, de la loi.

servations que le séquestre officiel jugera convenable de faire. Mais les actes de la première assemblée ne seront pas nuls à raison de ce que cet avis ou ce résumé n'aura pas été envoyé ou reçu avant la réunion.

4. L'assemblée sera tenue dans le lieu qui, dans l'opinion du séquestre officiel, conviendra le mieux à la majorité des créanciers.

5. Le séquestre officiel ou le syndic peut convoquer à toute époque, une assemblée de créanciers. Il doit en convoquer une si la Cour le décide, ou s'il en est requis par un quart des créanciers en sommes [1]. Leur requête doit être formée par écrit.

6. Les assemblées postérieures à la première doivent être convoquées par l'envoi d'un avis indiquant la date et le lieu de la réunion adressé à chaque créancier à l'adresse donnée par lui dans sa production, ou, s'il n'a pas produit, à l'adresse indiquée dans le bilan du débiteur ou à toute autre adresse connue de la personne qui convoque l'assemblée [2].

7. Le séquestre officiel ou une personne nommée par lui, présidera la première assemblée. Les présidents des assemblées subséquentes seront choisis par elles [3].

8. Une personne n'aura qualité pour voter comme créancier à la première assemblée ou aux assemblées suivantes, qu'autant qu'elle aura prouvé à son profit l'existence d'une créance admissible à la faillite et que sa production aura été dûment opérée avant l'époque fixée pour l'assemblée [4].

9. Un créancier ne doit pas voter dans une assemblée pour une créance

---

[1] Voir art. 89, § 2, de la loi.

[2] S'il n'y a pas d'autre délai prescrit, l'avis doit être donné trois jours à l'avance. Les assemblées sont valablement tenues, et les résolutions qui y sont prises sont valables, encore que quelques créanciers n'aient pas reçu l'avis à eux adressé. Un *affidavit* du syndic, du séquestre officiel ou d'un autre fonctionnaire de la Cour constatant la mise à la poste de l'avis, prouve qu'il a été envoyé à la personne à laquelle il était adressé. — Les frais de la convocation d'une assemblée de créanciers, faite à la de-mande d'une autre personne que le séquestre officiel ou le syndic, sont payés par cette personne. Ils lui sont remboursés sur l'actif de la faillite, si les créanciers ou la Cour le décident ainsi (art. 251 à 254, Règlement).

[3] Sur les obligations du président, voir les articles 14 à 25 de l'Annexe I.

[4] Voir sur les preuves des créances l'Annexe II, ci-après, p. 138 et suiv. — Les preuves dont il doit être fait usage à la première assemblée, doivent être déposées un jour franc avant sa réunion (art. 170, Règlement).

non liquide ou conditionnelle ou pour toute créance dont le montant n'est pas fixé[1].

10. Afin de voter, tout créancier ayant une garantie spéciale, à moins qu'il ne renonce à celle-ci, doit dans sa production, indiquer les caractères de sa garantie, la date à laquelle elle lui a été donnée et la valeur à laquelle il l'estime. Il n'aura, s'il y a lieu, le droit de vote que pour l'excédent de sa créance sur cette évaluation. S'il vote pour sa créance entière, il est réputé avoir renoncé à sa garantie, à moins qu'il ne prouve à la Cour que c'est par inadvertance qu'il a omis de l'évaluer[2].

11. Un créancier ne votera pas en vertu d'une créance constatée par une lettre de change ou un billet dont il est porteur, à moins qu'il ne soit disposé à traiter l'obligation de tout signataire antérieur au débiteur et contre lequel n'a pas été rendue d'ordonnance de séquestre comme une garantie, et qu'il n'en estime la valeur pour la déduire du montant de sa créance au point de vue de son vote, mais non pour se présenter à la distribution des dividendes[3].

12. Le syndic ou le séquestre officiel aura le pouvoir dans le délai de vingt-huit jours après qu'un créancier ayant estimé sa garantie aura voté dans une assemblée générale, de demander au créancier de renoncer à sa garantie au profit des créanciers en général, en lui payant le montant de l'évaluation ainsi faite avec une addition de 20 p. 100. Mais le créancier, qui a évalué ainsi sa garantie, peut, tant qu'il n'a pas été requis d'y renoncer, comme il vient d'être dit, modifier cette évaluation en faisant une nouvelle production et la déduire du montant de sa créance. Seulement, dans ce dernier cas, l'addition de 20 p. 100 n'est point admise si le syndic réclame la renonciation à la garantie.

13. Lorsqu'une ordonnance de séquestre est rendue contre un membre d'une société, tout créancier envers lequel cet associé est obligé conjointement avec ses coassociés ou quelques-uns, peut faire vérifier sa créance pour voter à toute assemblée de créanciers et aura le droit d'y voter[4].

---

[1] Voir art. 37 de la loi.

[2] La fin de cet article contient une atténuation équitable qui n'était pas admise antérieurement.

[3] Cette disposition est de droit nouveau. Précédemment le porteur d'une lettre de change ou d'un billet pouvait voter dans la faillite pour son entier montant jusqu'à ce qu'il eût été payé intégralement. Toutefois le porteur qui, avant sa production, avait déjà reçu une partie du montant de l'effet, n'avait le droit de voter que pour l'excédent.

[4] Voir art. 59 de la loi.

14. Le président d'une assemblée a le pouvoir d'admettre ou de rejeter une créance au point de vue de l'admission au vote ; sa décision est soumise à l'appel devant la Cour. Si le président est dans l'incertitude sur l'admission ou le rejet, il doit faire mention des objections faites sur les pièces produites et permettre au créancier de voter, avec éventualité de l'annulation de son vote pour le cas où les objections seraient trouvées bien fondées.

15. Un créancier peut voter en personne ou par mandataire.

16. Toute procuration (*proxy*) doit être donnée dans la forme prescrite. La formule en est délivrée par le séquestre officiel ou, après la désignation d'un syndic, par le syndic. Toute mention manuscrite qui y est faite, doit être de la main du créancier qui donne la procuration.

17. Un créancier peut donner une procuration générale à son gérant (*manager*) ou à son clerc ou à une autre personne à son service régulier. Dans ces cas, la procuration indiquera la nature des rapports du mandataire avec le créancier.

18. Un créancier peut donner une procuration spéciale à une personne quelconque pour voter à une assemblée déterminée ou, en cas de remise, à une assemblée postérieure, pour ou contre une résolution déterminée, pour ou contre une personne proposée pour être syndic ou membre du comité de surveillance.

19. Il ne peut être fait usage d'une procuration, à moins qu'elle n'ait été déposée entre les mains du séquestre officiel ou du syndic avant l'assemblée pour laquelle il doit en être fait usage.

20. S'il paraît à la Cour que quelque sollicitation a été faite soit par le syndic, soit par un séquestre ou en son nom, pour obtenir des procurations ou pour être nommé syndic ou séquestre, à moins qu'une assemblée de créanciers n'ait autorisé ces sollicitations, la Cour aura le pouvoir de décider que la personne qui a fait ces sollicitations, ou au nom de laquelle elles ont été exercées, n'aura droit à aucuns honoraires, et cela malgré les décisions contraires du comité de surveillance ou de l'assemblée des créanciers.

21. Un créancier peut donner au séquestre officiel une procuration générale ou spéciale.

22. Le président d'une assemblée peut, du consentement de ses membres, remettre la réunion d'un jour à un autre ou la transporter d'un lieu dans un autre.

23. Une assemblée ne peut délibérer sur quelque objet que ce soit, sauf sur l'élection du président, la vérification des créances et la remise de la réunion, à moins qu'il n'y ait au moins trois créanciers présents ou représentés, ou que tous ne soient présents ou représentés, si leur nombre ne dépasse pas trois.

24. Si une demi-heure après le moment fixé pour la réunion, le *quorum* des créanciers n'est pas présent ou représenté, la tenue de l'assemblée doit être remise au jour correspondant de la semaine suivante, à la même heure et dans le même lieu ou au jour que fixera le président. Le délai entre les deux réunions doit être de huit jours au moins et de vingt et un jours au plus.

25. Le président de chaque assemblée doit faire dresser un procès-verbal de la réunion et le faire insérer dans un registre spécial. La minute du procès-verbal doit être signée par le président de cette assemblée ou par celui de l'assemblée suivante.

26. Un mandataire muni d'une procuration générale ou spéciale, ne peut voter en faveur d'une résolution qui, directement ou indirectement, le mettrait en situation lui-même, un de ses coassociés ou son patron, de recevoir une rémunération sur l'actif du débiteur en dehors du dividende proportionnel attribué à tous les créanciers. Toutefois, si un mandataire a reçu une procuration l'autorisant à voter pour lui-même en qualité de syndic, il peut faire usage de cette procuration et y conformer son vote [1].

---

[1] Voir art. 88 de la loi, art. 20 de l'Annexe I.

# Annexe II.

---

### VÉRIFICATION DES CRÉANCES.
#### (*Proof of Debts.*)
##### VÉRIFICATION DANS LES CAS ORDINAIRES.

1. Tout créancier doit prouver sa créance aussitôt que possible après l'ordonnance de séquestre[1].

2. La créance sera prouvée par la remise ou par l'envoi par la poste dans une lettre affranchie d'un *affidavit* constatant la créance. La remise sera faite, ou l'envoi sera adressé au séquestre officiel ou au syndic, s'il en a été nommé un.

3. L'*affidavit* doit être fait par le créancier lui-même ou par une personne autorisée à le faire par le créancier ou en son nom. S'il est fait par une personne autorisée, l'*affidavit* doit mentionner son pouvoir et indiquer comment elle a connaissance des faits y contenus.

4. L'*affidavit* doit contenir un état ou se référer à un bordereau indiquant les particularités de la créance et mentionner, s'il y a lieu, les pièces pouvant servir de preuve. Le séquestre officiel ou le syndic peut à tout moment réclamer la production des pièces.

5. L'*affidavit* doit indiquer si le créancier est ou non un créancier garanti (*secured creditor*) [2].

6. Chaque créancier doit supporter les frais relatifs à la preuve de sa créance, à moins que la Cour n'en ordonne autrement.

7. Tout créancier, qui a déposé un *affidavit*, a le droit de prendre connaissance des preuves produites par les autres créanciers et de les examiner, avant la première assemblée et à toute époque raisonnable.

8. Un créancier faisant la preuve de sa créance doit en déduire tous les escomptes commerciaux; mais il n'est pas tenu de déduire un escompte

---

[1] Le dépôt des pièces produites doit avoir lieu entre les mains du séquestre officiel au plus tard un jour avant la réunion de l'assemblée et au plus tôt deux jours avant cette réunion (art. 222, Règlement).

[2] Voir, sur le sens de l'expression *secured creditor*, art. 168 de la loi (p. 130).

n'excédant pas 5 p. 100 qu'il aurait pu accorder pour le payement fait comptant.

VÉRIFICATION DES CRÉANCES GARANTIES.

(*Proof by secured Creditors.*)

9. Quand un créancier a réalisé sa garantie, il peut produire sa créance pour l'excédent lui restant dû après déduction de la somme réalisée.

10. Si un créancier renonce à sa garantie au profit du séquestre officiel ou du syndic dans l'intérêt général des créanciers, il peut produire pour sa créance entière.

11. Si un créancier ne réalise pas sa garantie et n'y renonce pas, il doit, avant de réclamer un dividende, indiquer dans sa production les particularités de sa garantie, la date à laquelle elle lui a été donnée, l'évaluation qu'il lui attribue. Il n'a droit de recevoir un dividende que pour l'excédent de sa créance sur l'évaluation ainsi faite.

12, *a.* Quand une garantie a été ainsi évaluée, le syndic peut à tout moment la racheter en payant au créancier le montant de son évaluation.

*b.* Si le syndic est mécontent de l'évaluation donnée par un créancier à sa garantie, il peut exiger que le bien affecté au créancier soit mis en vente à l'époque et sous les clauses et conditions entendues entre le créancier et le syndic ou fixées par la Cour, à défaut de cette entente. Si la vente a lieu aux enchères, le créancier ou le syndic, au nom de la masse, peut enchérir ou acheter le bien dont il s'agit.

*c.* Toutefois, le créancier peut, à tout moment, mettre le syndic en demeure d'opter entre le rachat de la garantie ou la réalisation. Si, dans les six mois de la mise en demeure faite par écrit, le syndic n'exerce pas son option à cet égard, il est déchu du droit de l'exercer. Le droit de rachat et tout autre intérêt concernant la propriété compris dans la garantie passent du syndic au créancier et le montant de sa créance est réduit au montant de la somme à laquelle la garantie a été évaluée.

13. Quand un créancier a ainsi évalué sa garantie, il peut à tout moment modifier son évaluation et son *affidavit,* en prouvant à la satisfaction de la Cour ou du syndic que l'évaluation a été faite *bona fide,* d'après une estimation inexacte ou que la garantie a diminué ou augmenté de valeur depuis l'évaluation antérieure; mais toute modification de ce genre est faite aux frais du

créancier et dans les termes fixés par la Cour, à moins que le syndic n'admette la modification, sans même qu'une demande soit adressée à la Cour [1].

14. Quand une évaluation a été modifiée conformément à la disposition précédente, le créancier doit immédiatement restituer la partie du dividende qui excède celui auquel il aurait eu droit d'après l'évaluation modifiée ou, s'il y a lieu, se faire payer, sur les sommes disponibles pour les distributions à faire aux créanciers, le dividende ou la portion de dividende qu'il n'a pas reçu à raison de l'inexactitude de l'évaluation primitive. Il n'a pas le droit d'empêcher la distribution d'un dividende fixé avant la date de la modification.

15. Si un créancier, après avoir évalué sa garantie, la réalise ou s'il y a une réalisation faite conformément à l'article 12, le montant net produit par la vente doit être substitué à l'évaluation précédemment faite par le créancier et considéré à tous égards comme une évaluation modifiée par le créancier.

16. Le créancier ayant une garantie, qui ne se conforme pas aux dispositions précédentes, sera privé de toute participation aux dividendes.

17. Sous la réserve des dispositions de l'article 12, un créancier ne doit en aucun cas recevoir plus que la somme qui lui est due en entier et les intérêts, conformément à la présente loi.

### DE LA PREUVE DES CRÉANCES NÉES DE CONTRATS CONCLUS PAR UN FAILLI AYANT DES QUALITÉS DIFFÉRENTES.

(*Proof in respect of distinct Contracts.*)

18. Si un débiteur était, lors de l'ordonnance de séquestre, obligé en vertu de différents contrats comme membre de deux ou de plusieurs sociétés ou à la fois comme seul contractant et comme membre d'une société, la circonstance que les sociétés sont en tout ou en partie composées des mêmes personnes, ou que le débiteur obligé seul est aussi l'un de plusieurs contractants solidaires, n'empêche pas le créancier de se présenter dans chacune des faillites et de faire la preuve de sa créance.

[1] Sous l'empire de la loi de 1869, les erreurs d'évaluation ne pouvaient pas être rectifiées. S'il y avait une évaluation supérieure à la valeur réelle, le créancier n'était pas admis à prouver la différence en moins. S'il y avait une évaluation inférieure, le syndic pouvait prendre la garantie pour la somme fixée.

### DES PAYEMENTS À FAIRE PÉRIODIQUEMENT.
#### (*Periodical Payments.*)

19. Quand des loyers ou d'autres sommes şont payables à des dates fixes et que l'ordonnance de séquestre est rendue en dehors de l'une de ces dates, la personne ayant droit à ces loyers ou à ces sommes peut produire pour une portion de ces loyers ou de ces sommes, comme s'ils étaient dus jour par jour.

### DES INTÉRÊTS.

#### (*Interest.*)

20. Pour toute dette ou somme certaine payable à une date déterminée ou autrement, pour laquelle aucun intérêt n'a été réservé ou convenu et qui, payable avant l'époque de l'ordonnance de séquestre, est admissible à la faillite, le créancier peut réclamer un intérêt de 4 p. 100 par an au plus jusqu'au jour de l'ordonnance de séquestre depuis le jour de l'échéance si la dette est payable en vertu d'un écrit à une date fixe ou, dans le cas où la dette est payable autrement, à partir du jour où a été formée contre le débiteur une demande écrite lui donnant avis qu'un intérêt lui sera réclamé depuis la date de la demande jusqu'au jour du payement.

### DES DETTES À TERME.
#### (*Debt payable at a future time.*)

21. Un créancier peut produire pour une dette non échue au moment où le débiteur a fait un acte de nature à entraîner la faillite comme si elle était exigible. Il peut recevoir des dividendes comme les autres créanciers, sous la déduction seulement d'un intérêt de 5 p. 100 l'an, compté du jour où le dividende a été fixé jusqu'au jour où la dette eût été payable conformément aux conditions dans lesquelles elle a été contractée.

### ADMISSION OU REJET DES PREUVES.
#### (*Admission or Rejection of Proofs.*)

22. Le syndic doit examiner les preuves produites et la cause de la créance, puis l'admettre ou la rejeter par écrit, en tout ou partie, ou réclamer de nouvelles preuves à l'appui. S'il rejette la preuve, il doit indiquer par écrit au créancier les motifs du rejet.

23. Si le syndic pense qu'une créance a été admise à tort, la Cour peut, sur la demande du syndic, après avis donné au créancier, rejeter la créance ou ne l'admettre que pour une somme inférieure.

24. Si un créancier n'est pas satisfait de la décision du syndic relativement à une créance, la Cour peut, sur la demande de ce créancier, rendre une décision contraire ou différente.

25. La Cour peut aussi écarter ou réduire une créance admise sur la demande d'un créancier, si le syndic refuse d'intervenir dans la question, ou sur la demande du débiteur, en cas de concordat ou d'arrangement.

26. Pour l'exercice de ses fonctions relativement aux productions, le syndic peut recevoir des serments et des *affidavits*.

27. Le séquestre officiel, avant la nomination d'un syndic, aura tous les pouvoirs d'un syndic quant à l'examen, à l'admission et au rejet des créances produites. Tout acte et toute décision émanant du séquestre officiel relatifs à ces objets seront soumis au même appel que s'ils émanaient d'un syndic.

# Annexe III.

---

### LISTE DES COURS DE COMTÉ MÉTROPOLITAINES [1].

La Cour de comté de Bloomsbury en Middlesex.

La Cour de comté de Bow en Middlesex.

La Cour de comté de Brompton en Middlesex.

La Cour de comté de Clerkenwell en Middlesex.

La Cour de comté de Lambeth en Surrey.

La Cour de comté de Marylebone en Middlesex.

La Cour de comté de Shoreditch en Middlesex.

La Cour de comté de Southwark en Surrey.

La Cour de comté de Westminster en Middlesex.

La Cour de comté de Whitechapel en Middlesex.

[1] Cette annexe se rattache à l'article 96 de la loi. — Voir ci-dessus, p. 86.

# Annexe IV.

LOIS CONCERNANT LES DIVIDENDES NON RÉCLAMÉS [1].

| SESSIONS ET CHAPITRES. | TITRES DES LOIS. |
|---|---|
| 7 et 8 Vict., ch. lxv. | Loi destinée à faciliter les arrangements entre créanciers et débiteurs (*An act for facilitating arrangements between debtors and creditors*). |
| 12 et 13 Vict., ch. cvi. | La loi sur la faillite de 1849 (*The Bankruptcy Law consolidation Act, 1849*). |
| 24 et 25 Vict., ch. cxxxiv. | La loi sur la faillite de 1861 (*The Bankruptcy Act, 1861*). |
| 32 et 33 Vict., ch. lxxi. | La loi sur la faillite de 1869 (*The Bankruptcy Act, 1869*). |

[1] Cette annexe se rapporte à l'article 162, § 2, *a*, de la loi. Voir ci-dessus, p. 125.

# Annexe V.

### DISPOSITIONS LÉGALES ABROGÉES POUR L'ANGLETERRE [1].

13 Edw. 1, ch. xviii. Les statuts de Westminster II, chapitre xviii, concernant la saisie des immeubles et des meubles au choix des créanciers, en partie, c'est-à-dire les mots tous biens mobiliers (*chattels*) [2] du débiteur, sauf ses bœufs et ses animaux de labour.

32 et 33 Vict., ch. lxii. La loi sur les débiteurs (*Debtors Act*), en partie, c'est-à-dire alinéa *b* de l'article 5 et articles 21 et 22 [3].

32 et 33 Vict., ch. lxxi. La loi sur la faillite de 1869.

32 et 33 Vict., ch. lxxxiii en partie (art. 19). La loi relative à la Cour des insolvables.

33 et 34 Vict., ch. lxxvi. La loi sur les débiteurs en fuite (*The absconding Debtors Act*), 1870.

34 et 35 Vict., ch. l. La loi sur les incapacités en matière de faillite, 1871 (*The Bankruptcy Disqualification Act*), à l'exception des articles 6, 7 et 8.

38 et 39 Vict., ch. lxxvii. La loi sur la Cour suprême de justice (*The Supreme Court of Judicature*), en partie, c'est-à-dire les articles 9 et 32.

[1] C'est cette annexe que vise l'article 169 de la loi. Voir ci-dessus, p. 131. — [2] Voir note 6 de la page 129. — [3] Voir p. 151 et 157.

# APPENDICES.

———

1° Loi de 1869 sur les débiteurs (*The Debtors Act*);

2° Loi de 1887 relative aux arrangements privés (*The Deeds of Arrangement Act*);

3° Dispositions des lois de 1862 et de 1867 relatives à la liquidation (*Winding-up*) des sociétés;

4° Loi de 1870 relative aux arrangements conclus par les sociétés.

# LOI SUR LES DÉBITEURS

(*Debtors Act*)

DU 9 AOÛT 1869 [1].

## DISPOSITIONS PRÉLIMINAIRES.

### (*Preliminary.*)

ARTICLE PREMIER. Cette loi sera citée, dans quelque but que ce soit, sous le titre de *The Debtors Act, 1869*.

ART. 2. Cette loi ne s'appliquera ni en Écosse ni en Irlande.

ART. 3. Cette loi n'entrera en vigueur qu'avec la loi de 1869 sur la faillite [2]. Les termes et expressions définis ou expliqués dans la loi sur la faillite de 1869, auront le même sens dans la présente loi que dans celle-ci [3].

## TITRE PREMIER.

### DE L'ABOLITION DE L'EMPRISONNEMENT POUR DETTES.

#### (*Abolition of Imprisonment for Debt.*)

ART. 4. Sous les exceptions ci-après déterminées, personne ne pourra, après la mise en vigueur de la présente loi, être arrêté ou emprisonné pour n'avoir pas payé une somme d'argent.

Sont exceptés de la disposition précédente :

1° Le défaut de payement d'une peine ou d'une somme ayant le caractè. d'une peine, à moins qu'il ne s'agisse d'une clause pénale (*penalty in respect of any contract*);

---

[1] *An Act for the Abolition of Imprisonment for Debt, for the Punishment of fraudulent Debtors and for other purposes* (Loi abolissant l'emprisonnement pour dettes, prononçant des peines contre les débiteurs coupables de fraudes et contenant des dispositions relatives à d'autres objets), 32 et 33 Vict., ch. LXII,

[2] D'après l'article 149 de la loi sur la faillite de 1883 (p. 118), quand une loi ou un acte vise la loi sur la faillite de 1869, cette loi ou cet acte doit s'entendre comme si les dispositions correspondantes de la loi de 1883 étaient visées.

[3] Voir la note précédente.

2° Le défaut de payement d'une somme qui peut être recouvrée au moyen d'une procédure sommaire portée devant un juge de paix;

3° Le défaut de payement de la part d'un fiduciaire (*trustee*) qu'une cour d'équité a condamné à payer une somme en sa possession ou sous sa garde[1].

4° Le défaut par un *attorney* [2] ou un *solicitor* de payer des frais auxquels la Cour l'a condamné à raison d'une faute ou le défaut de payement d'une somme d'argent qu'il est condamné à payer en sa qualité de fonctionnaire de la cour ayant prononcé le jugement de condamnation[3];

5° Le défaut de payement au profit des créanciers d'une portion d'appointements ou d'autres revenus, alors qu'une cour compétente en matière de faillite a ordonné ce payement[4];

6° Le défaut de payement de sommes d'argent pour lesquelles la présente loi autorise à rendre des jugements (*orders*).

L'emprisonnement dans les cas exceptés ne pourra avoir lieu pour plus d'un an. En outre, aucune disposition du présent article ne modifiera les effets d'un jugement d'une cour ordonnant le payement d'une somme d'argent, sauf en ce qui concerne l'arrestation et l'emprisonnement de la personne qui ne paye pas cette somme.

Art. 5. Sous les réserves des dispositions ci-après et des règlements à faire pour l'exécution de la présente loi, toute cour peut condamner à l'emprisonnement, pour un délai n'excédant pas six semaines ou jusqu'au payement de la somme due, toute personne qui manque de payer une dette en entier ou pour partie, dette au payement de laquelle elle a été condamnée par un jugement ou par une ordonnance.

Toutefois, le pouvoir de condamner une personne à la prison, consacré par le présent article, ne peut être exercé que sous les restrictions suivantes, quand il s'agit d'une cour autre que les cours supérieures:

[1] Une loi de 1878 (41 et 42 Vict., ch. liv) donne à la Cour la faculté de condamner ou non à l'emprisonnement, selon son appréciation, dans les cas visés par l'article 4, 3° et 4°.

[2] On appelait *attorney* le *solicitor* procédant devant une des cours supérieures de *Common Law*. La loi d'orga-

nisation judiciaire de 1873 (*Judicature Act*), art. 87, a supprimé l'expression d'*attorney*, pour y substituer celle de *Solicitor of the Supreme Court of Judicature*.

[3] Voir la note 1.

[4] Voir art. 53 de la loi de 1883 sur la faillite.

*a.* Ce pouvoir doit être exercé par le juge ou son remplaçant dans un juge-ment rendu en audience publique et ce jugement doit être motivé;

. . . . . . . . . . . . . . . . . . . . . . . . . . . . . . . . . . . . . . . . . . . . . . . . . . . . [1]

*c.* Ce pouvoir ne peut être exercé, en ce qui concerne un jugement d'une cour de comté, que par le juge d'une cour de comté ou son remplaçant.

Ce pouvoir ne sera exercé que s'il est prouvé à la satisfaction de la Cour que la personne qui n'a pas payé a eu, depuis la date de l'ordonnance ou du jugement, les moyens de payer la somme qu'elle n'a pas acquittée et a re-fusé ou négligé, refuse ou néglige de l'acquitter.

La preuve de l'existence de moyens suffisants pour payer peut être faite de la manière qui semble juste à la Cour. Le débiteur et les témoins peuvent être cités et interrogés après avoir prêté serment, conformément au règlement à faire pour l'exécution de la présente loi.

Les pouvoirs conférés par le présent article aux cours supérieures, peuvent être exercés par un juge siégeant en la chambre du conseil ou ailleurs de la manière prescrite.

Dans ce but toute cour peut décider qu'une dette dont une personne est tenue en vertu d'un jugement, sera payée par parties. Cette décision pourra être révoquée ou modifiée.

Les personnes condamnées à l'emprisonnement par une cour supérieure, peuvent être dirigées sur la prison dans laquelle elles auraient été enfermées si l'arrestation avait été opérée en vertu d'un *writ of capias ad satisfaciendum*[2].

Tout jugement de condamnation émanant d'une cour supérieure est exécuté, sous réserve des règlements à faire, de la même manière que ledit *writ* (mandat).

Le présent article, en tant qu'il est relatif aux cours de comté, remplace les articles 98 et 99 de la loi de 1846 sur les cours de comté. Cette dernière loi et les lois qui l'ont modifiée doivent être interprétées dans ce sens; elles

[1] La disposition de la loi de 1869, qui est remplacée par des points, est modifiée par l'article 103, 4°, de la loi sur la faillite de 1883. La loi de 1869 n'admettait le pouvoir pour les cours de comté de prononcer l'emprisonnement à raison d'un jugement d'une cour supérieure qu'autant qu'il ne s'agissait pas de plus de 50 livres. L'article 103, 4°, fait disparaître cette restriction.

[2] On désigne sous ce nom le mandat décerné contre un débiteur qui n'exécute pas un jugement de condamnation prononcé contre lui en matière civile et signifié par le *sheriff*. Ce mandat était anciennement nécessaire pour que l'emprisonnement pût être opéré.

s'appliqueront aux jugements des cours de comté à l'égard des sommes dues en vertu du jugement d'une cour autre qu'une cour de comté.

L'emprisonnement subi en vertu du présent article, n'opère jamais l'extinction de la dette et ne fait pas obstacle à la saisie des immeubles et meubles de la personne emprisonnée; elle peut être pratiquée comme si l'emprisonnement n'avait pas eu lieu.

Toute personne emprisonnée en vertu du présent article, sera mise en liberté sur un certificat signé de la manière prescrite et constatant qu'elle a payé sa dette ou la partie de la dette à raison de laquelle l'emprisonnement avait été prononcé, ainsi que les frais, s'il y a lieu.

ART. 6. Après la mise en vigueur de la présente loi, l'arrestation avant jugement (*upon mesne process*) ne pourra plus avoir lieu[1].

Lorsque, dans un procès porté devant une des cours supérieures de Sa Majesté siégeant à Westminster, le défendeur aurait été soumis à l'emprisonnement, si ce procès avait été intenté avant la mise en vigueur de la présente loi, le demandeur prouve avant le jugement définitif sous la foi du serment que sa demande est fondée jusqu'à concurrence de 5o livres sterling ou d'une somme supérieure et qu'il y a juste cause de croire que le défendeur est sur le point de quitter l'Angleterre s'il n'est arrêté et que son absence nuira au demandeur dans l'exercice de son action, le défendeur peut être arrêté sur l'ordre du juge et emprisonné pour six mois au plus. Cette disposition ne s'applique pas quand, avant l'expiration de ce délai, le défendeur donne, pour une somme égale à la somme réclamée, une caution garantissant qu'il ne quittera pas l'Angleterre sans l'autorisation de la Cour.

Quand l'action a pour objet une peine ou une somme due à titre de peine, autre qu'une clause pénale, il n'est pas nécessaire de prouver que l'absence du défendeur de l'Angleterre causera un préjudice matériel au demandeur au point de vue de l'exercice de son action. En outre, en pareil cas, la caution donnée, au lieu de garantir que le défendeur ne quittera pas l'Angleterre, garantira le payement de toute somme à recouvrer contre le défendeur ou, à défaut, la mise en prison du défendeur.

ART. 7. [Cet article prononce la mise en liberté des débiteurs emprisonnés pour des causes pour lesquelles la loi nouvelle (de 1869) n'autorise pas l'emprisonnement.]

_______________

[1] Voir *Introduction*, p. ix et xxiii.

Art. 8. La saisie-séquestre (*sequestration*) pourra être dorénavant ordonnée sur les biens du débiteur comme s'il était emprisonné pour dettes [1].

Art. 9. Aucune disposition de la présente loi ne portera atteinte au droit d'arrêter ou d'emprisonner une personne, tel qu'il résulte de la loi sur la faillite de 1869.

Art. 10. [Cet article énonce que des règlements pourront être faits par l'autorité compétente pour l'exécution des dispositions qui précèdent [2].]

TITRE II.

DES PEINES APPLICABLES AUX DÉBITEURS COUPABLES DE FRAUDE.

(*Punishment of fraudulent Debtors.*)

Art. 11 [3]. Toute personne déclarée en faillite ou toute personne dont les affaires sont liquidées en vertu d'un arrangement (*liquidated by arrangement*) conformément à la loi sur la faillite de 1869 [4], devra, dans chacun des cas ci-après indiqués, être considérée comme coupable de délit. Quand elle en sera convaincue, elle pourra être emprisonnée pour une durée de deux ans au plus avec ou sans travail forcé. Il en sera ainsi :

1° Quand le débiteur ne fera pas connaître fidèlement l'intégralité de son actif au syndic et ne lui indiquera pas comment, au profit de qui, pour quelle cause et à quelle époque il a disposé d'une partie de cet actif, à moins que le jury n'estime qu'il n'avait pas d'intention frauduleuse. Toutefois cette disposition ne s'applique ni aux biens dont le débiteur a disposé dans l'exercice habituel de son commerce (s'il y a lieu) ni aux dépenses ordinaires de sa maison;

2° Quand le débiteur ne délivre pas au syndic ou aux personnes que celui-ci désigne, telle partie de son actif immobilier ou mobilier se trouvant en sa possession ou sous sa surveillance, alors qu'il est tenu en vertu de la loi d'opérer cette délivrance, à moins que le jury n'estime qu'il n'a pas eu d'intention frauduleuse;

[1] On désigne sous le nom de *sequestration* une procédure en vertu de laquelle des employés de justice sont autorisés, pour contraindre un débiteur à exécuter un jugement, à prendre possession de ses meubles et à se saisir de ses immeubles, à en percevoir les fruits, jusqu'à ce que le jugement soit exécuté. En principe, avant la loi de 1869, la saisie-séquestre n'était possible qu'autant que le débiteur était emprisonné.

[2] Voir art. 103, 6°, de la loi de 1883, p. 91.

[3] Voir art. 163 (loi de 1883), p. 127.

[4] Voir note 2 de la page 149 et *Introduction*, p. xxiii.

3° Quand le débiteur ne remet pas au syndic ou aux personnes que celui-ci désigne les livres, documents, pièces et écrits concernant ses biens et ses affaires et se trouvant en sa possession ou sous sa surveillance, à moins que le jury n'estime qu'il n'y a pas eu d'intention frauduleuse;

4° Quand, après la formation d'une demande en déclaration de faillite intentée contre lui ou après le commencement de la liquidation ou dans les quatre mois antérieurs, le débiteur recèle une partie de son actif pour une valeur de 10 livres sterling au moins ou dissimule une de ses créances ou de ses dettes, à moins que le jury n'estime qu'il n'y a pas eu d'intention frauduleuse;

5° Quand, après la formation d'une demande en déclaration de faillite contre lui ou le commencement de la liquidation ou dans les quatre mois antérieurs, le débiteur détourne frauduleusement une partie de son actif pour une valeur de 10 livres sterling au moins;

6°. Quand le débiteur fait quelque omission matérielle dans un état de ses affaires, à moins que le jury n'estime qu'il n'y a pas eu d'intention frauduleuse;

7° Quand le débiteur sachant ou croyant qu'une créance fictive a été affirmée dans la faillite ou dans la liquidation, néglige pendant un mois d'en donner connaissance au syndic;

8° Quand le débiteur, après la formation d'une demande en déclaration de faillite contre lui ou après le commencement de sa liquidation, empêche la production d'un livre, d'un document, d'une pièce ou d'un écrit concernant ses biens ou ses affaires, à moins que le jury n'estime qu'il n'avait pas l'intention de dissimuler l'état de ses affaires ou de violer la loi;

9° Quand, après la formation d'une demande en déclaration de faillite contre lui ou après le commencement de la liquidation ou dans les quatre mois antérieurs, le débiteur recèle, détruit, endommage ou falsifie comme auteur principal ou comme complice, un livre ou un document concernant ses biens ou ses affaires, à moins que le jury n'estime que le débiteur n'avait pas l'intention de dissimuler l'état de ses affaires ou de violer la loi;

10° Quand, après la formation d'une demande en déclaration de faillite contre lui ou après le commencement de la liquidation ou dans les quatre mois antérieurs, il porte une fausse mention dans un livre ou dans un document concernant ses biens ou ses affaires ou est complice d'un fait de cette nature, à moins que le jury n'estime que le débiteur n'avait pas l'intention de dissimuler l'état de ses affaires ou de violer la loi;

11° Quand, après la formation d'une demande en déclaration de faillite contre lui ou après le commencement de la liquidation ou dans les quatre mois antérieurs, le débiteur se dessaisit frauduleusement d'une pièce concernant ses biens ou ses affaires, altère une pièce de cette sorte, y fait une omission ou est complice d'un fait de ce genre;

12° Quand, après la formation d'une demande en déclaration de faillite contre lui ou après le commencement de la liquidation ou dans une assemblée de créanciers tenue dans les quatre mois antérieurs, il tente d'expliquer la disparition d'une partie de son actif par des pertes ou par des dépenses fictives;

13° Quand, dans les quatre mois antérieurs à la formation d'une demande en déclaration de faillite contre lui ou au commencement de la liquidation, le débiteur, par une fausse déclaration ou par une autre fraude, a obtenu des biens à crédit et ne les a pas payés[1];

14° Quand, dans les quatre mois antérieurs à la formation d'une demande en déclaration de faillite contre lui ou au commencement de la liquidation, le débiteur commerçant[2] obtient, en alléguant faussement qu'il opère dans les conditions ordinaires de son commerce, des biens à crédit et ne les a pas payés, à moins que le jury n'estime qu'il n'a pas eu d'intention frauduleuse;

15° Quand, dans les quatre mois antérieurs à la formation d'une demande en déclaration de faillite contre lui ou au commencement de la liquidation, le débiteur commerçant[3] donne en gage des biens qu'il a obtenus à crédit et qu'il n'a pas payés ou dispose de ces biens en dehors des conditions ordinaires de son commerce, à moins que le jury n'estime que le débiteur n'a pas eu d'intention frauduleuse;

16° Quand le débiteur est coupable d'une fausse déclaration ou d'une autre fraude faite ou commise dans le but d'obtenir le consentement de tous ses créanciers ou de quelques-uns à une convention concernant ses affaires, sa faillite ou sa liquidation[4].

---

[1] Il faut ajouter la disposition de l'article 31 de la loi de 1883 relative au failli qui, n'ayant pas obtenu un ordre de décharge, se fait accorder un crédit de 20 livres sterling ou de plus, sans en prévenir celui qui le lui accorde. Voir p. 37, et *Introduction,* page LI.

[2-3] Ces dispositions s'appliquent même au non-commerçant, en vertu de l'article 163, § 2, de la loi sur la faillite de 1883 (p. 127).

[4] Voir l'article 31 de la loi de 1883 sur la faillite (p. 37) et la note 1 ci-dessus.

Art. 12. Si une personne qui a été déclarée en faillite ou dont les affaires sont l'objet d'une liquidation, quitte l'Angleterre ou tente de la quitter, emporte avec elle une partie quelconque de son actif partageable entre ses créanciers pour une valeur de 20 livres sterling au moins ou tente de l'emporter, après la formation d'une demande en déclaration de faillite contre elle ou après le commencement de la liquidation, ou dans les quatre mois antérieurs, il y a crime de félonie (*felony*) entraînant une peine de deux ans d'emprisonnement au plus, avec ou sans travail forcé, à moins que le jury n'estime qu'elle n'a pas eu d'intention frauduleuse [1].

Art. 13. Toute personne doit être, dans les cas suivants, considérée comme coupable d'un délit et sera condamnée à l'emprisonnement pour un an au plus, avec ou sans travail forcé :

1° Quand, en contractant une dette ou une obligation, elle a obtenu crédit sous de faux prétextes ou au moyen de toute autre fraude;

2° Quand, avec l'intention de frauder ses créanciers ou quelques-uns d'entre eux, elle a fait ou fait faire un don ou un transfert de ses biens ou a constitué sur ses biens un droit réel;

3° Quand, avec l'intention de frauder ses créanciers, elle a dissimulé ou détourné une partie de ses biens, depuis qu'a été rendu contre elle un jugement la condamnant au payement d'une somme d'argent ou dans les deux mois qui ont précédé ce jugement.

Art. 14 [2]. Le créancier qui dans une faillite, dans une liquidation ou un concordat (conclu conformément à la loi de 1869) [3], présente une fausse réclamation, fait une preuve, une déclaration, une constatation inexacte sous un rapport important, sera coupable d'un délit entraînant un emprisonnement d'un an au plus avec ou sans travail forcé, si ce fait a lieu volontairement et avec l'intention de frauder les créanciers.

Art. 15. Quand un débiteur conclut un arrangement ou un concordat avec ses créanciers, conformément aux dispositions de la loi sur la faillite de 1869 [4], il reste tenu pour le solde non payé de toute dette contractée ou augmentée par un acte frauduleux. Il en est de même si le débiteur a obtenu par fraude un sursis de poursuite. Le tout, pourvu que le créancier frustré n'ait pas

_____________

[1-2] Il faut combiner avec les articles 12 et 14 les articles 149 et 163 de la loi de 1883 sur la faillite. — [3-4] Voir *Introduction*, page xxi.

adhéré à l'arrangement ou au concordat autrement qu'en affirmant sa créance et en touchant des dividendes [1].

Art. 16. Quand un syndic [2], dans un rapport fait à la cour compétente en matière de faillite, constate que, dans son opinion, un failli s'est rendu coupable d'un des faits tombant sous le coup de la présente loi ou quand la Cour, sur la réclamation d'un créancier ou d'un membre du comité de surveillance, estime qu'il y a lieu de croire que le failli s'est rendu coupable d'un fait de ce genre, la Cour doit ordonner au syndic d'exercer des poursuites criminelles contre le failli [3].

Art. 17. Quand les poursuites sont dirigées contre le failli, conformément à la présente loi, en vertu d'une décision de la Cour, les frais des poursuites sont, sur la production de cette décision, alloués, payés et supportés comme le sont ceux des poursuites pour félonie.

Art. 18. Tout délit prévu par le titre II de la présente loi doit être considéré comme une offense réprimée par la loi 22 et 23 Victoria, chap. xvii, intitulée *Loi pour empêcher des accusations abusives à raison de certains délits*. Le juge doit prendre en considération toute preuve apportée pour démontrer que le fait imputé au prévenu a été commis sans intention frauduleuse.

Art. 19. [Cet article détermine la forme de l'acte d'accusation (*Indictment*) relatif aux délits prévus par la loi.]

Art. 20. Sont abrogées, à partir du jour de la mise en vigueur de la présente loi, les dispositions de la loi 5 et 6 Victoria, chap. xxxviii, sur la compétence des justices de paix et des sessions trimestrielles de justice de paix ayant pour but d'exclure la compétence de ces tribunaux relativement aux violations des dispositions légales concernant les faillites. Tous les délits prévus par la présente loi doivent être considérés comme étant de la compétence de ces juridictions.

---

[1] L'article 15 est quelque peu modifié par l'article 30 de la loi de 1883 sur la faillite. D'après ce dernier article, un débiteur est libéré par un ordre de décharge des dettes provenant de fraudes commises par son associé, pourvu que ce débiteur n'y ait pas participé.

[2] D'après l'article 164 de la loi de 1883 sur la faillite (p. 128), l'article 16 doit être entendu comme comprenant sous le nom de syndic le séquestre officiel. En outre, selon le même article 164, l'article 16 s'applique aux infractions à la loi de 1883 comme aux infractions au *Debtors Act*.

[3] L'article 165 de la loi de 1883 (p. 128) doit être rapproché de l'article 16.

Art. 21 et 22. [Articles abrogés.]

Art. 23. Quand une personne est punissable en vertu d'une autre loi ou du droit coutumier à raison d'un délit réprimé par la présente loi, cette personne peut être poursuivie conformément soit à cette autre loi ou au droit coutumier, soit à la présente loi, mais elle ne peut encourir une double peine pour la même infraction.

## TITRE III.

[Les articles 24 à 28 s'occupent principalement des acquiescements aux demandes formées pour le payement d'une somme d'argent. Ces articles n'ont aucun rapport avec la faillite. Il en est de même de l'article 29 qui concerne la saisie-arrêt.]

# LOI SUR LES ARRANGEMENTS PRIVÉS

*(Deeds of Arrangement Act)*

DU 16 SEPTEMBRE 1887 [1].

ARTICLE PREMIER. La présente loi peut être désignée sous le titre de *Deeds of Arrangement Act*, 1887 (Loi sur les arrangements privés).

ART. 2. La présente loi ne s'appliquera pas à l'Écosse [2].

ART. 3. La présente loi entrera en vigueur, sauf les exceptions spéciales qu'elle prescrit, le 1ᵉʳ janvier 1888.

ART. 4, § 1. La présente loi s'appliquera à tous arrangements privés tels qu'ils sont définis dans le présent article, conclus après la date à laquelle elle entrera en vigueur. Sous le nom « d'arrangement privé régi par cette loi » on comprendra un des actes suivants, revêtus ou non d'un sceau, conclus par un débiteur, pour lui ou relativement à ses affaires, au profit de ses créanciers en général, autrement qu'en vertu de la loi en vigueur sur la faillite [3], c'est-à-dire :

*a.* Une cession de biens (*an Assignment of Property*);

*b.* Une convention revêtue ou non d'un sceau renfermant une remise de dettes;

*c.* Un acte fait dans le but de conférer aux créanciers un droit de surveillance sur l'exploitation ou la liquidation des affaires du débiteur;

---

[1] *An Act to provide for the Registration of Deeds of Arrangement* (Loi relative à l'enregistrement des actes d'arrangement), 50 et 51 Vict., ch. XVII. Le but de cette loi est indiqué dans l'*Introduction* placée en tête de ce volume (p. LVII et suiv.). Voir aussi *Bulletin de la Société de législation comparée*, 1888, p. 292, étude de Ch. Lyon Caen, relative à la loi anglaise sur la faillite.

[2] La loi s'applique donc à l'Irlande par cela même que celle-ci n'est pas expressément exclue. Toutefois les articles 13 et 16 ne sont faits que pour l'Angleterre. Voir, du reste, art. 13, 3°, et art. 16, 8°.

[3] Les arrangements demeurant régis par la loi sur la faillite, sont tous ceux qui sont conclus après une demande en déclaration de faillite et après l'interrogatoire public du débiteur. Ces arrangements étant connus par la justice et la statistique pouvant, par suite, en être dressée, il était inutile que la loi sur les arrangements privés en prescrivît l'enregistrement.

*d.* Une convention portant autorisation au débiteur ou à une autre personne de gérer, d'exploiter, de réaliser, de vendre un fonds de commerce dans le but de payer ses dettes;

*e.* Un acte fait dans le but d'assurer l'exploitation ou la liquidation du commerce du débiteur, ou autorisant soit le débiteur, soit une autre personne, à gérer, à exploiter, à réaliser, à vendre le fonds de commerce du débiteur, dans le but de payer ses dettes.

ART. 5. A partir de l'entrée en vigueur de la présente loi, tout arrangement privé auquel elle s'applique, sera nul s'il n'a été enregistré, conformément aux dispositions de cette loi, dans un délai de huit jours francs après la première signature de cet acte par le débiteur ou par ses créanciers, ou, pour le cas où cet acte est signé dans un lieu situé hors de l'Angleterre ou de l'Irlande, dans un délai de huit jours francs après la date à laquelle, dans l'usage ordinaire de la poste, il arriverait en Angleterre ou en Irlande, s'il était mis à la poste dans les huit jours qui suivent la signature. La nullité serait aussi encourue si l'acte n'était pas revêtu du timbre ordinaire et *ad valorem* prescrit par la présente loi[1].

ART. 6. L'enregistrement d'un arrangement privé régi par la présente loi, doit être opéré de la manière suivante :

1° Une copie exacte de l'arrangement, avec les pièces et inventaires y annexés ou y visés, sera présentée et déposée au greffier (*registrar*) dans un délai de huit jours francs à partir de la date de la signature, dans les mêmes formes que celles qui sont prescrites pour un *bill of sale* (acte de vente)[2] donné pour garantir le payement d'une somme d'argent. Cette copie sera accompagnée de deux *affidavits*, l'un constatant la date de la signature, le lieu de la résidence et la profession du débiteur, le lieu ou les lieux où il exerce cette profession; l'autre constatant le montant évalué de l'actif ou du passif compris dans l'arrangement, le montant total (s'il y a lieu) des sommes à payer conformément aux remises de dettes faites au débiteur et les noms et adresses des créanciers.

---

[1] Voir article 6, § 2.

[2] On appelle ainsi un acte de vente d'un objet mobilier fait par un débiteur à son créancier accompagné de l'engagement pris par celui-ci de retransférer la propriété de cet objet après le payement. Cet objet reste en la possession du débiteur. On comprend que les *bills of sale* ont donné lieu à des fraudes résultant de ce que le vendeur est le propriétaire apparent. Pour éviter ces fraudes des lois ont soumis ces actes à l'enregistrement. Voir *Introduction*, p. XLII.

2° Aucun arrangement privé ne sera enregistré conformément à la présente loi, à moins qu'on ne produise au greffier, au moment de l'enregistrement, l'original revêtu du timbre prescrit par les lois, et, en outre, d'un timbre proportionnel d'un shilling par 100 livres, ou par fraction de 100 livres de la valeur déclarée sous serment de l'actif cédé, ou, s'il n'y a pas de cession d'actif en vertu de l'arrangement, du montant des dettes à payer conformément à cet arrangement.

Art. 7. Le greffier tiendra un registre dans lequel il inscrira, aussitôt que possible, après la présentation d'un arrangement privé, un extrait de cet acte. Cet extrait contiendra les indications suivantes et toutes autres qui pourraient être prescrites :

*a.* La date de l'arrangement privé ;

*b.* Les nom, adresse et qualités du débiteur, le lieu ou les lieux où il exerce sa profession, la raison ou les raisons de commerce sous lesquelles il l'exerce, et (s'il y a lieu) les nom et adresse de l'administrateur nommé dans l'arrangement ;

*c.* Un résumé indiquant la nature et les effets de l'arrangement privé et du montant proportionnel des remises des dettes accordées ;

*d.* La date de l'enregistrement ;

*e.* Le montant de l'actif et du passif compris dans l'arrangement tels qu'ils sont estimés par le débiteur.

Art. 8. 1° Les greffiers préposés à l'enregistrement des *bills of sale* [1] en Angleterre et en Irlande rempliront les fonctions de greffiers pour l'application de la présente loi.

2° Le bureau d'enregistrement pour les arrangements privés sera, en Angleterre le greffe chargé d'enregistrer les *bills of sale* [2] attaché au greffe central de la Haute Cour d'Angleterre ; en Irlande le greffe chargé d'enregistrer les *bills of sale* [3] et attaché à la division du Banc de la Reine de la Haute Cour de justice.

Art. 9. Si la Cour ou un juge apprend soit qu'un arrangement privé n'a pas été enregistré dans le délai fixé par la présente loi, soit qu'une omission ou une inexactitude accidentelle ou due à une inadvertance ou à une cause indépendante du fait du débiteur et n'impliquant pas une négligence de sa part, a été commise dans l'indication des nom, résidence, qualité d'une per-

---

[1.2.3] Voir la note précédente.

sonne, la Cour ou le juge pourra, sur la demande d'une personne intéressée, dans les termes et sous les conditions qui lui paraîtront justes et opportunes, prolonger le délai accordé pour l'enregistrement, ou ordonner que l'omission sera réparée, que l'inexactitude sera rectifiée.

Art. 10. Si le délai donné pour l'enregistrement d'un arrangement privé expire soit un dimanche, soit un autre jour où le bureau est fermé, l'enregistrement sera valablement fait le lendemain.

Art. 11. Sous réserve des dispositions de la présente loi et des règlements à faire pour son exécution, toute personne aura le droit de se faire délivrer une copie authentique ou un extrait de tout arrangement privé enregistré, en payant un droit égal au droit établi pour les copies authentiques des jugements de la Haute Cour. Toute copie ou tout extrait constatant qu'il est délivré conforme, sera admis jusqu'à preuve contraire, devant toutes les cours et tous les arbitres, ou toute autre personne, comme conforme et comme établissant le fait et la date de l'enregistrement.

Art. 12. 1° Toute personne aura le droit, aux heures fixées, de faire des recherches dans le registre moyennant un droit d'un shilling ou tout autre droit qui sera établi et dans les conditions à déterminer, d'examiner et de lire tout arrangement enregistré et d'en faire des extraits, sans avoir besoin de former une demande écrite ou de donner des indications quelconques relatives à cet arrangement, en payant un shilling ou tout autre droit qui sera établi pour chaque arrangement examiné.

2° Toutefois lesdits extraits seront limités aux dates de la signature et de l'enregistrement, aux noms, adresses et qualités du débiteur et des personnes ayant participé à l'arrangement, au résumé de la nature et des effets de cet acte et aux autres détails qui pourront être déterminés par le règlement à faire pour l'exécution de la présente loi.

Art. 13. 1° Lorsque le siège des affaires ou la résidence du débiteur qui a été partie à l'arrangement privé ou qui y est mentionné, est situé hors du ressort de la juridiction de Londres en matière de faillite tel qu'il est défini par la loi sur la faillite de 1883 [1], le *registrar* doit, dans les trois jours francs après l'enregistrement et conformément aux règles posées dans le règlement fait pour l'exécution de la présente loi, transmettre une copie de l'arrangement privé au *registrar* de la cour de comté dans le ressort de laquelle le débiteur a le siège de ses affaires ou sa résidence.

[1] Voir article 91 de la loi de 1883 (p. 86) et Annexe III (p. 143).

2° Toute copie ainsi transmise sera déposée, conservée et mentionnée dans un répertoire par le *registrar* de la cour de comté de la manière prescrite. Toute personne pourra faire des recherches dans la copie enregistrée, l'examiner, en faire des extraits et en obtenir des expéditions, de la même manière et dans les mêmes conditions, notamment quant aux droits à payer, que lorsqu'il s'agit d'actes enregistrés en vertu de la présente loi.

3° Le présent article ne s'applique pas à l'Irlande.

Art. 14. Tout *affidavit* exigé par la présente loi peut être affirmé sous serment devant un *master*[1] de la Cour suprême de justice en Angleterre ou en Irlande, ou devant toute personne autorisée à recevoir des *affidavits* dans les cours suprêmes de justice d'Angleterre et d'Irlande.

Art. 15. 1° Pour l'enregistrement des arrangements privés, pour toute copie ou tout extrait authentique, pour les recherches authentiques faites par le *registrar*, il y aura lieu à la perception des droits de timbre fixés. Aucune disposition de la présente loi n'aura pour effet d'obliger le *registrar* à faire ou à permettre de faire un acte soumis à un droit de timbre, sans que ce droit soit acquitté.

2° L'article 26 de la loi de 1875 sur la Cour suprême de justice (pour l'Angleterre)[2] et l'article 84 de la loi de 1877 sur la Cour suprême de justice (pour l'Irlande) et toutes les lois en vigueur modifiant les articles susdits de ces lois s'appliqueront aux droits de timbre perçus en vertu de la présente loi. Des règlements peuvent, si cela est nécessaire, être faits pour ces droits de timbre.

Art. 16. 1° L'alinéa 4, paragraphe *g*, de l'article 28 de la loi sur la faillite de 1883, qui dispose notamment que, parmi les faits à raison desquels la Cour doit ou refuser au failli un ordre de décharge ou en suspendre les effets pendant un certain délai ou ne l'accorder que sous les conditions déterminées dans cet article, doit être rangé le fait par le failli d'avoir dans une occasion précédente obtenu un concordat ou un arrangement *dans les termes de la loi* (*statutory*), sera lu et entendu comme si les mots : *dans les termes de la loi*, ne s'y trouvaient pas[3].

2° Cet article ne s'applique pas à l'Irlande.

[1] Les *masters* sont des fonctionnaires (*officers*) de la Haute Cour investis de certaines fonctions judiciaires. Voir *Sweet, Law Dictionnary*, v° *Masters*.

[2] Voir *Annuaire de législation étrangère*, 1876, p. 130.

[3] Voir p. 33, note 1.

Art. 17. Aucune disposition de la présente loi n'aura pour effet d'abroger ou de modifier une prescription quelconque de loi en vigueur en matière de faillite ou de valider un acte quelconque qui, d'après cette loi, est soit susceptible d'entraîner la faillite, soit nul ou annulable.

Art. 18. 1° Des règlements pour l'exécution de la présente loi pourront être faits, abrogés et modifiés par les personnes compétentes pour faire des règlements relatifs aux lois rendues de 1877 à 1884 sur la Cour suprême de justice (pour l'Angleterre) et à la loi de 1877 sur la Cour suprême de justice (pour l'Irlande).

2° Les règlements nécessaires pour l'exécution de la présente loi pourront être faits à toute époque [1].

Art. 19. A moins que le texte n'exige une autre interprétation, les mots ci-après indiqués auront la signification suivante :

*Court or judge* (cour ou juge) signifie la Haute Cour de justice et tout juge de cette cour;

*Creditors generally* (créanciers en général) comprend tous les créanciers ayant consenti à l'arrangement privé ou en ayant bénéficié;

*Person* (personne) comprend une collectivité d'individus formant ou non une personne civile;

*Prescribed* (prescrit) signifie prescrit par les règlements à faire en vertu de la présente loi;

*Property* (actif) a le même sens que dans la loi de 1883 sur la faillite [2];

*Rules* (règlements) comprend les modèles d'actes.

[1] En exécution de cet article, un règlement a été fait le 17 décembre 1887 sous le titre de *Rules under the Deeds of Arrangement Act*, 1887. — [2] Voir p. 130.

# LOI SUR LES SOCIÉTÉS

DU 7 AOÛT 1862 [1].

## TITRE IV.

### DE LA LIQUIDATION DES COMPAGNIES ET ASSOCIATIONS SOUMISES À LA PRÉSENTE LOI.

( *Winding up of Companies and Associations under this Act.* )

### DISPOSITIONS PRÉLIMINAIRES.

ART. 74. L'expression *contributory* (débiteur à titre d'associé) signifie toute personne obligée de contribuer à la formation du capital d'une société en

[1] *An Act for the incorporation, regulation and winding-up of Trading Companies and other Associations,* 25 et 26 Vict., ch. LXXXIX ( Loi sur l'enregistrement, la réglementation et la liquidation des sociétés de commerce et autres associations).

. La loi de 1862 est la loi fondamentale sur les sociétés. Elle a définitivement consacré le principe d'après lequel il n'est besoin ni d'une loi ( *Act of incorporation* ), ni de lettres patentes royales ( *Letters patent* ) pour créer une société qui constitue une personne morale ( *Corporation* ) et dans laquelle les associés ne sont pas tenus des dettes sur tous leurs biens. Il suffit, pour qu'une société jouisse de ces avantages ou de l'un d'eux que ses statuts aient été enregistrés et qu'on ait observé quelques règles très simples posées par la loi.

Pour jouir du bénéfice de la loi de 1862 et des lois qui l'ont complétée ou modifiée, il faut que la société compte au moins sept personnes (art. 6). C'est là l'origine de la disposition de l'article 23 de la loi française du 24 juillet 1867, d'après lequel une société anonyme ne peut être constituée si le nombre des associés est inférieur à sept. — Toute société de banque comptant plus de dix associés doit se soumettre à la loi de 1862; il en est de même de toute société autre qu'une société de banque comptant plus de vingt associés. Il résulte de là : 1° que les sociétés de moins de sept personnes ne sont pas régies par la loi de 1862; 2° que, selon la volonté des intéressés, les sociétés de banque de

vertu de la présente loi, dans le cas où cette société est en liquidation. Cette expression comprend aussi toute personne qu'on prétend être débitrice à ce titre dans les pièces d'une procédure introduite pour déterminer ceux qui doivent être tenus en cette qualité, jusqu'à ce qu'il soit définitivement statué à cet égard.

Art. 75. L'obligation de contribuer à la formation de l'actif d'une société en vertu de la présente loi, en cas de liquidation, sera considérée comme une dette contractée par un acte sous sceau (*specialty*)[1] (en Angleterre et en Irlande), ayant pris naissance au moment où la personne dont il s'agit a commencé à être tenue, mais exigible seulement à l'époque ou aux époques auxquelles des appels de fonds ont lieu, ainsi qu'il sera dit ci-après, pour parvenir à l'exécution de cette obligation. Si une personne tenue comme associée tombe en faillite, il pourra être produit à sa faillite pour le montant évalué des appels de fonds à faire comme pour celui des appels de fonds déjà faits.

Art. 76. Si une personne obligée comme associée vient à mourir soit avant, soit après avoir été placée sur la liste des associés ci-après indiquée, ses représentants, héritiers et légataires seront tenus, dans les limites de leur administration, de contribuer à la formation de l'actif de la société à la

sept à dix personnes et les autres sociétés de sept à vingt personnes sont soumises ou non à cette loi : 3° que les sociétés de banque de plus de dix personnes et les autres sociétés de plus de vingt personnes sont nécessairement régies par elle. Il faut, bien entendu, laisser à part les sociétés autorisées par une loi (*Act of incorporation*) ou par des lettres patentes royales.

La loi de 1862 contient 212 articles. Les articles 74 à 173 et 199 à 204 sont relatifs à la liquidation des sociétés. Les règles contenues dans les articles 74 à 173 ne s'appliquent, en principe, qu'aux sociétés enregistrées, par conséquent régies par la loi. Cependant, d'après les articles 199 à 204, les sociétés non enregistrées sont, dans une

certaine mesure, régies par les règles concernant la liquidation, au moins quand elles comptent plus de sept associés. Voir ci-après, p. 184 et suiv.

Cette loi s'applique à l'Angleterre, à l'Écosse et à l'Irlande, par cela même qu'elle ne renferme aucune disposition restrictive.

[1] On appelle *specialty debts* les dettes nées d'un contrat constaté par un écrit revêtu d'un sceau. A ces dettes était, en principe, attaché par rapport aux autres un droit de préférence sur l'actif mobilier du débiteur. Mais, depuis le 1er janvier 1870 (32 et 33 Vict., ch. xLvi), toute différence a été supprimée à cet égard entre les deux sortes de dettes, elles sont payables au marc le franc sur l'actif du débiteur.

décharge de l'obligation du débiteur décédé. Ces représentants, héritiers et légataires seront considérés comme débiteurs en qualité d'associés.

Art. 77. Si une personne tenue de contribuer à la formation de l'actif de la société comme associée est déclarée en faillite avant ou après avoir été placée sur la liste des personnes tenues à ce titre, ses syndics seront considérés comme représentant le failli à tous égards pour la liquidation et comme tenus ainsi que s'ils étaient associés. Ils pourront être mis en demeure d'admettre la créance de la société à la faillite et de la faire venir sur l'actif. Pour l'application de la présente loi, toute personne ayant bénéficié, avant le 11 octobre 1861, des dispositions d'une loi sur la décharge des débiteurs insolvables, sera réputée en faillite[1].

Art. 78. Si une femme tenue de contribuer à la formation de l'actif de la société, se marie avant ou après avoir été placée sur la liste des personnes tenues de faire des versements comme associées, son mari, pendant la durée du mariage, sera tenu de faire les versements qu'elle aurait dû effectuer, si elle ne s'était pas mariée, et il sera considéré comme obligé lui-même de contribuer à la formation de l'actif.

DE LA LIQUIDATION PAR DÉCISION DE LA COUR.

(*Winding-up by Court.*)

Art. 79. Une société soumise à la présente loi peut être mise en liquidation par décision de la Cour, comme il est dit ci-après, dans les circonstances suivantes :

1° Lorsque la société a pris une délibération spéciale (*special resolution*)[2] réclamant la mise en liquidation par décision de la Cour;

[1] C'est le 11 octobre 1861 qu'a été mise en vigueur la loi de 1861 sur la faillite. Cette loi a étendu la faillite aux non-commerçants. Antérieurement la seule procédure applicable aux non-commerçants insolvables était celle de l'*Insolvency*. Voir *Introduction*, p. IX.

[2] On appelle «résolution spéciale» (*special resolution*) dans le sens de la loi sur les sociétés, une délibération votée par les trois quarts des associés présents à la réunion et confirmée par une délibération prise par la majorité dans une assemblée tenue quinze jours au moins et un mois au plus après la première. On distingue de la résolution spéciale la résolution extraordinaire (*extraordinary resolution*) une délibération prise par les trois quarts des membres présents une assemblée, mais n'ayant pas besoin d'être confirmée par une délibération postérieure.

2° Lorsque la société n'a pas commencé ses opérations dans l'année de l'enregistrement de ses statuts ou les a suspendues pendant une année entière;

3° Lorsque les associés sont réduits à un nombre inférieur à sept[1];

4° Lorsque la société ne peut payer ses dettes;

5° Lorsque la Cour estime qu'il est juste et équitable de mettre la société en liquidation.

ART. 80. Une société soumise à la présente loi doit être considérée comme ne pouvant pas payer ses dettes :

1° Quand un créancier par titre (*assignment*) ou autrement, en droit ou en équité, d'une somme exigible excédant 50 livres sterling, aura signifié à la société à son siège social une demande signée de sa main requérant celle-ci de payer la somme due et quand la société aura, pendant un délai de trois semaines, négligé de payer la somme réclamée ou de donner au créancier une garantie ou de transiger avec lui;

2° Quand, en Angleterre ou en Irlande, une saisie ou une autre procédure suivant un jugement, un décret ou une ordonnance obtenus d'une cour en faveur d'un créancier, en droit ou en équité, dans une instance introduite contre la société, n'aura pas produit en tout ou en partie de résultats utiles;

3° Quand, en Écosse, les délais accordés pour exécuter une obligation, pour exécuter un jugement, pour acquitter une dette après protêt, sont expirés, sans qu'il y ait eu payement;

4° Lorsqu'il est démontré à la Cour que la société ne peut payer ses dettes.

ART. 81. L'expression *la Cour* employée dans la rubrique du titre de la présente loi désigne les autorités suivantes :

Dans le cas où il s'agit d'une société ayant pour objet l'exploitation d'une mine dans les *Stannaries* et soumise à la juridiction des *Stannaries*, la Cour du Vice-Gardien des mines d'étain (*Vice-Warden of the Stannaries*)[2], à moins que

---

[1] La loi de 1862 n'est, en principe, applicable qu'aux sociétés comptant sept associés au moins. V. note de la page 165.

[2] On désigne spécialement sous le nom de *stannaries* (mines d'étain) un district qui comprend toutes les parties du Devonshire et de la Cornouailles dans lesquelles sont situées des mines d'étain. Les procès civils qui s'élèvent relativement à ces mines, sont portés devant une cour appelée *Stannary-Court*, à la tête de laquelle est placé un juge appelé *Vice-Warden of the Stannaries*. Le mot *warden* signifie «conservateur», gardien; il est à peu près synonyme du mot anglais, *keeper*. Avant la loi de 1873 sur l'établissement d'une cour suprême de justice (*Judicature Act*), il y

cette dernière ne certifie qu'à son avis la société serait liquidée plus avantageusement devant la Haute Cour de Chancellerie, auquel cas l'expression *la Cour* signifiera la Haute Cour de Chancellerie;

Dans le cas où il s'agit d'une société enregistrée en Angleterre et n'ayant pas pour objet l'exploitation d'une mine, la Haute Cour de Chancellerie;

Dans le cas où il s'agit d'une société enregistrée en Irlande, la Cour de Chancellerie d'Irlande;

Dans le cas où il s'agit de sociétés enregistrées en Écosse, la Cour de session (*Court of session* [1]), dont l'une des deux sections sera compétente.

Toutefois, si la Cour de Chancellerie, en Angleterre ou en Irlande, rend un jugement ordonnant la mise en liquidation d'une société en vertu de la présente loi, elle peut, si elle le juge convenable, renvoyer toute la procédure ultérieure devant la cour des faillites (*Court of Bankruptcy*) compétente dans le lieu du siège de la société. Dans ce cas, cette cour des faillites est considérée comme la Cour dans le sens de la présente loi pour tout ce qui concerne la liquidation; elle aura tous les pouvoirs de la Haute Cour de Chancellerie d'Angleterre ou de la Cour de Chancellerie d'Irlande, selon les circonstances [2].

**Art. 82.** Toute demande de mise en liquidation adressée à la Cour en vertu de la présente loi doit être faite en forme de requête (*by petition*). Elle est faite, soit par la société, soit par un ou plusieurs créanciers, soit par une ou plusieurs personnes tenues de contribuer à la formation de l'actif [3], par toutes ces personnes ou quelques-unes d'entre elles, ensemble ou séparément. Toute décision rendue sur cette demande produit ses effets en faveur de tous les créanciers et de toutes les personnes tenues de contribuer à la formation

---

avait appel au *Lord Warden* et du *Lord Warden* au conseil privé. L'appel est, en vertu de la loi de 1873 (art. 18, 3°), porté devant la cour d'appel organisée par cette loi. Voir Glasson, *Histoire du droit et des institutions politiques, civiles et judiciaires de l'Angleterre*, t. VI, p. 454.

[1] La *Court of session* est la Cour suprême de l'Écosse. Voir sur cette cour, Glasson, *Histoire du droit et des institutions politiques, civiles et judiciaires de l'Angleterre*, t. VI, p. 868.

[2] La loi de 1867 sur les sociétés (*Companies Act, 1867*) admet qu'en Angleterre, la Cour de Chancellerie peut, après avoir prononcé la mise en liquidation d'une société, décider que toute la procédure subséquente se passera devant une cour de comté ou transférer la procédure d'une cour de comté à une autre. Voir les articles 41 et 42 de la loi de 1867 traduits ci-après, p. 196.

[3] Voir ci-après (p. 195), art. 40 de la loi de 1867 sur les sociétés. Cette loi restreint le droit des personnes tenues comme associées de demander la mise en liquidation.

de l'actif, de la même manière que si elle avait été faite sur la demande d'un créancier et d'une personne tenue de contribuer à la formation de l'actif.

Art. 83. Tout juge de la Haute Cour de Chancellerie peut faire en chambre du conseil tout acte que la Cour est autorisée à faire par la présente loi. Le Vice-Gardien des mines d'étain (*Vice-Warden of the Stannaries*) peut ordonner que l'audience sur la demande à fins de liquidation sera tenue soit dans le lieu où siège cette juridiction, soit dans le lieu où est le siège de la société ou dans un lieu voisin du siège de la société. Si le siège de la société est situé à 150 milles de Truro ou à une plus grande distance (mesurée sur les lignes ferrées), l'affaire sera jugée soit à Londres ou à Westminster, soit, avec le consentement du demandeur ou des demandeurs et de la société représentée par son secrétaire ou un autre de ses employés, dans un lieu quelconque situé en Angleterre. Toutes les décisions rendues par le *Vice-Warden* dans les cas ci-dessus mentionnés seront aussi valables et produiront les mêmes effets que si elles avaient été rendues à Truro[1].

Art. 84. La liquidation d'une société par décision de la Cour doit être réputée commencer au moment de la présentation de la requête de mise en liquidation[2].

Art. 85. La Cour peut, après la présentation de la requête de mise en liquidation d'une société et avant de rendre son ordonnance, sur la demande de la société, d'un créancier ou d'une personne obligée de contribuer à la formation de l'actif, surseoir à toute procédure dans une action, poursuite ou procès intenté contre la compagnie, pendant le délai que la Cour jugera convenable. La Cour peut aussi, à tout moment après la présentation de la requête et avant la première nomination de liquidateurs, nommer provisoirement un liquidateur officiel de l'actif et des effets de la société.

Art. 86. La Cour peut rejeter la requête avec ou sans frais, en ajourner l'examen avec ou sans condition, rendre une ordonnance provisoire ou toute autre ordonnance qu'elle estimera convenable.

Art. 87. Quand une décision mettant une société soumise à la présente loi en liquidation a été rendue, aucune poursuite, action ou autre procédure ne peut être continuée ou introduite contre la société, si ce n'est avec l'autorisation de la Cour et dans les termes fixés par elle.

---

[1] L'article 83 a été ainsi modifié par une loi de 1869 (32 et 33 Vict., ch. xix).

[2] Voir pour la liquidation volontaire, l'article 130, et pour la liquidation sous la surveillance de la Cour, l'article 147.

Art. 88. Quand une ordonnance a été rendue pour la mise en liquidation d'une société conformément à la présente loi, une copie de cette ordonnance doit immédiatement être transmise au *Registrar* des *Joint-Stock Companies*[1], qui la transcrira en minute sur ses registres.

Art. 89. La Cour peut, après avoir rendu l'ordonnance de mise en liquidation, sur la motion d'un créancier ou d'une personne tenue de contribuer à la formation de l'actif de la société, et sur la preuve qu'il y a utilité de surseoir à toute procédure concernant la liquidation, rendre une ordonnance en prononçant la suspension définitivement ou pour un temps limité, dans tels termes et sous telles conditions qu'elle avisera.

Art. 90. Quand une ordonnance a été rendue pour la mise en liquidation d'une société à responsabilité limitée par garantie (*company limited by guarantee*) ayant son capital divisé en actions[2], tout capital-actions dont le versement n'a pas été demandé doit être considéré comme formant une partie de l'actif de la société et constitue une obligation en faveur de la société à la charge de chaque associé jusqu'à concurrence des sommes non payées. Cette obligation est exigible à l'époque fixée par la Cour.

Art. 91. La Cour peut, en toutes matières relatives à la liquidation, avoir égard aux désirs des créanciers sociaux ou des personnes tenues de contribuer à la formation de l'actif de la société, manifestés d'une façon suffisante. Elle peut, si elle le juge convenable, ordonner la convocation et la réunion d'assemblées de ces créanciers et de ces personnes. Ces assemblées seront convoquées et tenues de la manière déterminée par la Cour et lui permettront de se fixer sur les désirs exprimés. La Cour peut nommer un président de ces assemblées et le charger de lui faire un rapport sur le résultat de l'assemblée. Pour les assemblées de créanciers, on tient compte du montant de la créance de chacun; pour les assemblées de personnes tenues de contribuer à la formation de l'actif social, du nombre de voix attribué à chaque associé par les statuts de la société.

### DES LIQUIDATEURS OFFICIELS.

#### (*Official Liquidators.*)

Art. 92. Il peut être nommé une ou plusieurs personnes appelées « liqui-

[1] Il s'agit du fonctionnaire auquel sont déposés les actes de société dans un but de publicité.

[2] On appelle « société à responsabilité limitée par garantie ayant un capital divisé par actions » la société dans laquelle les actionnaires sont tenus jusqu'à concurrence d'une somme fixée par avance et indépendante du montant des actions.

dateurs officiels », pour diriger la procédure de liquidation d'une société et prêter dans cette procédure son assistance à la Cour. La cour ayant compétence peut nommer aux fonctions de liquidateurs officiels, à titre provisoire ou à tout autre titre, comme elle le jugera convenable. En tous les cas, si plusieurs personnes sont nommées à ces fonctions, la Cour décidera si les actes à faire par elles obligatoirement ou après autorisation, le seront individuellement par chacun, par plusieurs ou collectivement par tous. La Cour peut aussi décider si le liquidateur devra fournir une garantie lors de sa nomination et quelle sera cette garantie. S'il n'est pas nommé de liquidateur officiel ou s'il y a une vacance, tous les biens de la société seront réputés être sous la garde de la Cour.

ART. 93. Tout liquidateur officiel peut donner sa démission ou être révoqué pour une cause dûment motivée. La Cour pourvoit aux vacances. Le liquidateur officiel recevra une rémunération fixée à raison de tant pour cent ou autrement, comme la Cour le décidera. Si plusieurs liquidateurs ont été nommés, cette rémunération doit être répartie entre eux, de la manière fixée par la Cour.

ART. 94. Le liquidateur ou les liquidateurs officiels seront désignés sous le titre de « liquidateur ou liquidateurs » officiels de la société à l'égard de laquelle ils ont été nommés et non par leurs noms individuels. Ils prendront sous leur garde et leur surveillance tous les biens, effets et choses incorporelles appartenant ou paraissant appartenir à la société et ils rempliront relativement à la liquidation de la société toutes les obligations que la Cour leur imposera.

ART. 95. Le liquidateur officiel aura le pouvoir, avec l'autorisation de la Cour, de faire les actes suivants :

Intenter toute action, y défendre, exercer toutes poursuites ou introduire toute autre procédure civile ou criminelle, au nom ou pour le compte de la société ;

Continuer les affaires de la société autant qu'il peut être nécessaire dans l'intérêt de la liquidation ;

Vendre aux enchères ou à l'amiable les biens·immobiliers et mobiliers de la société, les créances, avec faculté soit d'en transférer la totalité à une personne ou à une société, soit de les vendre par portions ;

Faire tous actes, passer, au nom et pour le compte de la société, tous actes sous sceau, délivrer toutes quittances et autres pièces et, dans ce but, employer, quand besoin sera, le sceau de la société ;

Affirmer une créance de la société, prendre rang, réclamer et toucher un dividende en cas de faillite d'une personne tenue de contribuer comme associée à la formation de l'actif, pour tout solde dû par elle à la société et proportionnellement avec les autres créanciers;

Tirer, accepter, émettre et endosser toute lettre de change ou tout billet au nom et pour le compte de la société, comme aussi obtenir les sommes nécessaires en affectant les biens de la société à la garantie des prêteurs. La souscription, l'acceptation, l'endossement faits pour le compte de la société, auront les mêmes effets que s'ils avaient eu lieu pendant la durée de cette société;

Se faire délivrer, s'il est nécessaire, en sa qualité officielle, pour arriver à la liquidation de la succession mobilière d'une personne tenue comme associée de contribuer à la formation de l'actif social, des lettres d'administration[1]; faire en sa qualité officielle tout autre acte nécessaire pour obtenir le payement des sommes dues par une personne obligée à ce titre ou par sa succession, acte qui ne peut être utilement accompli au nom de la société. Dans tous les cas où le liquidateur se fait délivrer des lettres d'administration ou emploie son nom officiel d'une autre manière pour obtenir payement des sommes dues par un associé, ces sommes doivent, pour qu'il soit capable de se faire délivrer les lettres d'administration ou de recouvrer ces sommes, être réputées dues au liquidateur officiel lui-même;

Faire toutes autres choses nécessaires à la liquidation de la société et à la répartition de son actif.

Art. 96. La Cour peut décider par une ordonnance que le liquidateur officiel exercera les pouvoirs ci-dessus mentionnés sans la sanction ou l'intervention de la Cour. Quand un liquidateur sera nommé provisoirement, la Cour pourra restreindre et limiter ses pouvoirs par l'ordonnance de nomination.

Art. 97. Le liquidateur officiel peut, avec l'autorisation de la Cour, choisir

---

[1] La législation anglaise distingue nettement la succession aux immeubles et la succession aux meubles. L'héritier des immeubles en est saisi immédiatement après la mort du défunt, même contre son gré; mais il n'est tenu qu'après l'épuisement des biens mobiliers et jusqu'à concurrence de son émolument. Au contraire, l'héritier des meubles doit demander l'administration de la succession mobilière à la justice (*letters of administration*); c'est une sorte d'envoi en possession. Quand aucun héritier ne se présente, tout créancier du défunt peut demander la nomination d'une personne chargée d'administrer les biens dans l'intérêt de qui de droit. — Voir Glasson, *Histoire du droit et des institutions de l'Angleterre*, t. VI, p. 256 et 257.

un *solicitor* ou un agent judiciaire pour l'assister dans l'accomplissement de ses fonctions.

DES POUVOIRS ORDINAIRES DE LA COUR.

(*Ordinary Powers of Court.*)

Art. 98. Aussitôt que possible après avoir prononcé la mise en liquidation de la société, la Cour doit dresser une liste des personnes tenues comme associées. Elle a le pouvoir de modifier le registre des associés [1] dans tous les cas où une modification est requise par la présente loi. Elle fera rentrer l'actif de la société et l'appliquera au payement des dettes de celle-ci.

Art. 99. En établissant la liste des personnes tenues comme associées, la Cour doit distinguer celles qui sont tenues de leur chef et celles qui sont tenues en qualité de représentants d'autrui et qui sont responsables des obligations d'une autre personne. Si le représentant chargé de la liquidation de la succession mobilière d'une personne décédée figure sur la liste, il ne sera pas nécessaire d'ajouter les héritiers ou les légataires des immeubles, à moins que la Cour ne le juge convenable [2].

Art. 100. La Cour peut, à toute époque, après avoir prononcé la mise en liquidation d'une société, ordonner à toute personne tenue comme associée portée sur la liste des associés, à tout fiduciaire, séquestre, banquier, agent ou fonctionnaire de la société, de remettre immédiatement ou dans le délai fixé par la Cour, entre les mains du liquidateur officiel, toute somme ou solde, livres, documents, biens ou effets mobiliers se trouvant entre ses mains et auxquels la société a droit.

Art. 101. La Cour peut à toute époque, après avoir prononcé la mise en liquidation, ordonner à toute personne tenue comme associée et portée sur la liste des associés, d'opérer, de la manière indiquée dans la décision, le payement de toutes sommes qu'elle doit à la société de son chef ou du chef d'autrui, et ce sans préjudice de toutes sommes qu'elle doit de son chef ou du chef d'autrui en vertu d'un appel de fonds fait ou à faire par la Cour, en vertu de cette partie de la présente loi. En prononçant cette décision, la Cour peut, toutes les fois que la société n'est pas à responsabilité limitée, accorder à la personne tenue comme associée le bénéfice de la compensation à raison de sommes qui sont dues par la société soit à elle, soit à la succession qu'elle représente pour

---

[1] Il s'agit d'un registre sur lequel doivent être portés, pour les actions nominatives, tous les noms des associés. — [2] Voir note 1 de la page 173.

une affaire-indépendante faite avec la société; mais la compensation ne doit pas porter sur les sommes dues à cette personne comme associée à titre de dividendes ou de bénéfices.

Toutefois dans le cas où tous les créanciers d'une société à responsabilité limitée ou illimitée sont intégralement payés, toutes sommes dues à une personne tenue comme associée, quelle que soit la cause de la créance, peuvent être compensées par elle jusqu'à concurrence des appels de fonds subséquents.

Art. 102. La Cour peut à toute époque après avoir prononcé la mise en liquidation, soit avant, soit après qu'elle s'est rendue compte de la suffisance de l'actif de la société, faire des appels de fonds et ordonner, en conséquence, à toutes les personnes tenues comme associées ou à quelques-unes d'entre elles figurant sur la liste des associés, de se libérer jusqu'à concurrence de leurs obligations. Cette mesure est prise pour faire face aux obligations de la société, aux frais de la liquidation et pour régler les droits des personnes tenues comme associées entre elles. La Cour peut, en faisant un appel de fonds, prendre en considération la probabilité du défaut de payement en totalité ou en partie par certaines personnes tenues comme associées.

Art. 103. La Cour peut ordonner à toute personne tenue comme associée, à tout acheteur ou autre personne débitrice d'une somme envers la société, de verser cette somme à la Banque d'Angleterre ou à une succursale de cette banque au compte du liquidateur officiel, au lieu de la verser à ce dernier lui-même. Cette ordonnance peut recevoir son exécution comme si elle avait prescrit le payement entre les mains du liquidateur officiel.

Art. 104. Toutes sommes, toutes lettres de change, tous billets à ordre et autres valeurs payés ou remis à la Banque d'Angleterre ou à une succursale, en cas de liquidation d'une société par la Cour, seront soumis au règlement à faire par la Cour pour la tenue du compte, le payement, le placement et le remboursement.

Art. 105. Si une personne tenue comme associée en qualité de représentant de la succession mobilière d'un débiteur décédé, manque de payer une somme dont le versement est ordonné, des mesures peuvent être prises pour arriver à la liquidation des biens, meubles et immeubles du débiteur décédé et pour contraindre la succession à payer le montant des sommes dues.

Art. 106. Toute ordonnance rendue par la Cour en vertu de la présente loi prescrivant à une personne tenue comme associée de faire des versements, doit, sous réserve des dispositions contenues dans la présente loi sur le droit d'appel, être considérée comme preuve complète de l'obligation de payer les sommes mentionnées dans cette ordonnance. Tous autres faits pertinents constatés dans cette ordonnance doivent être considérés comme établis à l'égard de toutes personnes et dans toute procédure autre que les poursuites dirigées contre la succession immobilière d'une personne décédée et tenue comme associée. Dans ce dernier cas, il n'y aura qu'une présomption en ce qui concerne le droit de suite à exercer sur les immeubles, à moins que les héritiers ou légataires ne soient compris dans la liste des personnes tenues comme associées au moment où l'ordonnance a été rendue.

Art. 107. La Cour peut fixer soit un ou plusieurs jours, soit un ou plusieurs délais pour l'affirmation des créances, en excluant du bénéfice de toute répartition déjà faite les créanciers en retard.

Art. 108. Si, dans le cours de la procédure ouverte pour prouver les créances et les réclamations des créanciers devant la Cour du Vice-Gardien des mines d'étain (*Vice-Warden of the Stannaries*), une créance ou une réclamation quelconque est contestée soit par le liquidateur officiel, soit par un créancier, soit par une personne tenue comme associée, ou s'il apparaît à la Cour que le droit est sujet à contestation, la Cour a le pouvoir de statuer, sous réserve de l'appel dont il est parlé ci-après. Dans ce but, ladite Cour a tous les pouvoirs nécessaires pour examiner le bien ou mal fondé de la réclamation à l'aide soit d'un *affidavit*, soit de l'interrogatoire des témoins des parties comparaissant volontairement ou obligés de comparaître et de produire toutes pièces en justice. La Cour a aussi accessoirement le pouvoir de statuer sur la validité et l'étendue de tout privilège réclamé par un créancier sur les biens de la société et d'établir les droits des parties de façon à obliger tous les intéressés. Pour statuer plus utilement sur une question de fait ou sur une question mélangée de fait et de droit s'élevant dans le cours de la procédure, le *Vice-Warden* a le pouvoir d'ordonner que toute action ou toute contestation soit portée devant lui statuant comme juge de droit commun ou devant un jury ordinaire ou spécial et devant un juge d'assises, siégeant dans les comtés de Cornouailles et de Devonshire. Le *Vice-Warden* peut aussi ordonner le renvoi devant l'une des cours supérieures de Londres ou des comtés de Middlesex. Le jugement a lieu de la manière prescrite par la loi et sans autre consentement des parties. La décision du jury sur les questions de fait est définitive, à moins que le juge présidant le jury ne donne au *Vice-Warden* un avis défavorable sur la décision ou à moins qu'il n'apparaisse au *Vice-Warden* que, par suite d'une mauvaise appréciation des faits, d'un accident ou d'une découverte subséquente de preuves pertinentes nouvelles, ladite décision ne doit pas avoir un caractère définitif.

Art. 109. La Cour doit fixer les droits des personnes tenues comme associées dans leurs rapports entre elles et répartir tous les excédents entre tous les ayants droit.

Art. 110. Au cas où l'actif est insuffisant pour faire face au passif, la Cour peut ordonner le payement des frais de la liquidation sur les biens sous telles conditions de priorité qui peuvent lui sembler équitables.

Art. 111. Quand toutes les affaires de la société auront été liquidées, la Cour rendra une ordonnance déclarant qu'à partir de ce moment, la société est dissoute et la dissolution de la société aura lieu en conséquence [1].

Art. 112. Toute ordonnance ainsi rendue sera transmise par le liquidateur officiel au *registrar* qui mentionnera, en conséquence, la dissolution de la société sur ses registres [2].

Art. 113. Si, dans le cas de mise en liquidation d'une société par la Cour, le liquidateur officiel omet de transmettre au *registrar* l'ordonnance de dissolution, il encourra une amende de 5 livres sterling au plus pour chaque jour de retard.

Art. 114. [ Article abrogé par la loi 3o et 3ı Vict., ch. xlvii, art. ı.]

DES POUVOIRS EXTRAORDINAIRES DE LA COUR.

*( Extraordinary Powers of Court.)*

Art. 115. La Cour peut, après avoir rendu une ordonnance mettant en liquidation une société, citer à comparaître devant elle tout employé de la société ou toutes personnes reconnues ou suspectées d'avoir en leur possession des biens ou effets de la société ou supposées être débitrices de la société ou toutes personnes que la Cour présume aptes à donner des renseignements sur le commerce, les opérations, les biens et effets de la société. La Cour peut

---

[1] Cette disposition implique que la société est réputée exister encore pour les besoins de la liquidation jusqu'à ce que celle-ci soit terminée. Voir art. 1 3 ı.

[2] Le *registrar* est également ici le fonctionnaire au bureau duquel sont déposés les actes concernant les sociétés dans un but de publicité.

requérir ces employés ou ces personnes de produire tous livres, papiers, actes, écrits et autres documents en leur garde ou possession relatifs à la société. Si une personne citée ainsi à comparaître, après offre d'une somme raisonnable pour ses frais de déplacement, refuse de comparaître devant la Cour au jour fixé, sans avoir une cause légitime d'empêchement (dont il aura été donné connaissance à la Cour au moment de l'audience et admise par elle), la Cour peut la faire appréhender et amener devant elle pour l'interroger. Cependant, quand une personne réclamera quelque droit sur les papiers, actes, écrits ou documents produits par elle, la production n'en aura lieu que sous réserve de tous droits de cette nature. La Cour est compétente pour statuer, comme sur un incident de la liquidation, sur toutes les questions soulevées par cette réclamation.

Art. 116. Un jugement ordonnant la liquidation ayant été prononcé par la Cour du *Vice-Warden of the Stannaries* (Vice-Gardien des mines d'étain), le *Vice-Warden* ou le *registrar* peut, s'il apparaît qu'une personne quelconque réclame la propriété de machines, de matériel, de minerai ou d'effets se trouvant sur la mine, sur des lieux occupés par la société, pour les besoins de l'exploitation de la mine, ou sur des lieux auxquels lors du jugement la société avait un droit présumé, ou bien réclame un droit de privilège (*lien*), sur une partie quelconque d'iceux, statuer sur ces réclamations par voie d'*interpleader* [1] de la manière prescrite par l'article 11 de la loi 18 Vict., chap. xxxii. Toute action ou contestation dont le jugement est ordonné, peut, si le *Vice-Warden* le juge convenable, être décidée à son tribunal ou aux assises, ou par un juge de l'une des cours supérieures à l'une des audiences ayant lieu dans la Cité de Londres ou dans Middlesex, de la manière, dans les termes et sous les conditions prescrites par la présente loi, pour le cas de créances et de réclamations contestées émanant de créanciers.

Art. 117. La Cour peut interroger sous la foi du serment, sur questions orales ou écrites, toute personne comparaissant ou traduite devant elle de la manière susdite. Les questions peuvent porter sur le commerce, les opérations, l'actif immobilier et mobilier de la société. La Cour peut consigner par écrit les réponses de cette personne et l'obliger à signer sa déposition.

[1] Cette procédure est celle qui est suivie spécialement quand une contestation s'élève entre deux personnes à l'occasion d'une chose qui se trouve en la possession d'une troisième. Elle a pour but de mettre les deux premières en présence.

Art. 118. La Cour peut, à tout moment après la mise en liquidation d'une société, faire arrêter une personne tenue comme associée, quand il y a lieu de croire que cette personne est sur le point de quitter le Royaume-Uni ou de se cacher d'une autre manière ou de mettre de côté ou de dissimuler une partie de ses biens, pour éviter de faire des versements ou pour échapper à l'interrogatoire relatif aux affaires de la société. Dans les mêmes cas, la Cour peut faire saisir les livres, papiers, argent comptant, valeurs, biens de cette personne. L'arrestation et la saisie peuvent durer le temps que fixe la Cour.

Art. 119. Tous pouvoirs conférés à la Cour par la présente loi doivent être ajoutés aux pouvoirs qu'elle a déjà en vertu de la loi commune ou de l'équité, de poursuivre toute personne tenue comme associée ou tout débiteur de la société ou sa succession. Ces poursuites ont lieu conformément à ces pouvoirs.

### DE LA MISE À EXÉCUTION DES DÉCISIONS DE LA COUR ET DE L'APPEL FORMÉ CONTRE CES DÉCISIONS.

*(Enforcement of and Appeal from Orders.)*

Art. 120 à 128. [Ces articles sont de pure procédure.]

### DE LA LIQUIDATION VOLONTAIRE DES SOCIÉTÉS.

*(Voluntary Winding-up of Company.)*

Art. 129. Une société régie par la présente loi peut être mise en liquidation volontaire :

1.° Quand le délai fixé par les statuts pour la durée de la société expire ou quand il se produit un événement qui, d'après ces statuts, doit amener la dissolution de la société et que la société a, en assemblée générale, voté la liquidation volontaire;

2° Quand la société a, par une délibération spéciale (*special resolution*), voté la mise en liquidation volontaire;

3° Quand la société a pris une délibération extraordinaire (*extraordinary resolution*) de laquelle il résulte qu'il y a preuve suffisante qu'à raison de ses obligations, la société ne peut plus continuer ses affaires et qu'il est à propos de procéder à sa liquidation.

Pour l'application de la présente loi, une délibération est extraordinaire quand elle a été prise dans des conditions telles que, si elle avait été confirmée

par une assemblée subséquente, ce serait une délibération spéciale telle
qu'elle est définie plus haut [1].

Art. 130. Une liquidation volontaire est réputée commencer au moment
où est prise la délibération qui l'autorise.

Art. 131. Une société mise en liquidation volontaire doit, à partir du
commencement de la liquidation, cesser ses affaires, sauf en ce qui peut être
nécessaire pour que la liquidation ait lieu avantageusement. Tous transferts
d'actions, sauf ceux qui sont faits avec l'autorisation des liquidateurs, toute
modification dans la situation des membres de la société, qui ont lieu après
le commencement de la liquidation, sont nuls. Toutefois la personnalité de
la société et les droits en résultant pour elle continuent d'exister jusqu'à
parfaite liquidation de la société, malgré toute disposition contraire des statuts.

Art. 132. Avis de toute délibération spéciale ou extraordinaire prise pour
la liquidation volontaire d'une société doit être publié, pour les sociétés enregistrées en Angleterre dans la *Gazette de Londres*, pour les sociétés enregistrées en Écosse dans la *Gazette d'Édimbourg* et pour les sociétés enregistrées
en Irlande dans la *Gazette de Dublin*.

Art. 133. La liquidation volontaire d'une société aura les effets suivants :

1° L'actif de la société est affecté au payement de ses dettes *pari passu*, et,
sous réserve de ces dettes, à moins que les statuts n'en disposent autrement,
cet actif doit être réparti entre les membres de la société conformément à leurs
droits et à leur intérêt dans la société;

2° Des liquidateurs doivent être nommés pour liquider les affaires de la
société et répartir son actif;

3° La société, en assemblée générale, choisit le liquidateur ou les liquidateurs et peut fixer le montant de leur rémunération;

4° Quand un seul liquidateur est choisi, toutes les dispositions visant le
cas où il y en a plusieurs lui sont applicables;

5° Après la nomination des liquidateurs, les pouvoirs des administrateurs
cessent, si ce n'est dans la mesure dans laquelle la société en assemblée générale ou les liquidateurs admettent le maintien de leurs pouvoirs;

6° Quand plusieurs liquidateurs sont nommés, les pouvoirs qui leur sont
conférés peuvent être exercés soit par l'un, soit par plusieurs d'entre eux,
conformément aux règles admises lors de la nomination de ces liquidateurs;

[1] Voir note 2, p. 167.

à défaut de règles fixées à ce moment, ces pouvoirs sont exercés par deux liquidateurs au moins ;

7° Les liquidateurs peuvent, sans l'autorisation de la Cour, exercer tous les pouvoirs conférés par la présente loi au liquidateur officiel ;

8° Les liquidateurs exerceront le pouvoir donné précédemment à la Cour de dresser la liste des personnes tenues comme associées. Toute liste ainsi arrêtée constitue, pour les personnes y portées, une présomption de l'obligation de payer ;

9° Les liquidateurs peuvent à tout moment après le vote de la délibération mettant en liquidation la société et avant même de savoir si son actif est suffisant, adresser un appel de fonds aux personnes tenues comme associées portées sur la liste dressée, jusqu'à concurrence du montant de leurs engagements, afin qu'elles payent tout ou partie des sommes que les liquidateurs jugent nécessaires pour acquitter les dettes de la société, les frais et charges de la liquidation, pour établir les droits des personnes tenues comme associées dans leurs rapports entre elles. Les liquidateurs, en faisant ces appels de fonds, peuvent prendre en considération la probabilité de l'insolvabilité totale ou partielle de ces personnes ;

10° Les liquidateurs payeront les dettes de la société et fixeront les droits des personnes tenues comme associées dans leurs rapports entre elles.

Art. 134. Quand il s'agit de la liquidation volontaire d'une société à responsabilité limitée par garantie (*limited by guarantee*) [1], dont le capital est divisé en actions, le capital non appelé de toute action doit être considéré comme faisant partie de l'actif de la société. L'obligation de le verser est considérée comme une obligation sous sceau dont est tenu chaque associé envers la société jusqu'à concurrence des sommes non payées sur ses actions, obligation exigible à la date fixée par les liquidateurs.

Art. 135. Une société sur le point d'être mise en liquidation volontaire peut, par une délibération extraordinaire, déléguer à ses créanciers ou à un syndicat de ceux-ci le pouvoir de nommer les liquidateurs ou quelques-uns des liquidateurs et de remplacer ceux qui viendraient à manquer. Une société peut, par une délibération de ce genre, faire toutes conventions relatives aux pouvoirs des liquidateurs et à la manière dont ils les exerceront. Tous actes faits par les créanciers en vertu de ces pouvoirs délégués, auront le même effet que s'ils émanaient de la société [2].

[1] Voir note 2 de la page 171. — [2] Voir la note 1 de la page 182.

**Art. 136.** Tout arrangement conclu entre une société sur le point d'être mise en liquidation volontaire ou pendant la durée de cette liquidation et ses créanciers, sera obligatoire pour la société, si cet arrangement est autorisé par une délibération extraordinaire et pour les créanciers s'il a été adopté par les trois quarts en nombre et en valeur, sous réserve du droit d'appel dont il est parlé ci-après [1--2].

**Art. 137.** Tout créancier ou toute personne tenue comme associée dans une société qui a conclu de la manière ci-dessus énoncée un arrangement avec ses créanciers, peut, dans les trois semaines à partir de la date de cet arrangement, en appeler à la Cour. Celle-ci peut modifier ou confirmer l'arrangement [3].

**Art. 138.** Lorsqu'une société est en liquidation volontaire, les liquidateurs ou les personnes tenues comme associées peuvent demander à la Cour en Angleterre, en Irlande ou en Écosse, ou au Lord ordinaire (*on the Bills*) en Écosse pendant les vacances, de résoudre toutes questions s'élevant dans le cours de la liquidation ou d'exercer, en ce qui concerne les appels de fonds ou toutes autres questions, en tout ou en partie, les pouvoirs que la Cour aurait eus s'il s'agissait d'une liquidation par ordre de la Cour. La Cour et le Lord ordinaire, dans le cas ci-dessus, s'ils sont persuadés que la solution d'une telle question ou l'exercice de ces pouvoirs est juste et entraînera d'utiles résultats, peuvent admettre en tout ou en partie ladite demande, dans les termes et sous les conditions qui paraîtront convenables.

**Art. 139.** En cas de liquidation volontaire d'une société, les liquidateurs peuvent, quand besoin sera, pendant la durée de cette liquidation, convoquer des assemblées générales de la société, pour obtenir son approbation par une délibération spéciale ou extraordinaire ou dans tout autre but. Si la liquidation dure plus d'un an, les liquidateurs doivent convoquer une assemblée

---

[1] Cet article a pour but de faciliter les arrangements entre une société et ses créanciers, ainsi que d'éviter les frais d'une liquidation par ordre de la Cour. Dans bien des cas, les créanciers désirent qu'il y ait une liquidation volontaire, pourvu qu'ils aient un contrôle suffisant sur cette liquidation. L'article 135 reconnaît à une société le droit de déterminer par une convention conclue avec ses créanciers dans quelle mesure ils peuvent intervenir dans la liquidation.

[2--3] Il arrive assez souvent que des actionnaires et les créanciers en grande majorité veulent conclure un arrangement pour éviter les frais d'une liquidation judiciaire. L'article 136 a pour but d'éviter que quelques opposants n'empêchent d'atteindre ce but. Du reste, l'article 137 prend des mesures destinées à protéger la minorité.

générale de la société à la fin de la première année et à la fin de chaque année suivante ou aussitôt qu'il sera possible. Ils présenteront à l'assemblée un rapport constatant leurs opérations; ils y exposeront la manière dont a été conduite la liquidation pendant l'année précédente.

Art. 140. Si par suite de mort, de démission ou d'autre cause quelque vacance se produit parmi les liquidateurs nommés par la société, celle-ci peut, en assemblée générale, sous réserve des arrangements qu'elle a pu faire avec ses créanciers, pourvoir à la vacance. Une assemblée générale peut être convoquée dans ce but par les liquidateurs en fonctions ou par toute personne tenue comme associée. Cette assemblée générale est considérée comme ayant été régulière si elle a été tenue de la manière prescrite par les statuts de la société ou de la manière que peut prescrire la Cour sur la demande du liquidateur en fonctions ou de toute personne tenue comme associée.

Art. 141. Si, pour une cause quelconque, il n'y a pas de liquidateur en cas de liquidation volontaire, la Cour peut, sur la demande d'une personne tenue comme associée, nommer un ou plusieurs liquidateurs. La Cour peut aussi, si preuve suffisante lui est fournie, révoquer un liquidateur et en nommer un nouveau.

Art. 142. Aussitôt que les affaires de la société sont complètement liquidées, les liquidateurs doivent rédiger un rapport indiquant la manière dont la liquidation a été conduite et dont les biens de la société ont été administrés. Après la rédaction de ce rapport, ils doivent convoquer une assemblée générale de la société pour le lui soumettre et donner à cette assemblée toutes les explications qui pourront être requises. La convocation doit être faite par un avis indiquant les temps, lieu et objet de l'assemblée. Cet avis sera publié un mois au moins avant l'assemblée, dans la *Gazette de Londres* pour les sociétés enregistrées en Angleterre, dans le *Gazette d'Édimbourg* pour les sociétés enregistrées en Écosse, dans la *Gazette de Dublin* pour les sociétés entregistrées en Irlande.

Art. 143. Les liquidateurs doivent donner connaissance au *registrar* de la tenue de cette assemblée et de sa date. A l'expiration d'un délai de trois mois à partir de l'accomplissement de cette formalité, la société est réputée dissoute[1]. Si les liquidateurs manquent à cette obligation, ils encourent une amende de 5 livres sterling au plus par jour de retard.

Art. 144. Tous les frais, charges et dépenses légalement faits à l'occasion

[1] Voir art. 131.

de la liquidation volontaire d'une société, y compris la rémunération des liquidateurs, seront payés sur l'actif de la société par préférence à toutes autres créances [1].

Art. 145. La liquidation volontaire d'une société ne met pas obstacle au droit pour tout créancier d'obtenir la liquidation par ordre de la Cour, si celle-ci estime qu'une liquidation volontaire porterait préjudice au droit de ce créancier.

Art. 146. Lorsqu'une société est en cours de liquidation volontaire et qu'une demande est formée pour la conversion de cette liquidation en liquidation par ordre de la Cour, celle-ci peut, bien qu'elle rende un jugement conforme, ordonner soit par ce jugement, soit par tout autre jugement ultérieur, que tout ou partie des actes faits pendant la liquidation volontaire seront valables.

### DES LIQUIDATIONS FAITES SOUS LA SURVEILLANCE DE LA COUR.

*(Winding-up subject to the Supervision of the Court.)*

Art. 147. Quand une société a résolu sa liquidation volontaire, la Cour peut rendre un jugement décidant que la liquidation volontaire continuera, mais sous la surveillance de la Cour, dans les termes et sous les conditions qu'elle déterminera, réserve faite aux créanciers et aux personnes tenues comme associées ou à toutes autres d'adresser toutes demandes à la Cour.

Art. 148. Une demande tendant à ce que la liquidation volontaire continue en tout ou en partie, mais sous la surveillance de la Cour, doit, quant à la compétence de la Cour pour toutes actions, être considérée comme une demande tendant à la liquidation par ordre de la Cour.

Art. 149. La Cour peut, pour décider si une société doit être liquidée par ordre de la Cour ou sous la surveillance de la Cour, pour nommer un ou plusieurs liquidateurs et pour résoudre toutes les questions concernant la liquidation soumise à sa surveillance, tenir compte des vœux des créanciers ou des personnes tenues comme associées, en tant que ces vœux sont suffisamment prouvés. Elle peut ordonner que des assemblées de créanciers ou de personnes tenues comme associées seront convoquées, tenues et réglées de la manière qu'elle prescrira, afin que ces assemblées émettent leurs vœux. Elle peut désigner une personne comme président et la charger de faire un rapport à la Cour sur les résultats de l'assemblée. Dans les assemblées de créanciers, il y

[1] Voir art. 110.

a lieu de tenir compte du montant des créances de chacun d'eux. Dans les assemblées de personnes tenues comme associées, il y a lieu de tenir compte du nombre de voix attribué à chacune d'elles par les statuts de la société.

Art. 150. Quand un jugement ordonnant la liquidation sous la surveillance de la Cour est rendu, celle-ci peut, dans ce jugement ou dans un jugement subséquent, nommer un ou plusieurs liquidateurs supplémentaires. Les liquidateurs ainsi nommés par la Cour auront les mêmes pouvoirs, seront soumis aux mêmes obligations et à tous égards auront la même situation que s'ils avaient été nommés par la société. La Cour pourra, quand besoin sera, révoquer les liquidateurs ainsi nommés par elle et remplacer les liquidateurs révoqués, décédés ou démissionnaires.

Art. 151. Quand un jugement met une société en liquidation sous la surveillance de la Cour, les liquidateurs nommés peuvent, sauf les restrictions imposées par la Cour, exercer tous leurs pouvoirs sans l'autorisation ou l'intervention de la Cour, de la même manière que si la liquidation était volontaire. Mais, sous réserve de ce qui précède, tout jugement de mise en liquidation sous la surveillance de la Cour sera considéré comme un jugement de mise en liquidation judiciaire et cela à tous égards, y compris la suspension des actions et autres procédures. Ce jugement conférera à la Cour les pleins pouvoirs de faire des appels de fonds, de faire exécuter les appels de fonds faits par les liquidateurs et d'exercer tous autres droits qui lui auraient appartenu si la liquidation était purement judiciaire. Pour l'interprétation des dispositions de la loi conférant à la Cour le pouvoir d'ordonner l'accomplissement d'un acte par les liquidateurs officiels ou à leur profit, l'expression, liquidateurs officiels, sera considérée comme signifiant les liquidateurs dirigeant la liquidation soumise à la surveillance de la Cour.

Art. 152. Quand un jugement a ordonné la liquidation sous la surveillance de la Cour et quand ce jugement est remplacé par un autre ordonnant la liquidation judiciaire, la Cour peut, dans ce dernier jugement ou dans un jugement subséquent, nommer liquidateurs officiels les liquidateurs volontaires ou quelques-uns d'entre eux, à titre provisoire ou définitif, avec ou sans l'adjonction d'autres personnes.

**DISPOSITIONS ADDITIONNELLES.**

(*Supplemental Provisions.*)

Art. 153. Quand une société est en liquidation par ordre de la Cour ou sous sa surveillance, tous les actes de disposition des biens, effets et choses incorporelles de cette société, tout transfert d'actions, toute modification dans la situation des membres de la société, sont nuls, quand ils ont été faits entre le commencement de la liquidation et le jugement qui l'ordonne, à moins que la Cour n'en décide autrement.

Art. 154. En cas de liquidation d'une société, tous les livres, comptes et pièces de la société et des liquidateurs feront foi, jusqu'à preuve contraire, de leur contenu à l'égard des personnes tenues comme associées.

Art. 155. Quand une société mise en liquidation en vertu de la présente loi est sur le point d'être dissoute, les livres, comptes et pièces de cette société et des liquidateurs peuvent recevoir la destination suivante : la destination indiquée par la Cour en cas de liquidation judiciaire ou sous la surveillance de la Cour, la destination indiquée par une délibération extraordinaire en cas de liquidation volontaire. Mais, après l'expiration de cinq années à partir de la dissolution de la société, aucune responsabilité n'incombe plus ni à la société, ni au liquidateur, ni à un tiers dépositaire, à raison de l'absence de tout ou partie de ces pièces réclamées par un intéressé.

Art. 156. En cas de liquidation judiciaire ou par ordre de la Cour, la Cour peut prendre telles décisions qui lui semblent équitables quant à l'examen par les créanciers et les personnes tenues comme associées des livres et papiers de la société. Tous les livres et papiers en la possession de la société peuvent être examinés par les créanciers et les personnes tenues comme associées, conformément aux décisions de la Cour, mais non autrement.

Art. 157. Tout cessionnaire d'une créance appartenant à la société en vertu de la présente loi peut intenter une action relative à cette créance ou y défendre en son propre nom [1].

Art. 158. En cas de liquidation d'une société en conformité de la présente loi, toutes les créances sous condition, tous les droits actuels ou futurs, certains ou éventuels, liquidés ou non, existant contre la société pourront être prouvés contre elle. Une estimation exacte de ces créances, ou droits conditionnels ou non, liquides ou n'ayant pas une valeur certaine pour toute autre cause, sera faite autant que faire se pourra [2].

[1] D'après l'article 25, n° 6, du *Judicature Act* (36 et 37 Vict., ch. LXVI), toute cession par écrit d'une créance a son effet légal, à dater de la notification faite par écrit au débiteur ou à toute personne que le créancier peut contraindre au payement.

[2] D'après l'art. 10 du *Judicature Act*

A??. 159. Les liquidateurs peuvent payer intégralement certaines classes de créanciers ou faire telle transaction ou tel arrangement que les liquidateurs jugent convenable avec les créanciers ou avec des personnes invoquant un droit présent ou futur, certain ou éventuel, liquidé ou non, ou pouvant entraîner l'existence d'une obligation à la charge de la société. Pour cela, les liquidateurs doivent obtenir, en cas de liquidation par ordre ou sous la surveillance de la Cour, l'autorisation de celle-ci; en cas de liquidation volontaire, l'autorisation de la société résultant d'une délibération extraordinaire [1].

A??. 160. Avec les mêmes autorisations les liquidateurs peuvent transiger sur les appels de fonds et les obligations y relatives, sur les dettes et obligations, sur tous les droits, actuels ou futurs, certains ou éventuels, liquidés ou non liquidés, existant ou ayant une existence probable, entre la société et les personnes tenues comme associées ou supposées telles, ou tous autres débiteurs ou personnes pouvant être déclarés obligés envers la société. Les transactions peuvent aussi porter sur toutes les questions relatives à l'actif ou à la liquidation de la société; elles peuvent fixer les époques de payement des sommes dues et, en général, admettre toutes les conditions convenues. Les liquidateurs ont le pouvoir de recevoir des garanties pour accorder la libération de ces dettes et obligations et pour en donner complète décharge.

A??. 161[2]. Quand une société est liquidée volontairement ou est sur le point d'être mise en liquidation volontaire, si l'on veut transférer ou vendre à une autre société, en tout ou en partie, les affaires ou l'actif de la société, les liquidateurs de la société précédente peuvent, en vertu d'une délibération spéciale leur conférant des pouvoirs généraux ou spéciaux, recevoir en échange, pour le tout ou pour partie, des actions, des polices ou autres valeurs similaires de la société cessionnaire, afin de les distribuer entre les membres de la société en liquidation. Les liquidateurs peuvent faire tous autres arrangements en vertu desquels les membres de la société en liquidation ont droit, au lieu de recevoir de l'argent comptant, à des actions, à des polices ou à d'autres valeurs de la société; ou peuvent, en sus de ces valeurs, participer aux bénéfices de la

---

de 1875 (38 et 39 Vict., ch. lxxvii), dans la liquidation des sociétés dont l'actif est insuffisant, la Cour observera les mêmes règles qu'en matière de faillite pour le classement et la vérification des créances, le calcul des annuités et l'évaluation des créances à terme et conditionnelles.

[1] Voir ci-après (p. 197), la loi de 1870 sur les arrangements conclus par les sociétés.

[2] Les articles 161 et 162 sont relatifs à la fusion des sociétés.

société cessionnaire. Toute vente et tout arrangement faits par les liquidateurs en vertu du présent article, seront obligatoires pour les membres de la société en liquidation. Toutefois, si un membre de ladite société n'ayant pas voté en faveur de la délibération spéciale, exprime son dissentiment par une lettre adressée aux liquidateurs ou à l'un d'entre eux et la dépose au bureau de la société dans un délai de huit jours au plus après la date de la délibération, ce membre peut exiger l'une des choses suivantes au choix des liquidateurs : s'abstenir de donner suite à cette délibération, acheter les droits du membre dissident à un prix déterminé de la manière ci-après indiquée. Le prix de l'achat doit être payé avant la dissolution de la société et être acquitté par les liquidateurs de la manière déterminée par une délibération spéciale. Une délibération spéciale prise dans les termes du présent article, n'est pas nulle, à raison de ce qu'elle a été prise soit en même temps que la délibération relative à la mise en liquidation ou à la nomination des liquidateurs, soit ultérieurement. Mais si, dans l'année, un jugement met la société en liquidation sous la surveillance de la Cour, la délibération ne sera pas valable, à moins qu'elle ne soit approuvée par la Cour.

Aʀᴛ. 162. Le prix à payer pour l'achat de l'intérêt d'un membre de la société dissident peut être fixé par convention. Mais, si les parties ne sont pas d'accord sur le prix, il est fixé par des arbitres. A cet arbitrage s'appliquent les dispositions de la loi de 1845 intitulée : *The companies Clauses consolidation Act*[1]. Cette loi sera, en ce qui concerne la décision des questions soumises à ces arbitres, considérée comme faisant corps avec la présente loi. Par suite, pour l'interprétation des dispositions de cette loi, elle sera considérée comme une loi spéciale à la matière; le mot société y sera interprété comme signifiant la société en liquidation; toute nomination à faire en vertu de ces dispositions soit par le secrétaire, soit par un ou deux administrateurs, pourra être faite par le liquidateur ou deux d'entre eux, s'il y en a plusieurs.

Aʀᴛ. 163. En cas de liquidation par ordre ou sous la surveillance de la Cour, toute saisie-arrêt, saisie-exécution, saisie opérée par le bailleur ou toute autre voie d'exécution pratiquées sur les biens de la société après le commencement de la liquidation, sont absolument nulles[2].

Aʀᴛ. 164. Tous transfert, constitution d'hypothèque, livraison de marchan-

---

[1] 8 et 9 Vict., ch. xvi. — [2] L'article 163 suppose que ces actes ont été faits sans l'autorisation de la Cour.

dises, payement, acte d'exécution ou autres actes concernant les biens qui, s'ils étaient faits par un individu commerçant ou à son préjudice, seraient, en cas de faillite [1], réputés faits pour attribuer une préférence illégitime ou frauduleuse à certains de ses créanciers, seront, quand ils auront été faits par une société en liquidation ou à son préjudice, réputés faits pour attribuer une préférence illégitime ou frauduleuse à certains créanciers de cette société et seront, en conséquence, nuls. Pour l'application de cet article, la présentation d'une demande de mise en liquidation sera considérée comme équivalant à un acte de nature à entraîner la faillite pour un individu commerçant, en cas de liquidation judiciaire ou sous la surveillance de la Cour. Il en sera de même de la délibération de mise en liquidation en cas de liquidation volontaire. Tout transfert ou toute cession de l'intégralité de son actif fait à un *trustee* par une société soumise à la présente loi au profit de tous ses créanciers, seront absolument nuls.

Art. 165. Lorsque, dans le cours de la liquidation d'une société soumise à la présente loi, il apparaît qu'un administrateur sorti de fonctions ou en exercice, un directeur, un liquidateur officiel ou non, ou tout autre employé de la société, s'est approprié ou a retenu entre ses mains des sommes appartenant à la société, ou doit compte à celle-ci de quelques sommes, ou est coupable à l'égard de cette société d'un délit ou d'un abus de confiance, la Cour peut, sur la demande d'un liquidateur, ou d'un créancier, ou d'une personne tenue comme associée, examiner la conduite de cet administrateur, directeur ou autre employé, alors même que le délit serait réprimé par la loi pénale; la Cour peut alors forcer le délinquant à rembourser les sommes dont il s'agit avec intérêts au taux que la Cour fixera ou à verser dans l'actif, à titre de compensation des dommages, telle somme que la Cour jugera convenable de fixer.

Art. 166. Si un administrateur, fonctionnaire ou une personne tenue comme associée, détruit, détériore, altère ou falsifie des livres, papiers, écrits, valeurs, ou fait, comme auteur principal ou complice, de fausses mentions dans un registre, un livre de compte ou un autre document appartenant à la société, avec intention de frauder ou de tromper, il y a délit et le délinquant peut être condamné à un emprisonnement pendant deux ans au plus, avec ou sans travail forcé (*hard labour*).

Art. 167. En cas de liquidation par ordre ou sous la surveillance de la

_____________

[1] Voir la loi de 1883 sur la faillite, art. 45 et suiv.

Cour, s'il apparaît, pendant la liquidation, qu'un administrateur, un directeur, un employé de la société sorti de charge ou en fonctions, ou l'un des membres de la société s'est rendu coupable au préjudice de la société d'un délit dont il est pénalement responsable, la Cour peut, sur la demande de toute personne intéressée dans cette liquidation ou d'office, ordonner aux liquidateurs officiels ou non officiels d'introduire une poursuite contre le délinquant et de la suivre. La Cour peut décider que les frais et dépenses seront payés sur l'actif de la société.

Art. 168. En cas de liquidation volontaire, s'il paraît aux liquidateurs qu'un administrateur, un directeur, un fonctionnaire sorti de charge ou en fonctions, ou qu'un membre de cette société s'est rendu coupable au préjudice de la société d'un délit dont il est pénalement responsable, les liquidateurs auront le droit, avec l'autorisation préalable de la Cour, de poursuivre les délinquants; tous les frais résultant de [cette poursuite seront payés sur l'actif de la société par préférence à toutes autres dettes.

Art. 169. Toute personne qui, de mauvaise foi, fait une déclaration fausse dans un interrogatoire sous serment, ou sous une simple affirmation autorisée par la présente loi, dans un *affidavit,* une déposition, une affirmation solennelle se rattachant à la liquidation d'une société ou à une contestation s'élevant à propos d'une matière régie par la présente loi, sera punie des peines du parjure.

### DU POUVOIR DE LA COUR DE FAIRE DES RÈGLEMENTS.

*(Power of Court to make Rules.)*

[Les articles 170 à 173 donnent pouvoir, pour l'Angleterre au Lord Chancelier, pour l'Écosse à la *Court of session*, pour le ressort de la *Stannaries Court* au *Vice-Warden,* pour l'Irlande au Lord Chancelier d'Irlande, de faire des règlements pour l'exécution des dispositions de la loi relatives à la liquidation des sociétés.]

. . . . . . . . . . . . . . . . . . . . . . . . . . . . . . . . . . . . . . . . . . . . . . . . . . . . . . .

### TITRE VIII.

#### APPLICATION DE LA LOI AUX SOCIÉTÉS NON ENREGISTRÉES [1].

*(Application of Act to unregistered Companies.)*

Art. 199. Sous les restrictions ci-après indiquées, toutes les sociétés, as-

______

[1] Voir les règles générales sur les sociétés enregistrées et sur les sociétés non enregistrées, note de la page 165.

sociations ou compagnies, à l'exception des compagnies de chemins de fer incorporées par acte du Parlement[1], comprenant plus de sept associés, non enregistrées en vertu de la présente loi et comprises ci-après sous le nom de « sociétés non enregistrées » (*unregistered companies*) peuvent être liquidées conformément à la présente loi. Toutes les dispositions de la présente loi relatives à la liquidation, s'appliquent à ces sociétés, sous les exceptions et avec les additions suivantes :

1° Une société non enregistrée doit, pour la détermination de la cour compétente en matière de liquidation, être considérée comme enregistrée dans la partie du Royaume-Uni où est le siège principal de son exploitation; si elle a un siège principal dans plus d'une partie du Royaume-Uni, elle est considérée comme enregistrée dans chacune des parties du Royaume. De plus, le lieu du siège principal de l'exploitation d'une société non enregistrée, ou (si la société a un siège principal dans plusieurs parties du Royaume-Uni) le lieu d'un des sièges principaux où la procédure a été introduite, est considéré à tous égards pour la liquidation comme le lieu où la société a été enregistrée.

2° Une société non enregistrée ne peut pas être l'objet d'une liquidation volontaire dans les termes de la présente loi ni d'une liquidation faite sous la surveillance de la Cour.

3° Les circonstances dans lesquelles une société non enregistrée peut être mise en liquidation sont les suivantes :

---

[1] Trois lois de 1850 (13 et 15 Vict., ch. LXXXIII), de 1867 (30 et 31 Vict., ch. CXXXVII), et de 1869 (32 et 33 Vict., ch. CXIV), sont relatives à la procédure à suivre dans le cas où une compagnie de chemins de fer se trouve hors d'état de satisfaire à ses engagements et veut, par suite, abandonner la concession qui lui a été faite. Quand une compagnie autorisée par une loi à établir un chemin de fer, veut abandonner ce chemin de fer en tout ou en partie, elle doit dans ce but adresser une demande au *Board of Trade* avec le consentement des trois quarts des actionnaires. Si le *Board of Trade* prend en considération la demande, celle-ci doit être rendue publique dans les formes que la loi détermine, afin que les intéressés puissent former opposition. Le *Board of Trade* statue sur la demande; il peut autoriser l'abandon total ou partiel; dans la mesure déterminée, la compagnie est libérée de l'obligation d'établir le chemin de fer. La compagnie ne subsiste plus que pour la liquidation de ses affaires. Lorsque l'abandon est total, une demande de mise en liquidation peut être formée, et il est procédé comme s'il s'agissait d'une société non enregistrée.

*a.* Lorsque la société est dissoute ou a cessé ses affaires ou ne les continue que pour les liquider;

*b.* Quand la société est hors d'état de payer ses dettes;

*c.* Quand la Cour est d'avis qu'il est juste et conforme à l'équité que la société soit mise en liquidation;

4° Pour l'application de la présente loi, une société non enregistrée est réputée être hors d'état de payer ses dettes :

*a.* Quand un créancier de la Société par titre (*assignment*) ou autrement, en droit ou en équité, pour une somme supérieure à 5o livres sterling a signifié à la société une demande signée de sa main requérant celle-ci de payer la somme due et que la société, dans les trois semaines qui ont suivi cette signification, a négligé de payer la somme réclamée ou de donner une garantie au créancier ou de transiger avec lui; la signification peut être faite soit au siège principal des affaires de la société, soit au secrétaire, au directeur ou à tout autre haut employé de la société, soit de toute autre manière admise par la Cour;

*b.* Quand une action, une poursuite ou toute autre procédure ayant été introduite contre un membre de la société à raison d'une dette due par elle ou par celui-ci en qualité d'associé et ayant été signifiée à la société dans les formes susdites, la société n'a ni payé, ni fourni une garantie au créancier, ni transigé avec lui dans les dix jours de cette signification, n'est pas parvenue à arrêter cette action, poursuite ou procédure et n'a pas indemnisé le défendeur de tous les frais et dommages résultant pour lui de cette demande;

*c.* Quand, en Angleterre ou en Irlande, une saisie ou une autre procédure suivant un jugement, un décret ou une ordonnance obtenue d'une cour en faveur d'un créancier, dans une instance de droit ou d'équité introduite contre la société ou un associé comme tel ou contre toute personne autorisée à défendre pour la société, n'a pas produit en tout ou en partie de résultats utiles;

*d.* Quand, au cas où il s'agit d'une société de mines non enregistrée et soumise à la juridiction de la Cour des *Stannaries*, un décret ou une ordondance a été rendu, sur la poursuite d'un créancier, par cette Cour prescrivant la vente des machines, du matériel et des accessoires de la mine;

*e.* Quand en Écosse les délais accordés pour exécuter une obligation, pour exécuter un jugement, pour acquitter une dette après protêt, sont expirés sans qu'il y ait eu payement;

*f.* Quand il est prouvé de toute autre manière, à la satisfaction de la Cour, que la société est hors d'état de payer ses dettes.

Art. 200. En cas de mise en liquidation d'une société non enregistrée, on doit considérer comme obligée en qualité d'associée (*contributory*) toute personne tenue, en droit ou en équité, de payer les dettes et obligations de la société ou de contribuer au payement, de payer une somme pour la répartition à faire entre les membres de la société, de contribuer au payement des frais, charges et dépenses de la liquidation. Toute personne ainsi tenue comme associée, doit contribuer à la formation de l'actif de la société jusqu'à concurrence des sommes dues par elle pour l'une des causes susindiquées. Dans le cas de mort, de faillite, ou d'insolvabilité d'une personne tenue comme associée, de mariage d'une femme obligée en cette qualité, les dispositions précédentes concernant les successeurs aux meubles, les héritiers, les légataires d'une personne décédée, les syndics d'un failli ou d'un insolvable, le mari, sont applicables.

Art. 201. La Cour peut, à tout moment après la formation d'une demande de mise en liquidation d'une société non enregistrée et avant tout jugement la prononçant, ordonner, sur la réquisition d'un créancier, le sursis à toute poursuite, action ou procédure dirigée contre une personne tenue en qualité d'associée ou contre la société elle-même, dans les termes qu'il plaira à la Cour.

Art. 202. Quand un jugement de mise en liquidation a été rendu pour une société non enregistrée, aucune poursuite, action ou autre procédure ne peut être commencée ou continuée contre une personne tenue en qualité d'associée pour une dette de la société, à moins d'une permission de la Cour et sous les conditions imposées par elle.

Art. 203. Si une société non enregistrée ne peut ni intenter une action ni y défendre sous un nom collectif (*in a common name*), ou si, pour une raison quelconque, cela paraît utile, la Cour peut, dans le jugement de mise en liquidation ou dans une décision postérieure, décider que tous les biens mobiliers et immobiliers, toutes les choses incorporelles, seront transférés aux liquidateurs officiels en leur qualité. Ces liquidateurs pourront, en leur nom officiel ou en tel nom que fixera la Cour, intenter toute action ou y défendre, introduire toute procédure dans le but de liquider la société et de recouvrer son actif[1].

---

[1] En règle générale, les liquidateurs n'ont point la propriété de l'actif social ; ce sont de simples agents ou mandataires ayant le pouvoir de disposer de cet actif et de faire, au nom de la société, tous les actes nécessaires à la liquidation. Mais cela ne peut pas s'appliquer aux sociétés qui, n'étant pas

13

Aʀᴛ. 204. Les dispositions du présent titre relatives aux sociétés non enregistrées sont extensives et non restrictives des dispositions précédentes concernant la liquidation des sociétés par ordre de la Cour. La Cour et le liquidateur officiel peuvent, par addition aux dispositions du présent titre, exercer tous pouvoirs ou faire tous actes qui pourraient être exercés ou faits à l'occasion de sociétés constituées conformément à la présente loi. Mais une société non enregistrée ne doit pas être considérée comme une société soumise à la présente loi; il n'en est autrement qu'au cas de liquidation et dans la mesure déterminée par le présent titre [1].

enregistrées, ne jouissent pas de la personnalité civile. Afin que, par suite, la liquidation ne soit pas entravée, l'article 203 admet que la propriété de l'actif est transmise aux liquidateurs, comme l'est aux syndics la propriété de l'actif du failli.

[1] Voir note de la page 165.

# LOI SUR LES SOCIÉTÉS

## DU 20 AOÛT 1867 [1].

### DE LA LIQUIDATION.

Aʀᴛ. 40. Aucune personne tenue à titre d'associé dans une société soumise à la loi principale de 1862, ne pourra présenter une demande de mise en liquidation de cette société, à moins que le nombre des membres de celle-ci ne soit réduit à un chiffre inférieur à sept, ou à moins que les actions à raison desquelles cette personne est tenue ou quelques-unes de ces actions n'aient été originairement souscrites par elle ou qu'elle n'en ait été porteur ou que ces actions n'aient été inscrites à son nom pendant six mois au moins durant les dix-huit mois antérieurs au commencement de la liquidation, ou ne lui aient été dévolues par suite du décès d'un actionnaire précédent [2].

Toutefois, si pendant tout ou partie de ce délai de six mois une action a eu pour porteur la femme d'une personne tenue à titre d'associé avant ou après son mariage ou a été inscrite au nom de cette femme, si une action a eu pour porteur pendant ce délai le *trustee* de cette femme ou de la personne tenue

[1] *An Act to amend the Companies Act*, *1862* (Loi modifiant la loi de 1862 sur les sociétés). — Cette loi, qui comprend 47 articles, a modifié sur plusieurs points importants la loi fondamentale de 1862. Les principales modifications ont été les suivantes :

1° Dans les sociétés à responsabilité limitée, il peut être stipulé que les administrateurs (*directors*) seront tenus indéfiniment des dettes sociales (art. 4 à 8). Il y a alors une sorte de commandite. Mais ce genre de sociétés est très peu répandu.

2° Le capital social primitif peut être réduit. Des précautions spéciales sont prises par la loi pour sauvegarder les droits des créanciers sociaux (art. 9 à 22).

3° Dans les sociétés à responsabilité limitée par actions (*limited by shares*), qui correspondent à nos sociétés anonymes, les actions peuvent être au porteur (*share-warrants to bearer*), quand elles sont entièrement libérées.

[2] La loi de 1862 (art. 79) donnait sans restriction aux personnes tenues comme associées le droit de demander la mise en liquidation de la société. Aussi des abus s'étaient produits. Des personnes achetaient parfois des actions dans l'unique but d'obtenir ainsi le droit de faire mettre la société en liquidation. L'article 40 de la loi de 1867 est destiné à éviter ces abus.

comme associée ou a été inscrite à son nom, l'action, au point de vue de l'application de la présente disposition, sera réputée avoir eu pour porteur la personne tenue à titre d'associé ou avoir été inscrite en son nom.

Art. 41. Quand la Haute Cour de Chancellerie d'Angleterre rend un jugement de mise en liquidation de la société en vertu de la loi principale de 1862, elle peut, si elle le juge convenable, décider que toutes les procédures subséquentes se passeront devant une cour de comté formée aux termes de la loi 9 et 10 Victoria, ch. xcv, et des lois qui l'ont modifiée. En vertu de cette décision, cette cour de comté sera considérée comme la Cour dans le sens de la loi principale de 1862 ; elle aura dans ce but pour la liquidation la compétence et les pouvoirs de la Haute Cour de Chancellerie.

Art. 42. Si, pendant la durée d'une liquidation, il est établi devant la Haute Cour de Chancellerie que cette liquidation sera plus avantageusement poursuivie devant une autre cour de comté, la Haute Cour de Chancellerie peut ordonner qu'elle sera transférée à cette autre cour et poursuivie devant elle.

Art. 43. Si une personne partie à une liquidation faite conformément à la présente loi, n'accepte pas la décision d'un juge d'une cour de comté sur une question se rattachant à cette liquidation, cette partie peut interjeter appel devant le Vice-Chancelier désigné dans ce but par le règlement arrêté par le Chancelier. Cette partie doit, dans les trente jours de la décision, notifier son appel à l'autre partie ou à son mandataire, et déposer au greffier de la cour de comté une somme de 10 livres sterling pour garantir le payement des frais d'appel. Ladite cour d'appel peut rendre tel jugement qui lui semble utile aussi bien sur le fond que sur la question des frais de l'appel. La décision de cette cour est définitive.

Art. 44. [Cet article décide que les règlements pour l'application de la loi, en ce qui concerne les cours de comté, seront faits par les juges de ces cours désignés par le Lord Chancelier.]

Art. 45. Le pouvoir de fixer les honoraires dus aux avocats et mandataires pour toutes les opérations de la liquidation, est conféré aux juges de comté désignés dans l'article précédent.

# LOI SUR LES ARRANGEMENTS CONCLUS
# PAR LES SOCIÉTÉS

### DU 10 AOÛT 1870[1].

ARTICLE PREMIER. Cette loi peut être citée sous le titre de : *The joint Stock Companies Arrangement Act,* 1870 (Loi sur les arrangements conclus par les sociétés).

ART. 2. Quand une transaction ou un arrangement est proposé entre une société en liquidation volontaire, par ordre ou sous la surveillance de la Cour conformément aux lois sur les sociétés de 1862 [2] et de 1867 [3], et les créanciers ou une certaine catégorie de créanciers de cette société, la Cour a le droit, en sus de ses autres pouvoirs, sur la demande sommaire d'un créancier ou du liquidateur, d'ordonner la convocation d'une assemblée de ces créanciers ou de cette catégorie de créanciers, de la manière que la Cour prescrira. Si une majorité en nombre de ces créanciers représentant les trois quarts en sommes, présents ou représentés, adopte cet arrangement ou cette transaction, tous les créanciers ou les créanciers de cette catégorie, le liquidateur et les personnes tenues comme associées, seront liés par cet arrangement ou cette transaction, si la Cour accorde son homologation [4].

[1] *An Act to facilitate Compromises and Arrangements between Creditors and Shareholders of joint Stock and other Companies in liquidation* (Loi pour faciliter les transactions et arrangements entre les créanciers et les actionnaires des sociétés en liquidation).

[2] Voir p. 165.

[3] Voir p. 195.

[4] Cette disposition a pour but de faciliter, comme l'indique, du reste, le titre de la loi, les arrangements entre les sociétés en liquidation et leurs créanciers. Sur ce point, la loi de 1862 était insuffisante. Les articles 159 et 160 de cette loi s'occupent bien des arrangements soit avec les créanciers, soit avec les personnes tenues comme associées. Ils permettent aux liquidateurs, avec l'autorisation de la Cour, en cas de liquidation par ordre ou sous la surveillance de la Cour, avec l'autorisation des actionnaires donnée dans une assemblée extraordinaire en cas de liquidation volontaire, de conclure des arrangements. Mais ces articles n'admettent pas que la majorité des créanciers puisse lier la minorité. On ne trouve de dispositions sur ce point que dans l'article 136 de la loi de 1862 pour le cas de liquidation volontaire.

Art. 3. Le mot *company* (société) dans la présente loi signifiera toute société pouvant être liquidée d'après la loi sur les sociétés de 1862 [1].

Art. 4. La présente loi doit être lue et interprétée comme si elle formait une partie de la loi sur les sociétés de 1862.

[1] La loi du 10 août 1870 est inapplicable aux compagnies de chemins de fer. La loi de 1867 (30 et 31 Vict., ch. cxxvii), qui s'occupe de l'abandon des lignes ferrées (voir la note, p. 191) pour le cas où la compagnie concessionnaire ne peut satisfaire à ses engagements, contient des dispositions relatives aux arrangements entre les compagnies de chemins de fer et leurs créanciers.

# TABLE ANALYTIQUE DES MATIÈRES.

# TABLE ANALYTIQUE DES MATIÈRES[1].

## A



---

[1] Les renvois sont faits aux articles, aux pages et aux notes.

# B

## C

## D

## E



## F

## M



## N



## O



## P





IMPRIMERIE NATIONALE.

## Q



## R



## S

BIBLIOTHÈQUE NATIONALE R F IMPRIMÉS

www.ingramcontent.com/pod-product-compliance
Lightning Source LLC
LaVergne TN
LVHW021940030726
842523LV00001B/225